O discreto charme
da magistocracia

Conrado Hübner Mendes

O discreto charme da magistocracia

Vícios e disfarces do
Judiciário brasileiro

todavia

Apresentação 9

1. Onze ilhas 13
2. Entre heróis e demagogos? 16
3. O STF no tribunal da opinião pública 18
4. Colegisladores 22
5. Qual voz das ruas? 26
6. A ingovernabilidade do STF 30
7. O dono da bola 34
8. O inimigo do Supremo 38
9. Por quem Gilmar se dobra? 47
10. STF, vanguarda ilusionista: na prática, ministros agridem a democracia 49
11. O discreto charme da magistratura 59
12. Magistocracia, a *gran famiglia* judicial brasileira 62
13. Colegialidade solitária 65
14. Populisprudência 68
15. Um juiz de princípios 71
16. A Pacificadora 74
17. A fumaça do bom juiz 77
18. O STF erra até quando acerta 80
19. Ativismo social, não judicial 83
20. Pode o juiz falar? 86
21. Jurisprudência impressionista 89
22. Delinquência fardada, salvação togada 92
23. Febejapá: festival de barbaridades judiciais 95
24. Com quantos ministros fora da lei se constrói um STF? 98
25. "A justiça farda, mas não talha" 101
26. O príncipe da magistocracia 105
27. Debaixo da toga de Fux bate um coração 108
28. O STF e a tentação colaboracionista 112
29. Febejapá *new age* 122
30. Carnaval da *esculhambation* 125

31. A dignidade judicial termina em eufemismo 128

32. Moro participou da corrupção de funções 131

33. Tribunais de negócios 134

34. Comer o pão que o STF amassou 137

35. *Fiat lex!* (o fiat lux de Sergio Moro) 140

36. A Lava Jato como álibi 143

37. Colaboração premiada (em toffolês) 146

38. O curioso caso do juiz-empresário 149

39. Com o Supremo, sem nada 152

40. Gilmar amava Sergio, que amava Gilmar 161

41. São seus olhos, excelência 164

42. STF: criticar para defender 167

43. A Lei de Toffoli revogou a Lei de Gérson 170

44. A corrupção do Judiciário 173

45. O juiz virtuoso não sai eticamente ileso 176

46. Fux e as sereias 179

47. O arrivismo judicial perdeu a compostura 182

48. Quem vai conter o medalhão do STF? 185

49. Guia prático para defender o STF 188

50. *Sabez avec quem tu parles, monsieur?* O TJ-SP sabe 191

51. STF, modos de fechar 194

52. Magistocrata não sai de férias, vende 197

53. Eu faço uma aposta com Fux 200

54. O Febejapá não entra em quarentena 203

55. Ministros do STF são insuspeitos,
dizem ministros do STF 206

56. Devo, não nego, julgo quando quiser 209

57. JusPorn Awards 2020: votação aberta 212

58. E o JusPorn Awards 2020 vai para… 215

59. Vivendo como se não houvesse Bolsonaro 218

60. O centrão magistocrático se vende por menos 221

61. Quando juiz foge da lei, vai para onde? 224

62. O que o STF pode fazer hoje contra o morticínio? **227**

63. O STF come o pão que o STF amassou, de novo **230**

64. Agora, agora e mais agora, STF **233**

65. Quando o STF finge que manda,
o governo finge que obedece **236**

66. O que a Constituição queria do STF era coragem **239**

67. Como o STF resiste, ou não **242**

68. JusPorn Awards 2021: votação aberta **245**

69. A justiça tarda, mas não salva **248**

70. E o JusPorn Awards 2021 vai para... **251**

71. Fux está perdendo a aposta **254**

72. A arte de desobedecer ao STF **257**

73. Se o STF capitular **260**

74. Cala a boca não morreu no STF **263**

75. Promiscuidade judicial em Nova York **266**

76. Luiz Fux não foi a Nova York, mas perdeu a aposta **269**

77. JusPorn Awards 2022: votação aberta **272**

78. E o JusPorn Awards 2022 vai para... **275**

79. Por coerência, Lula deve nomear juízas **278**

80. Tribunais superiores têm o seu centrão **281**

81. A corrida dos "cotados ao STF" tem
mais fofoca que jornalismo **284**

82. Uma justiça para a riqueza, outra para a pobreza **287**

83. Se você disser que eu generalizo, excelência **290**

84. "Lula tem direito de escolher ministro do STF" **293**

85. Jornalista a gente usa e abusa, "dizem ministros" **296**

86. Do STF para a Suprema Corte americana **299**

87. Zanin, só não vá cair no canto do sereio **302**

88. Se o ministro é pai, contrate o filho **305**

Índice remissivo **309**

Apresentação

Recém-nomeado ao Supremo Tribunal Federal, em agosto de 2023, o novo ministro abraça o governador de Alagoas na cerimônia de posse. Governadores não costumam frequentar esses eventos, mas acontece. Dias depois, o ministro decano do STF, o mais longevo na cadeira, sozinho, anula todas as provas reunidas contra esse governador em operação policial autorizada, por 10 votos a 2, pelo Superior Tribunal de Justiça em 2022.

O governador é cliente do ex-escritório de advocacia do ministro empossado. O mesmo escritório da esposa desse ministro (agora ex-sócia). Semanas antes, o governador também participou de encontro jurídico em Lisboa, organizado pela empresa do ministro decano, na presença das maiores autoridades políticas e jurídicas do país. Rodeados de advogados e empresários. Uma reunião dos Três Poderes com o poder econômico, uma congregação do público com o privado. Bem longe do país. E bem distante de qualquer valor republicano.

Episódios como esse geram a fumaça da desconfiança. Procurando mais, talvez outras conexões se iluminem nessa intrincada rede de relações. Será que a anulação das provas obedeceu à legalidade? Ou foi puro intercâmbio de interesses?

Difícil saber. Não podemos entrar na cabeça dos ministros para investigar suas reais intenções. Seus comportamentos, contudo, não ajudam. Deixam pouco nas entrelinhas e justificam a suspeita.

Atitudes assim facilitam a vida do extremismo político e convidam ao ataque de má-fé. Fragilizam o tribunal e o estado democrático de direito. Não são deslizes nem falta de noção, mas condutas antiéticas. E a antiética judicial, ao contrário de normas éticas gerais, é também ilegal.

Se você não quiser seguir princípios éticos para ser uma "boa pessoa", qualquer que seja essa definição, tem liberdade para tanto. Já os deveres éticos do "bom juiz" estão previstos em lei. Nenhum juiz é livre para ignorá-los. A arquitetura institucional deveria fiscalizar e sancionar os desvios. Se a violação de deveres éticos é tolerada, não se torna menos ilegal por isso. Juízes devem prestar contas. Não só perante sua consciência.

Mais do que qualquer outra, instituições de justiça dependem da fumaça da confiança. A imagem de integridade é sua principal âncora de legitimidade. Para a credibilidade de um tribunal, a mensagem transmitida pela conduta de seus membros chega a ser mais decisiva do que as reais intenções eventualmente escondidas em despachos, votos e sentenças.

No mundo da justiça, parecer honesto importa tanto quanto ser honesto. Se for um lobo, que pelo menos o seja em pele de cordeiro. Não basta, mas não é pouco.

A anedota dá apenas um exemplo atual entre tantos do cotidiano político relatados pelos jornais. Não são casos isolados. Permitem visualizar padrões de comportamento das autoridades jurídicas brasileiras. Agregados, demonstram costumes arraigados. E esses costumes operam contra as instituições.

Este livro reúne uma seleção de 88 colunas sobre atores do sistema de justiça brasileiro. Sobre a magistocracia, mais especificamente. Magistocracia é um neologismo que mistura o termo "magistrado" com "aristocracia". Evoca a ideia da aristocracia de toga. Adota o sentido mais antigo e abrangente de magistrado, que abarca qualquer agente público dotado de autoridade, como juízes, procuradores, promotores, advogados públicos. Magistocratas, aqui, não são somente os juízes. A magistocracia corresponde a uma fatia do sistema de justiça, não à sua totalidade. Ela coloniza as cúpulas das instituições de justiça e as governa. Exerce hegemonia cultural e política e dá pouca margem para sua transformação.

O livro atribui cinco características à magistocracia. Ela é *autoritária*, porque adota noções iliberais e pré-constitucionais das liberdades públicas e é corresponsável por grandes violações de direitos (como o encarceramento em massa e a violência policial); *autocrática*, afinal reprime a independência de juízes ideologicamente destoantes; *autárquica*, pois recusa mecanismos de controle e transparência; *rentista*, porque se utiliza de estratagemas da baixa política para acumular benefícios remuneratórios que escapam da legalidade; e *dinástica*, pois pratica e tolera variadas formas de favoritismo familiar, o chamado parentismo.

Instituições erram e acertam. A magistocracia erra, protege o erro e resiste à autocorreção. Seus erros formam sérias comorbidades da democracia brasileira.

Juízes contrabandeiam o retrato idealizado de como pensam que o Judiciário deveria ser para dentro da descrição de como de fato é. E assim escondem o que o Judiciário é ou poderia ser. Essa dissonância acaba se normalizando na consciência de cada magistocrata orgulhoso de sua condição. Quando confrontados com retratos mais secos e realistas, alguns entram em negação. Outros partem para a perseguição.

Diante de críticas factuais, um magistocrata recita doutrinas e aforismos ululantes: "A Magistratura é, antes de tudo, serva da Constituição e da lei." Prefere atuar no campo retórico ilusionista. Tem mania do autoelogio.

O sistema de justiça, claro, é mais diverso do que um retrato estanque e generalista da magistocracia. Não é só feito de magistocratas. Nas franjas, vê-se empenho, abnegação, coragem, cuidado, sensibilidade social, conhecimento sociológico, inteligência jurídica, sinceridade hermenêutica. São exceção nas cúpulas institucionais que governam tribunais superiores, regionais ou estaduais. Mas a diversidade, que poderia diluir a perversão magistocrática e democratizar a justiça, mal consegue subir os degraus da hierarquia.

O livro reúne escritos em ordem cronológica de publicação. Recupera alguns textos esparsos de opinião publicados a partir de 2010 em jornais, colunas semanais desde que me tornei colaborador semanal na revista *Época*, em março de 2018, e da *Folha de S.Paulo*, em novembro de 2019.

O conjunto não corresponde a uma miscelânea aleatória de temas conforme o vento da conjuntura nesses anos. Todos remetem ao lugar de cortes, de juízes e de outros profissionais jurídicos na democracia.

Além de contribuir para a memória de um período, há um fio condutor que costura argumentos comuns: de um lado, a defesa da imparcialidade, do decoro; de outro, a denúncia de conflitos de interesses, da suspeição e da corrupção institucional, da manipulação da retórica jurídica, da sedução e do disfarce.

As colunas podem ser lidas linear ou tematicamente. O índice remissivo ajuda quem quiser navegar pelos textos de acordo com os temas ou personagens tratados.

Luis Buñuel, diretor da obra surrealista *O discreto charme da burguesia*, vencedor do Oscar de melhor filme estrangeiro de 1973, não se espantaria com o discreto charme da magistocracia. No filme, em dada noite, amigos da alta sociedade buscam jantar, o que acaba nunca acontecendo em razão de seguidos incidentes inusitados. Sem perder a pose, o grupo entretém conversas presunçosas, simula normalidade e expressa desprezo moral pelo drama que os rodeia. A magistocracia não deixa nada a dever.

I.
Onze ilhas

O Supremo Tribunal Federal (STF) teve uma agenda delicada em 2009. Chegaram ao tribunal casos que envolviam a antiga Lei de Imprensa, a demarcação de terras indígenas, a extradição de dissidente político, entre temas de menor visibilidade pública. Suas decisões provocaram reações várias na mídia, tanto na defesa quanto no ataque. Raramente, porém, essas reações se preocuparam em ler com cuidado o que foi julgado. Colaboraram, assim, para um diálogo de surdos. Não confiaram na própria capacidade de argumentar, nem na disposição do STF de ouvir.

Uma pena que não estejamos debatendo os argumentos utilizados pelo STF. São diversos. Em regra, têm estilo prolixo e arrevesado. Constituem peças clássicas do bacharelismo beletrista. Se tentarmos levar os argumentos do STF a sério, entretanto, esbarramos numa outra dificuldade: argumentos "do tribunal" quase nunca existem, exceto por obra de uma metáfora. Não há, exceções à parte, razões compartilhadas pela maioria dos ministros, que, boas ou más, pudéssemos generalizar como "do tribunal". Se perguntarmos por que o STF decidiu um caso numa determinada direção, muitas vezes ficamos sem resposta. Ou melhor, ficamos com muitas respostas que não conversam entre si, expressas nos votos dos onze ministros. E por que isso deveria nos preocupar?

Comecemos pela compreensão do propósito de uma corte colegiada, uma empreitada coletiva cujo resultado pretende ser melhor que a soma das opiniões individuais. Esse ganho só se concretiza quando os membros do órgão que decide firmam compromisso ético de se engajar numa deliberação genuína. Requer atitudes que não são fáceis de pôr em prática. Exige disposição para duvidar de suas convicções iniciais, vontade de minimizar o desacordo e reconhecimento da importância de uma opinião institucional coesa, fundada em razões claras.

Praticantes da deliberação escutam tanto quanto falam e não se importam em ser persuadidos. Formam um time que joga em conjunto, sem estrelismo individual. São colegas, não adversários. Cooperam, não competem. Respeitam o direito ao voto vencido e concorrente, justificáveis quando produtos do desacordo autêntico, não de vaidade ou preciosismo.

Um tribunal, se pretende construir uma jurisprudência vigorosa, que sirva de bússola para o regime democrático, precisa almejar a uma deliberação assim ambiciosa. Nossa jurisprudência constitucional, contudo, costuma ser obscurantista, refém das idiossincrasias enciclopédicas de cada um dos ministros do STF e facilmente manipulável pela retórica advocatícia. Fragiliza nossa linguagem dos direitos fundamentais, que permanece desguarnecida de uma casuística coerente nas decisões da corte.

O recente voto do ministro Cezar Peluso no caso em que o jornal *O Estado de S. Paulo* alegava ter sido censurado, por exemplo, menciona essa patologia do STF, mas não se posiciona sobre ela. Não se incomoda com a frequente ausência, nas suas palavras, de uma "pronúncia coletiva", de uma "inteligência sistemática dos votos", de uma "verdadeira opinião da corte". Constata ser esse hábito consequência de um "singular modelo deliberativo historicamente consolidado".

Há tempos se instiga o STF a repensar seus ritos decisórios e hábitos deliberativos. As sugestões de reforma são antigas e não requerem mobilização legislativa, mas ajustes internos.

O STF volta hoje ao trabalho. Essa seria uma boa meta para 2010. A tarefa não é simples e nem seria correto responsabilizar os atuais ministros por tal prática. Estão seguindo uma tradição. No entanto, tradições podem ser submetidas a uma reflexão crítica transformadora. O aperfeiçoamento da deliberação colegiada do STF contribuiria para a qualidade do debate público. A corte se apresentaria não somente como autoridade que toma decisões a serem obedecidas, mas como fórum que oferece razões a serem debatidas. Criaria uma oportunidade de reforçar sua legitimidade.

O STF não é infalível. Seus erros, assim como acertos, integram o processo de aprendizado democrático. Errando ou acertando, contudo, não pode se dar ao luxo de sonegar razões transparentes e colegiadas que possamos desafiar, recusar ou apoiar. Não pode continuar a se proteger por trás de sua filosofia decisória "historicamente consolidada", de um emaranhado de opiniões individuais que não fazem esforço para convergir. A celebração de um tribunal "descolegiado", ao invocar passivamente tal tradição como álibi, é perniciosa para o estado de direito.

1º de fevereiro de 2010

2.
Entre heróis e demagogos?

Há quase três meses terminava um importante capítulo do caso da ficha limpa no STF: o tribunal, por 6 votos a 5, entendeu que a referida lei não se aplica às eleições de 2010. Na *Folha de S.Paulo*, duas reações vieram à tona. Eliane Cantanhêde entendeu que a decisão representava "a vitória da lei, da experiência e da técnica jurídica sobre o apelo fácil da demagogia". Para ela, o grupo dos seis ministros não teria se curvado, tal como os outros cinco, ao "clamor popular e do aplauso fácil". Teria tido a "coragem de enfrentar as câmeras e as críticas". Páginas adiante, Joaquim Falcão oferecia leitura mais comedida. Explicava que a controvérsia diz respeito à escolha entre dois artigos constitucionais que levaram, respectivamente, a duas posições opostas no caso. Aplicar a Constituição, para ele, é "ato de vontade do ministro. [...] Há flexibilidade interpretativa".

O contraste entre as duas reações é ilustrativo. A primeira evoca um mito tão antigo e universal quanto persistente sobre o estado de direito. Segundo esse mal-entendido, caberia ao juiz deixar suas inclinações de lado e respeitar a letra da lei, um ato certo e mecânico. Virtude e preparo técnico, assim, seriam suficientes para que a "verdadeira resposta" seja descoberta nas entrelinhas do texto legal, sem interferência da vontade. Essa visão é conveniente para os dois lados: de um, o juiz deixa de ser inquirido pelas escolhas interpretativas que faz, pois as apresenta como resultados naturais da técnica jurídica não dominada pelo público leigo; de outro, o público leigo se vê dispensado da árdua tarefa de ler as decisões, pois, a não ser que o juiz seja desonesto, elas corresponderiam ao comando único da lei. Juízes virtuosos e bem treinados, portanto, bastariam para a saúde dessa engrenagem.

Há poucos dias, de forma unânime, o STF determinou a extensão da união estável para casais homossexuais. Celebramos o avanço, uma custosa e demorada vitória dos direitos individuais sobre a inércia crônica e mal fundamentada do Congresso. Sobretudo mal fundamentada.

O STF está dividido no primeiro caso e unido no segundo. Cabe agora refletir sobre o significado dessa diferença e acompanhar como o Congresso reagirá nos dois casos. Não foi o bem que venceu o mal, nem a técnica jurídica que prevaleceu sobre o casuísmo medroso, populista ou intolerante. A "letra da lei", em ambos os casos, não é óbvia. Ao contrário, ela acaba de ser (e continuará a ser) escrita pelo próprio tribunal, por mais curioso que possa parecer. Não teremos um debate maduro sobre nossa jurisprudência constitucional enquanto não percebermos essa característica elementar.

Rejeitar aquele confortável mito do juiz que faz valer a "letra da lei" traz desafios importantes para a prática do jornalismo judicial, da pesquisa acadêmica e para o exercício da própria cidadania. Decisões do STF podem e devem ser elogiadas ou criticadas, mas há maneiras mais ricas e inteligentes de fazê-lo. Argumento jurídico não é um detalhe decorativo com o qual enfeitamos nossas preferências políticas, mas raramente será mera repetição do texto legal. Somente avaliando os argumentos que os ministros apresentaram em cada caso, entre tantos outros da agenda do STF, avançaremos na discussão. E os argumentos "derrotados" merecem tanta consideração quanto os "vitoriosos". Se forem, de fato, argumentos.

31 de maio de 2011

3.
O STF no tribunal da opinião pública

Vários anos de debate se passaram antes que a reforma do Judiciário fosse aprovada em 2005. Entre outras coisas, criou-se o Conselho Nacional de Justiça (CNJ), órgão estranho à estrutura histórica do Judiciário brasileiro. Não demorou para que questionamentos sobre a sua constitucionalidade fossem levados ao STF. Na ocasião, a corte rejeitou a ideia de que, em decorrência da independência judicial, juízes devam controlar a si mesmos somente por meio de corregedorias estaduais, sem nenhum monitoramento central. Ao menos no discurso, o STF considerou tal reforma compatível com as cláusulas pétreas da Constituição e abraçou a opção do constituinte. O CNJ sobreviveu. Sem muito alarde, porém, a contrarreação judicial persistiu.

Passados mais de cinco anos de seu nascimento, as competências do CNJ permanecem sob intensa pressão. Recentemente, contudo, esse quase silencioso conflito ganhou outra estatura. A opinião pública despertou para um problema que permanecia incubado, e, em face de numerosas evidências de improbidade judicial que vieram à tona nos últimos meses, parece não estar disposta a negociar a constitucionalidade dos poderes de investigação do CNJ. O que deveria ser apenas mais um caso rotineiro de controle, pelo STF, da atuação do CNJ tornou--se, do dia para a noite, um evento politicamente explosivo.

A opinião pública, dizem, é instituição enganosa. Não passaria de um mito inventado para facilitar a manipulação ideológica e dar coerência narrativa a fatos políticos que não enxergamos nem explicamos. Debaixo de sua aparente impessoalidade, estariam escondidos os projetos de dominação de meia dúzia de poderosos. Para esses céticos, o que há, ou o que lemos e ouvimos no espaço público, são opiniões individuais mais ou menos desencontradas, distintas de uma entidade fictícia, com autoridade moral própria, chamada "opinião pública".

O mundo político seria menos complicado sem ela. Mas não foi com base nesse ceticismo que regimes democráticos foram concebidos. Democracias constitucionais adotaram uma intrincada rede de instituições para captar e processar não somente um, mas vários tipos de opinião pública, que operariam em tempos e sintonias diversos. Grosso modo, o Legislativo e o Executivo canalizariam, por meio de eleições periódicas, a opinião pública cotidiana, tão oscilante quanto impulsiva. Já uma corte constitucional, distanciada dos ciclos eleitorais, trabalharia num ritmo que fomenta uma opinião pública mais refletida e de longo prazo, baseada nos valores e princípios da Constituição. O controle judicial serviria para conter a taquicardia e volatilidade da opinião pública do primeiro tipo. Protegeria a democracia, costuma-se dizer, contra os germes de sua autodestruição.

É por aí que se dá sentido a uma maquinaria institucional que, bem ou mal, tenta traduzir na prática as várias facetas do ideal de "governo do povo". E há nesse arranjo um detalhe: a corte constitucional não é apenas o regente dessa opinião pública mais densa, mas sim é controlada por tal opinião. Pesquisas feitas em várias democracias, das mais às menos estáveis, mostram que a capacidade real de uma corte de controlar os outros poderes tem correlação direta com o capital político que ela acumula ao longo do tempo. Em outras palavras, uma corte que deixa corroer a própria reputação gradualmente perde força e se marginaliza no sistema político. Aqueles que se preocupam com o velho dilema de "Quem guarda o guardião?" ou de "Quem deveria ter a última palavra?", receosos com o excessivo poder nas mãos de autoridades não eleitas, encontram aqui uma potencial resposta.

Uma dose de realpolitik, portanto, suscita indagações relevantes sobre o momento por que passa o STF e sobre as consequências que advêm de suas decisões em casos delicados assim. O STF não deve obediência ao que pensa a opinião pública da hora. Índices momentâneos de popularidade não podem pautar sua atuação. Afinal, precisamos dele justamente para que resista aos deslizes voluntariosos nos quais a opinião pública cotidiana incorre. Esperamos que ele desconfie das maiorias. Essa foi, ao menos, a aposta constitucional, e o STF não costuma economizar retórica para reforçar esse seu papel.

Entretanto, há algo qualitativamente mais complicado no caso. Aos poucos, vem se formando uma opinião pública menos apressada, que não cai na tentação reducionista de classificar qualquer argumento do STF como mero disfarce de preferências políticas, como um jargão gratuito que recorre ao juridiquês para encobrir uma realidade mais crua — o suposto choque entre juízes corporativistas de um lado e republicanos de outro. Em vez de presumir o cinismo judicial, leva o STF a sério e quer dialogar por meio dos termos e conceitos jurídicos em jogo. Tem tanta preocupação com a Constituição quanto o STF. Informou-se, elaborou bons argumentos e pede ao tribunal, em contrapartida, a mesma atitude, na mesma linguagem, independentemente de sua posição final.

Essa não é uma opinião pública rasteira, fácil de desqualificar. O STF precisa reagir à altura. Se não por respeito e reciprocidade, ao menos como ato de prudência política. Infelizmente, ele tem sido mais defensivo do que autocrítico. Fala bastante (nos jornais, nos auditórios e nas suas pesadas decisões escritas), mas pouco escuta. Infantiliza as críticas que recebe, como se fossem feitas por leigos incapazes de entender o argumento "técnico". São sinais de insegurança (ou de excesso de autoconfiança). Entrar numa conversa mais horizontal, sincera e desarmada com a opinião pública continua a ser seu maior desafio.

29 de janeiro de 2012

4.
Colegisladores

Quando o STF invalida uma lei ou dá a ela nova interpretação, opositores ocasionais da decisão costumam afirmar que o tribunal interferiu indevidamente na esfera legislativa. Não foi diferente no caso recente sobre antecipação do parto de fetos anencéfalos: o STF, ao reconhecer a constitucionalidade dessa prática, teria invadido a prerrogativa do Congresso de elaborar normas jurídicas. O próprio Ricardo Lewandowski, em voto vencido, argumentou que "não é dado aos integrantes do Judiciário promover inovações no ordenamento normativo como se parlamentares eleitos fossem".

Essa crítica se inspira numa leitura tradicional de dois princípios adotados pela Constituição brasileira: a separação de poderes, arranjo por meio do qual se busca prevenir o abuso de poder; e a democracia, ideal político que almeja institucionalizar um governo do povo. Cartilhas de direito ensinam que a fusão desses dois princípios, na prática, confere ao parlamento eleito, e somente a ele, a função de legislar, e aos outros dois poderes o papel subordinado de aplicar o direito. Portanto, segundo essa sabedoria convencional, um tribunal que legisla romperia simultaneamente com aqueles dois princípios — primeiro, porque não lhe caberia legislar; segundo, porque não é eleito pelo povo.

O controle judicial de constitucionalidade complica um pouco essa fórmula simples e didática. Afinal, permite que juízes revoguem uma lei quando a julgam incompatível com o texto constitucional. Para nos tranquilizar, aquelas cartilhas afirmam que tal ato de insubordinação ao parlamento é necessário em nome da supremacia da Constituição. Defendem que tal atividade de controle não faria do tribunal um "legislador positivo", que cria normas, mas apenas um "legislador negativo", que se limita a vetar certas normas emanadas do Congresso. Estaria preservada, assim, a integridade da separação de poderes e da democracia.

A má notícia é que tal equação, aparentemente tão bem ajustada na teoria, não funciona. Não por má-fé de juízes, mas por simples impossibilidade prática. E enquanto usarmos tal equação para observar o controle judicial de constitucionalidade, essa função continuará a ser uma das mais mal compreendidas das democracias contemporâneas.

O STF, no exercício dessa competência, legisla o tempo todo, com maior ou menor visibilidade e intensidade. Algo comum, diga-se de passagem, a toda corte constitucional no mundo. Seja quando revoga uma lei e explica seus parâmetros ao Congresso, seja quando estabelece a interpretação válida de uma lei e elimina outras interpretações plausíveis, ou, ainda, quando diagnostica a omissão do Congresso e ocupa o vazio normativo, está atribuindo significado à Constituição, uma atividade essencialmente construtiva. Sem eufemismos, cria normas jurídicas e regula os atos dos outros atores políticos. Não tem outra escolha: é isso que lhe pede a Constituição e é isso que, bem ou mal, vem fazendo tanto nos casos mais polêmicos, como o da anencefalia, quanto em outros de menor saliência.

A divisão de trabalho entre tribunal e Congresso não obedece a uma fórmula estanque. Oscila conforme os movimentos da política. Esse é um fenômeno dinâmico observado em qualquer regime democrático que, como o brasileiro, reserva espaço relevante ao controle judicial de constitucionalidade. Portanto, à medida que o STF se expande na política brasileira, processo gradual e contínuo há pelo menos quinze anos, torna-se mais urgente perdermos a inocência sobre a natureza do seu papel.

Nossa Constituição e nossa prática institucional quebraram o monopólio da legislação. A função de criar normas é compartilhada, não exclusiva do Congresso. Não há que perguntar, portanto, se o STF pode legislar. Ainda giramos em falso ao redor dessa pergunta e desperdiçamos muita energia crítica nesse custoso debate. Melhor começarmos a perguntar quando, como, quanto e por que o STF deve legislar. Obviamente não deve legislar como se "parlamentares eleitos fossem", nas palavras de Lewandowski. Seu papel é fazê-lo a conta-gotas, de maneira cirúrgica e oportuna, em face das ações e sobretudo das omissões injustificadas do Congresso.

A superação do mito de que aplica passivamente a Constituição e o reconhecimento dessa forma especial de colegislar geram maior responsabilidade ao STF. Embutido em tal responsabilidade há um dever mais rigoroso de prestar contas e de construir uma jurisprudência transparente que forneça orientações normativas inteligíveis para os casos futuros. Essa é a maior dívida pública do tribunal, mas só poderemos cobrá-la adequadamente se evitarmos aquela confusão conceitual.

A constatação de que há um "STF-legislador" ao lado do "STF-juiz" dá outra magnitude ao tribunal. É nessa perspectiva que se pode entender os desafios da gestão de Carlos Ayres Britto, que herda uma agenda explosiva ao tomar posse na presidência do STF. Entre suas várias atribuições, caberá a ele definir, em negociação com os outros ministros, os casos que entram na pauta de julgamento e os que devem esperar. Esse poder de agenda precisa ser exercido com coragem e sensibilidade para os prejuízos sociais advindos da demora.

Não faria bem à saúde política do STF deixar que o caso do Mensalão prescreva. Apesar de não envolver complexidade jurídica extraordinária, pressões externas o tornam o caso mais delicado na história recente do "STF-juiz". Mas isso não pode ofuscar as responsabilidades do "STF-legislador", que promove impactos mais profundos no ordenamento jurídico. Uma grande quantidade de casos antigos continua à espera de solução — combinação eclética que reúne desde grandes temas de direitos fundamentais a temas com amplas consequências na economia brasileira. Embora lhe reste pouco tempo na presidência, já que se aposenta no final do ano, Ayres Britto tem a oportunidade de deixar uma marca histórica na jurisprudência da corte. A aprovação unânime do programa de cotas nas universidades, nesta semana, deu uma amostra disso.

2 de maio de 2012

5.
Qual voz das ruas?

Traído pelos embargos infringentes, o sistema processual brasileiro saiu do armário outra vez. Depois de extensas discussões a propósito da Ação Penal 470 (Mensalão), observadores procuram compreender o sentido de um dos recursos mais esotéricos de nosso Judiciário. É improvável que outro recurso tenha atingido, rápido assim, tamanha popularidade no jargão político nacional (o que não se deve à excentricidade, mas à transcendência política do caso).

Segundo os pensadores do processo, os embargos infringentes buscam submeter uma decisão colegiada não unânime a uma rodada deliberativa extra dentro do mesmo tribunal. Descontadas as especificidades que qualificam os requisitos desse recurso nos tribunais de segunda instância e nos tribunais superiores (como STF e Superior Tribunal de Justiça [STJ]), levar o desacordo a sério é, como se diz, a "inteligência" do instituto.

À primeira vista, não há nada errado. A sua presença no processo do STF, porém, gera surpresa: ao contrário do que se passa nos demais tribunais, o mesmo grupo de juízes do STF que toma a decisão original terá que analisar o recurso. No âmbito do STF, os embargos se sustentam com base na ambiciosa premissa de que os juízes teriam abertura de espírito para alterar suas opiniões anteriores à luz de novo confronto argumentativo. Os embargos culminariam numa melhor prestação da justiça. Se aquela premissa, contudo, não for plausível dentro da cultura decisória do STF individualista, embargos infringentes são pura perda de tempo e energia.

Há outro complicador. Se, no intervalo entre a decisão original e os embargos, novos juízes forem nomeados para o tribunal em substituição aos que se aposentaram (como ocorreu na atual composição do STF, por meio da entrada dos ministros Teori Zavascki e Luís Roberto Barroso), esses juízes podem virar o placar. Nesse caso, aos olhos do público, mais do que um catalisador de argumentos depurados para a melhor prestação da justiça, os embargos infringentes não passariam de artifício para alterar a decisão graças às novas cabeças no jogo. Um fato arbitrário (novas cabeças), não novas razões, determinaria o resultado final.

Há quem diga, por fim, que os embargos infringentes concretizariam a garantia ao duplo grau de jurisdição para os réus que detenham foro privilegiado. Afinal, no caso desses réus, o STF serviria como primeira e última instância no processo. Essa é, entretanto, uma justificativa mal fabricada. Como só têm direito aos embargos aqueles réus que, apesar de terem sido condenados por maioria, receberam pelo menos quatro votos pela absolvição, os réus que não obtiverem tais votos estariam privados do direito de recorrer, uma discriminação arbitrária. Além disso, o duplo grau de jurisdição é um direito que exige julgamento por juízes diversos dos primeiros, o que não ocorre no caso do STF. Se for para garantir o duplo grau aos detentores de foro privilegiado, outra fórmula precisa ser inventada. Associar os embargos ao duplo grau seria baratear essa garantia constitucional e superestimar o papel daquele recurso.

A adoção de embargos infringentes no STF, por isso, não parece ser produto de extraordinária inteligência institucional. As recentes discussões escancaram que, entre embargos, agravos e apelações, há muita coisa fora de ordem no nosso mastodôntico sistema processual.

Qualquer sistema processual, entre outras coisas, deve efetivar um componente elementar do constitucionalismo: o direito de defesa. Não existe estado de direito na ausência da fricção argumentativa estimulada pela oportunidade de defender-se. É desse direito que extraímos o direito de recorrer. O recurso teria ao menos três funções: a técnico-jurídica, ao tentar corrigir erros de instâncias inferiores; a política, ao dar lastro institucional mais robusto a uma decisão de autoridade; a psicológica, ao conceder ao indivíduo afetado uma segunda chance.

O emaranhado de recursos do processo brasileiro, no entanto, é consequência de uma perversão dessas funções, do abuso do direito de defesa. Acredita-se que a maximização dos recursos equivale à minimização da falibilidade judicial. Com base nessa crença de fundo, nosso sistema processual permanece refém da chicana advocatícia bem remunerada, em prejuízo de outros valores que o processo deve realizar, como a igualdade e a celeridade. O processo judicial, o penal em especial, é um dos nossos mais eficientes motores de discriminação.

Essas patologias são relevantes para se pensar numa reforma corajosa e radical do processo. Ainda assim, nada têm a ver com a decisão do STF de acolher os embargos. Gostemos ou não do recurso, a maioria dos ministros entendeu que ele permanece vigente.

Há vários atalhos fáceis para se desqualificar a decisão do STF. Um deles é reduzir a decisão a um sintoma de iberismo, formalismo, ou seja lá o que for. Melhor ainda se puder lustrar o rótulo com a citação oca de erudição bacharelesca. Esse caminho mais atrapalha do que ajuda, pois se recusa a participar da trabalhosa tarefa de interpretar e reformar o direito. Outro é proclamar-se intérprete oficial das manifestações e apelar para "a voz" das ruas: se não há resposta clara nas leis, curve-se à que mais agrada às maiorias de conjuntura. Um tribunal não pode ser surdo às múltiplas "vozes" das ruas, mas há maneiras e maneiras de ouvi-las. Ainda bem que o STF, a despeito do esforço de alguns ministros, não se rendeu à pior delas.

2 de outubro de 2013

6.
A ingovernabilidade do STF

O Supremo Tribunal Federal, com arte e engenho, se fez ingovernável. Subordinado à soberania caprichosa de cada ministro, não tem dado conta do peso da sua responsabilidade institucional. Há muitas dimensões dessa ingovernabilidade, do deliberado desapego a padrões transparentes de decisão, de gestão e de racionalidade quantitativa e qualitativa. É necessário iluminá-las para que possamos perceber uma realidade que não fomos ensinados a ver e que o próprio tribunal faz de tudo para ofuscar.

Qualquer estudioso que almeje contribuir para a reforma e o aperfeiçoamento da corte não poderia deixar de fora de sua análise ao menos cinco dimensões: a política, a jurídica, a procedimental, a ética e a gerencial. Cada uma delas merece ser tratada com cuidado conceitual para que se observe não só sua especificidade, mas também sua inter-relação. E, sobretudo, para que se consiga investigar as prováveis causas estruturais e individuais dessa patologia, que não admite remédio fácil, rápido e indolor.

Trato aqui da faceta particularmente política da ingovernabilidade: a esfera das escolhas discricionárias que a corte faz ao longo do processo judicial, em especial sobre o *quando* e o *quanto* decidir. Felipe Recondo, em reportagem sobre os casos pendentes no STF, oferece ótima gama de exemplos sobre essa zona quase blindada contra as práticas de controle e justificação pública. Inicia seu texto com uma pergunta aparentemente retórica: tribunais são convidados ou convocados a decidir? Todo jurista tem essa resposta na ponta da língua: aos tribunais não se confere o direito de não decidir (princípio conhecido como proibição do *non liquet*). E há boas razões para tanto, uma vez que a prestação jurisdicional não discriminatória é ingrediente sem o qual o estado de direito não existe.

No entanto, como mostra Recondo, a modulação arbitrária do tempo da decisão faz com que, no STF, esse princípio seja relativizado, quando não revogado. O tribunal desenvolveu um repertório de técnicas para atrasar ou acelerar decisões conforme sua conveniência (e, ocasionalmente, em virtude do atraso, livrar-se da própria obrigação de decidir quando casos perdem seu objeto).

São três as principais técnicas, nesta ordem: o ministro relator, a quem se distribuiu o caso, pode liberá-lo para julgamento quando lhe for mais oportuno; o ministro presidente, da mesma forma, tem o poder de colocar em pauta o caso liberado pelo relator conforme entenda apropriado; finalmente, cada ministro poderá, uma vez iniciado o julgamento, pedir vista do processo e interromper a deliberação quando bem entender, sem prazo para devolução. Processos de voltagem política diversa, mas invariavelmente de grande interesse público, permanecem na gaveta de ministros por tempo indeterminado. Sequer sentem-se constrangidos a dar satisfação sobre a demora.

Tais exemplos mostram que, ao lado da "agenda ativa" (que compreende os casos processados e decididos pelo tribunal, sem postergações injustificadas), convive uma "agenda passiva", um conjunto de casos que o tribunal, sorrateiro, decide não decidir (ou esperar indefinidamente). O tribunal não tem autorização jurídica para engavetar, mas o faz de modo metódico, sem que o percebamos. Somente um estudo meticuloso do balanço que o STF faz entre ambas as agendas poderá delinear o seu perfil político. Poderá, em outras palavras, descobrir o quão seletivo é o seu propalado ativismo, termo tão vago na teoria quanto impressionístico na prática, e sujeito a toda sorte de manipulação linguística.

De um lado, o tribunal é vítima de seu gigantismo voluntário, pois, não bastasse a sua excessiva lista de competências, prefere não criar filtros mais restritivos para a admissibilidade de recursos extraordinários que o inundam. De outro, tornou-se beneficiário de uma liberalidade para decidir quando e quanto quiser, conforme fatores circunstanciais pouco discerníveis para quem, de boa-fé, observa de fora. No vácuo regulatório, usufrui de um cheque em branco para determinar sua agenda. É pouco seletivo no que entra e bastante seletivo no que sai, quando seria recomendável fazer o contrário.

A crítica a essa prática consolidada, contudo, precisa mirar o alvo certo: seria desejável privar a corte dessas armas estratégicas que a ajudam a administrar seu capital político volátil e que, bem dosadas, a protegem de reações negativas a suas decisões? Cortes constitucionais ao redor do mundo fazem escolhas estratégicas diversas, e essa faceta da jurisdição constitucional, que ainda desagrada à sensibilidade jurídica purista, mostra-se inevitável. Mais do que isso, pode haver sabedoria na arquitetura institucional que permite ao tribunal se autoproteger contra as ameaças mais ou menos sutis à sua integridade. Tanto mais capaz será a corte de exercer seu papel de guardião constitucional quanto mais bem jogar o jogo político. Esse é, para além da sofisticação jurídica, o segredo das cortes constitucionais historicamente mais originais e bem-sucedidas na proteção de direitos.

Ainda que aceitemos tais ressalvas sobre a margem de manobra estratégica no controle de constitucionalidade, não há boa justificativa para a prática do STF, por duas razões: em primeiro lugar, o tribunal permanece refém do poder de obstrução individual de cada ministro, que tem liberdade para abusar dessa competência impunemente; por essa razão, em segundo lugar, o STF se furta ao dever de construir uma estratégia propriamente institucional. A complacência da comunidade jurídica com tais hábitos é um grande obstáculo a mudanças. Estrategicamente, o STF navega à deriva.

17 de setembro de 2014

7.
O dono da bola

Gilmar Mendes tornou-se o boquirroto número um da justiça brasileira. Superou, na sua jornada, duros rivais na arte de confundir o papel do juiz constitucional com o de palanqueiro. O tiroteio retórico o encanta, e dele participa com artilharia pesada. Seu vocabulário é sempre recheado de clichês da hipérbole política. Jornalistas não o procuram por sua clarividência, mas pela manchete quente de primeira página.

Não tem erro: no contexto de um tema de alta voltagem política, é só chegar com câmera e microfone. Furo certo. Tanto faz se o assunto está para ser decidido pelo STF, ou se nem chegou ao tribunal. Gilmar Mendes sente-se autorizado a mandar recados pela imprensa (para seus pares, adversários, para o governo). Entende, pelo visto, que a Lei Orgânica da Magistratura a ele não se aplica. Princípios de circunspecção judicial, que buscam promover não só a imparcialidade, mas também a imagem de imparcialidade, servem para os outros. Os últimos meses deram uma amostra do conjunto da obra. Alguns exemplos valem ser citados.

Quando percebeu que o plenário do STF derrubaria liminar de sua autoria, que criava um curioso controle preventivo do mérito de projeto de lei, disse, irresignado: "Hitler não precisou de nenhuma lei, fez tudo por decreto". Quando provocado a opinar sobre a validade de uma constituinte exclusiva para a reforma política, explicitou sua admiração por países do norte: "O Brasil dormiu como se fosse Alemanha, Itália,

Espanha, Portugal em termos de estabilidade institucional e amanheceu parecido com a Bolívia ou a Venezuela. Não é razoável isso, ficar flertando com uma doutrina constitucional bolivariana". Ainda concluiu com uma ironia: "Felizmente não pediram que na Assembleia Constituinte se falasse espanhol".

Instado a falar sobre o decreto de participação social do governo Dilma, voltou ao seu mais novo slogan de algibeira: "Tudo que vem desse eixo de inspiração bolivariano não faz bem para a democracia". Dias atrás, diante de especulações sobre reformas no próprio STF, mostrou-se obsessivo com o termo: "Não tenho bola de cristal, é importante que não se converta numa corte bolivariana".

Nesse último processo eleitoral, na condição de ministro do STF, após decisão que rejeitou o registro de candidatura de José Roberto Arruda com base na Lei da Ficha Limpa, lei da qual é opositor contumaz, o ministro afirmou, em ataque aos outros membros do próprio tribunal: "Quem tem responsabilidade institucional justifica. Não faz de conta que hoje estava votando assim, e hoje eu estava votando assado. Isso é brincadeira de menino". E completou, para fechar o raciocínio, no seu melhor espírito de desprezo pelo colegiado do qual é membro: "Quem faz jurisprudência ad hoc é tribunal nazista".

Essas declarações públicas não merecem cinco minutos do nosso zelo conceitual. Não ficam de pé como panfletos, tanto menos como opiniões dignas de nota ou reflexão. São etiquetas sem conteúdo, com múltiplos alvos. Para que argumentar se se pode lançar uma bomba retórica? Para que preciosismos analíticos se essa bomba é mais eficaz para desestabilizar as placas tectônicas da Constituição? Para que se restringir aos autos se a mídia o corteja e lhe oferece o palco para brilhar?

Gilmar Mendes luta com as armas que tem e não gosta de perder. Quando perde, solta o verbo, e o seu verbo é calculado para polemizar e agredir. Pouco importa que afete a integridade do tribunal e de seus próprios colegas. Quando lhe faltam argumentos (ou quando argumentar, para ele, não vale a pena), opta pela frase sonora e pela cara de mau.

A dúvida, matéria-prima para um bom juiz, não o atormenta. O diálogo e a autocrítica parecem não integrar o seu repertório ético ou intelectual, pois a verdade está sempre com ele. Não hesita em diminuir ou desqualificar quem dele discorda. Um ministro cuja vaidade e autoimportância, somadas à vontade de poder, se traduzem na violência de seus gestos e virulência de suas palavras. Qual numa "brincadeira de menino", quer ser sempre o dono da bola. Uma cultura constitucional governada por donos da bola, contudo, corrói o projeto da Constituição de 1988 e o delicado capital político do STF. Sobreviver a ministros assim é hoje um dos maiores desafios do tribunal.

Temos dado muita atenção às palavras de Gilmar Mendes, e o jornalismo judicial se deixa seduzir muito fácil por elas. Quando repercutimos os seus slogans, mordemos a sua isca e o recompensamos por suas travessuras e sua malícia. Que esses termos do conflito partidário circulem no calor de um debate eleitoral polarizado não surpreende. Que o estilo tenha um representante oficial no STF é de deplorar. Poderíamos deixar de ouvir o Gilmar Mendes midiático e passar a ler o Gilmar Mendes juiz. Seus votos proporcionam descobertas mais interessantes (e preocupantes) para o bom debate e a boa crítica.

O vedetismo judicial pareceria um mal menor, não revelasse uma patologia mais maligna da cultura jurídica: a trivialização do argumento e da função judicial. A patologia deita raízes na nossa maneira de ver, operar e ensinar o direito. Naturalizamos uma cultura jurídica autoritária nos modos e preguiçosa no argumento (o que talvez seja a mesma coisa). Radicou-se nas salas de aula e nos tribunais. Que alguns juízes do Supremo a encarnem tão bem dá a medida da difícil tarefa de aprofundar um regime constitucional no país. A política brasileira está na temperatura ideal para os mancheteiros de plantão, veremos quais serão as próximas de Gilmar Mendes. Não devem demorar. Tentemos reagir à altura, ignoremos a superfície e conversemos sobre o que vale a pena, pela dignidade do direito constitucional.

3 de fevereiro de 2015

8.
O inimigo do Supremo

O Supremo converteu-se em gabinete regulatório da crise política brasileira. Não há impasse político no país que lá não chegue, quer na esfera criminal, quer na eleitoral, parlamentar ou constitucional. Com maior ou menor competência, clareza e inventividade, o tribunal, quando não se omite, tem definido as regras do jogo. Aos atores políticos implicados cabe obedecer a elas.

A obediência, contudo, não é um dado que se possa presumir, mas uma meta a se conquistar. Essa conquista é rodeada de incerteza. Em casos com tamanha voltagem política, nos quais o tribunal busca disciplinar conflitos e sancionar atores com vultosos estoques de poder, o espectro da desobediência, explícita ou velada, torna-se palpável. Há incentivos para resistir ao STF. Cabe ao tribunal antecipá-los, neutralizá-los, minimizá-los.

Como pode um tribunal minimizar esses incentivos e conquistar autoridade? Nem o direito constitucional comparado nem a história judicial brasileira oferecem uma receita. Sabe-se que a fórmula não pode prescindir, por um lado, de argumentação transparente que costure uma jurisprudência constitucional digna desse nome; por outro, de uma sensibilidade de conjuntura, uma gestão aguçada de seu capital político. Duas tarefas que o STF não desempenha com destreza: a ingovernabilidade de suas práticas solistas, já diagnosticada por tantas pesquisas empíricas, é a síntese de um tribunal ancorado na individualidade de seus ministros. Comportamentos propriamente institucionais e decisões que conjuguem a primeira pessoa do plural não são visíveis ali.

Uma corte poderosa não é aquela que recebeu amplos poderes da Constituição, mas aquela que se faz obedecer. Sua imagem precisa estar acima de qualquer suspeita. A ciência política que estuda cortes constitucionais pelo mundo sabe que os atributos da legitimidade e da independência não são gratuitos nem estáveis. Flutuam conforme as circunstâncias, o comportamento judicial e as reações às decisões tomadas. Por isso mesmo, a legitimidade depende de contínua administração e do bom desempenho do tribunal. Entre os adversários da credibilidade institucional do STF está, curiosamente, um dos seus próprios ministros: sobreviver a Gilmar Mendes é um desafio do cotidiano do STF. Requer do tribunal uma estratégia de redução de danos. Mas o STF permanece rendido e incapaz de controlar as contínuas quebras do decoro judicial.

A política de Gilmar Mendes

As relações de Gilmar Mendes com a política não são novas. O ministro transita com desenvoltura, em ambientes públicos e privados, com correligionários partidários. Gilmar Mendes, juiz, tem correligionários. Políticos que orbitam no seu círculo lhe pedem favores no tribunal, consultam-no sobre problemas jurídicos pessoais ou sobre os rumos constitucionais do país, em encontros privados fora do tribunal ou telefonemas. Negociar, prometer apoio, organizar jantares em casa, frequentar jantares dos outros. O ministro é presença constante nos banquetes palacianos. Corteja o poder político, e o poder político o corteja. Há reciprocidade.

A história é extensa, mas não custa recapitular alguns exemplos de promiscuidade. Michel Temer, Aécio Neves, José Serra,

Blairo Maggi, Eduardo Cunha são algumas das autoridades públicas que o frequentam, antes e depois que tiveram suas reputações gravemente atingidas por denúncias de corrupção.

O episódio mais recente relaciona-se a Aécio Neves, até então presidente do PSDB e segundo colocado nas eleições presidenciais de 2014. Aécio telefonou para Gilmar Mendes, um dia depois de este ter suspendido o depoimento do senador à Polícia Federal. Pediu que o ministro telefonasse para o senador Flexa Ribeiro para que este votasse o projeto de lei contra o abuso de autoridade. Sem maiores solenidades ou esforço argumentativo, a assessoria do ministro publicou nota:

> O ministro Gilmar Mendes sempre defendeu publicamente o projeto de lei de abuso de autoridade [...], não havendo, no áudio revelado, nada de diferente de sua atuação pública. Os encontros e conversas mantidas pelo ministro Gilmar Mendes são públicos e institucionais.

Há um mês, Gilmar Mendes também conversou com Joesley Batista, da JBS. A conversa ocorreu no Instituto Brasiliense de Direito Público (IDP), escola de direito fundada pelo ministro. Como sua família vende gado para a JBS no Mato Grosso, foi alegada a suspeição num caso em que o Supremo julgava a cobrança do Funrural, fundo composto por contribuições de produtores rurais à Previdência. O ministro defendeu-se: "Votei contra os meus próprios interesses econômicos, pois minha família terá de pagar a contribuição atrasada". Admite, portanto, que teria interesses na causa, mas não se enxerga como suspeito.

A antiga relação de amizade que Gilmar Mendes tem com Sergio Bermudes, já descrita, em 2010, por longa reportagem da revista *piauí*, de autoria do jornalista Luiz Maklouf, também rendeu notícias nas últimas semanas. A concessão de habeas corpus para Eike Batista, cliente de Sergio Bermudes, sócio de sua esposa, rendeu pedido de impeachment do ministro. Em outra nota pública de sua assessoria, o ministro defende-se na mesma lógica: "Cabe lembrar que no início de abril o ministro Gilmar negou pedido de soltura do empresário Eike Batista (HC [habeas corpus] 141478) e na oportunidade não houve questionamento sobre sua atuação no caso".

A normalização de Gilmar Mendes

Não nos escandalizamos mais com os escândalos de Gilmar Mendes. O juiz integra a cozinha partidária como um par. A sociedade brasileira se deixou anestesiar e passou a vê-lo como patologia menor de um sistema político que não consegue separar o público do privado. Os fatos abaixo não geraram mais do que algumas notas na imprensa. São uma pequena amostra dessa anestesia:

(i) Gilmar Mendes telefona, em fevereiro de 2015, ao governador do Mato Grosso, Silval Barbosa, depois de a polícia ter executado mandado de busca e apreensão na casa deste. Manda um "abraço de solidariedade" e promete conversar com Toffoli;

(ii) Encontra-se, fora de agenda pública, em março de 2015, com o ex-presidente da Câmara Eduardo Cunha, quando este já era investigado pela Operação Lava Jato;

(iii) Encontra-se novamente, em julho de 2015, com Eduardo Cunha para discutir o impeachment de Dilma Rousseff;

(iv) É organizador de Seminário Luso-Brasileiro de Direito Constitucional, em março de 2016, realizado em Portugal pelo IDP, que conta com a presença de Aécio Neves e outros políticos (no calor da crise política, Michel Temer, confirmado, cancelou sua participação em cima da hora). O evento ocorre num momento de alta tensão da Lava Jato e seus reflexos no processo de impeachment, logo depois que Gilmar Mendes, em liminar monocrática, invalidou a nomeação de Lula para o Ministério de Dilma. O mesmo IDP, meses antes (dezembro de 2015), inaugurava escola de direito em São Paulo com presença de políticos, como Michel Temer, recebidos no palco por Gilmar Mendes. Michel Temer, mais uma vez, estará presente num seminário do IDP nos dias 20 e 21 de junho, evento patrocinado pela Caixa Econômica Federal. Poucos dias antes, o Tribunal Superior Eleitoral (TSE), sob a presidência de Gilmar Mendes, reinicia o julgamento que põe em risco o mandato do presidente.

(v) Almoça, em março de 2016, com José Serra e Armínio Fraga. Horas mais tarde, julga no STF o rito do impeachment, com declarações inflamadas contra a corrupção de um partido político que não lhe agrada, que pouco têm a ver com o mérito daquele processo. Questionado sobre o episódio, responde: "Não estou proibido de conversar com Serra, nem com Aécio".

(vi) Alguns jantares: a) em sua própria casa, com pecuaristas, o ministro da Agricultura, Blairo Maggi, e o vice-presidente, Michel Temer, que manifesta ali a vontade de que o impeachment de Dilma seja antecipado (2 de agosto de 2016); b) com o presidente Michel Temer, no Palácio do Jaburu, para uma "conversa de rotina" (22 de janeiro de 2017); c) em sua própria casa, numa homenagem a José Serra, investigado na Lava Jato, com presença de Michel Temer (16 de março de 2017);

(vii) Michel Temer, alvo de processo que pode levar à sua cassação no TSE, presidido por Gilmar Mendes, indica primo deste para diretoria de agência reguladora (14 de março de 2017).

Sempre que questionado, Gilmar Mendes afirma que sua isenção é inabalável. Como se fosse esse o problema. Despista. Pinça alguns exemplos de decisões que tomou, supostamente, contra os próprios interesses ou contra os próprios amigos. Esses exemplos seriam as provas incontestáveis de sua integridade. Tergiversa.

E se, num determinado caso, a solução juridicamente correta fosse aquela que favorecesse o interesse de seu aliado? Da mesma maneira que uma decisão que contrarie interesses de seu amigo advogado (e de sua própria esposa, sócia do advogado) não prova sua honestidade, uma decisão favorável aos mesmos interesses tampouco provaria sua desonestidade. A mira da resposta está errada. Seu equívoco é intencional e confunde imparcialidade objetiva e subjetiva: sabe que os mecanismos legais de suspeição e impedimento não servem para garantir o juiz honesto, mas sim assegurar a imagem de imparcialidade da justiça e afastar qualquer desconfiança quanto à legitimidade da decisão. É preciso parecer honesto e imparcial, como a mulher de César. É regulação elementar de conflitos de interesse a partir de parâmetros republicanos. Gilmar Mendes não respeita parâmetros republicanos.

Suas respostas insistem nessa falácia. No último não escândalo, Aécio Neves lhe telefona para pedir um favor político. Há detalhes que não são meros detalhes. Um ministro de corte suprema trava conversa privada com senador da República para tratar de um projeto de lei em tramitação. Um senador investigado por corrupção solicita ao ministro que, na sua condição de ministro, ligue para outro senador para pedir apoio. Que o ministro faça, em outras palavras, articulação parlamentar. O pedido é bem recebido. Quando, em sua defesa, diz que seus posicionamentos sobre a respectiva lei já eram públicos e conhecidos, quer obscurecer a distinção primária entre o público e o privado, entre a pessoa privada e a pública, entre o juiz e o parlamentar.

A normalização de Gilmar Mendes não é só de Gilmar Mendes. Já não conseguimos ver diferença relevante entre os parâmetros de conduta de um juiz, de um político e de um cidadão comum. Paga-se caro por isso. O ministro fez de si um expoente daquilo que, retoricamente, mais abomina: uma corte bolivariana. Ele mesmo, por um irônico lapso, pinta o seu autorretrato: "Tudo que vem desse eixo de inspiração bolivariano não faz bem para a democracia".

A pedagogia de Gilmar Mendes

Há quem eduque pelo exemplo. Gilmar Mendes educa pelo contraexemplo. Oferece uma ética negativa: uma longa lista sobre o que não fazer. Filósofos que navegam pela ética aplicada e formulam parâmetros para lidar com dilemas morais de nossa vida cotidiana são muitas vezes agnósticos e minimalistas sobre a decisão correta a tomar. Diante da complexidade do contexto e das nuances de cada caso, sentem-se mais seguros em apontar o que não fazer. Essa é a contribuição pedagógica de Gilmar Mendes: sua conduta é uma cartilha da antiética.

Nem sempre é fácil saber qual é a conduta judicial correta em situações dilemáticas dentro e fora da corte, dentro e fora dos autos, dentro e fora da interpretação constitucional. Há imensa riqueza no comportamento de Gilmar Mendes. Seus contraensinamentos são valiosos.

Os atos listados acima não são deslizes isolados ou eventuais. Trata-se de sistemática e periódica desconsideração de princípios de prudência e respeito à liturgia do cargo, indispensáveis à construção da imparcialidade e respeitabilidade da atividade judicial. Juízes não estão proibidos de ter amigos, de ter vida social intensa, de viverem uma vida normal. No entanto, a ética da atividade judicial pede vigilância a certos comportamentos, um senso de responsabilidade pelo éthos de sua instituição. Nada excessivamente oneroso.

Gilmar Mendes não é "polêmico", nem "controverso", nem "corajoso". Eufemismos jornalísticos apenas obscurecem o problema. O direito não é indiferente à antiética de Gilmar Mendes: seu comportamento é ilegal.

A responsabilidade por Gilmar Mendes

Apesar de Gilmar Mendes, o Supremo ainda sobrevive. Sua sobrevivência como ator político relevante, contudo, não está garantida. O grau de relevância do tribunal já está sob teste. Ou, num jargão da ciência política, "sob estresse". O ministro é um dos principais artífices da ingovernabilidade do STF: joga contra a imagem da instituição, contra o plenário e contra seus colegas juízes. Violenta a imparcialidade, moeda volátil da qual uma corte com tamanha missão tanto depende.

O colegiado é corresponsável pelos danos causados por Gilmar Mendes. O ministro não é só um problema "para" o Supremo, mas sim "do" Supremo, que permanece omisso. Entrega ao ministro uma licença para ferir a instituição. Não bastasse ter adversários demasiado poderosos, o Supremo ainda faz vista grossa para a conduta destrutiva de um de seus membros. Um inimigo íntimo como esse exige coragem e articulação para enfrentá-lo. O plenário deixa-se apequenar na cumplicidade, e deve prestar contas à democracia brasileira. O Supremo não pode se submeter a esse pacto suicida.

O que fazer para se proteger de Gilmar Mendes? Um passo modesto, para quebrar a inércia normalizadora da sua conduta, seria reconhecer a suspeição do ministro em tantos casos em que sua persona política não tem como não se confundir com sua persona judicial. Por mais que o ministro prometa ser isento. Por mais que seja sincero, supondo que alguma vez já foi.

Um dos maiores desafios do desenho institucional de uma corte suprema é prover formas de autorregulação coletiva dos desvios individuais. Num órgão colegiado desse tipo, a colegialidade é indispensável. Não há instância superior que o limite. Talvez por insolúvel do ponto de vista procedimental, o desafio não foi inteiramente equacionado nem pelos federalistas americanos nem por arquitetos das cortes constitucionais do século XX. A leniência institucional diante do desvio individual pode ser uma escolha racional quando a instituição permanece acima de qualquer suspeita. No Supremo, esse não é mais o caso. O espectro da desobediência ronda a corte faz tempo.

Uma corte constitucional precisa, em tempos de normalidade, acumular capital político para proteger a Constituição nas situações-limite da política. De sua habilidade para desarmar dinamites depende a qualidade e longevidade da democracia. É urgente desarmar Gilmar Mendes.

5 de junho de 2017

9.
Por quem Gilmar se dobra?

Gilmar Mendes mandou soltar Jacob Barata, um dos maiores empresários do setor de transporte coletivo do Rio de Janeiro. O juiz Marcelo Bretas expediu novo mandado de prisão preventiva. Gilmar mandou soltar de novo, em menos de 24 horas. Nesse insólito jogo do solta, prende e solta, Gilmar deu um recado de xerife: "Em geral, o rabo não abana o cachorro, é o cachorro que abana o rabo".

O Código de Processo Penal diz que "o juiz dar-se-á por suspeito se for amigo íntimo" de uma parte. A regra da suspeição tenta evitar que relações pessoais façam parecer que a imparcialidade está comprometida. Repare: a regra não está preocupada com a capacidade de o juiz julgar um amigo ou parente de modo imparcial, mas com a imagem suspeita que isso passa ao público. É regra de autoproteção institucional, de manutenção da credibilidade. É dessa moeda que vive a autoridade do Judiciário. É essa moeda que Gilmar Mendes despreza.

O caso é exemplar. A mulher do ministro foi madrinha de casamento da filha de Barata. O advogado de Barata é também advogado de Gilmar. No escritório desse advogado trabalha a esposa de Gilmar. Barata é sócio do cunhado de Gilmar. O telefone da esposa de Gilmar está na agenda do celular de Barata. Mas para negar sua suspeição, Gilmar respondeu com pitada de humor surrealista: "O casamento não durou nem seis meses".

O episódio sintetiza livros de sociologia brasileira: os nexos de compadrio e parentesco na reprodução de elites predatórias, as trocas patrimonialistas de favor em prejuízo do interesse público, a cínica retórica legalista ao lado de seguidos abusos de poder. Está tudo ali, num único caso.

A biografia judicial de Gilmar Mendes esgota os atributos do que um juiz não pode fazer, um guia passo a passo da improbidade judicial. Ganhou status folclórico na história do STF, menos por qualquer traço pitoresco que inspire simpatia, menos por liderança moral ou intelectual, mais por sua malignidade naturalizada.

Um ministro do Supremo nunca foi alvo de tantos pedidos de impeachment: de Fábio Konder Comparato a Alexandre Frota, um sem-número de pessoas já assinou pleitos formais ao Senado. Já esgotamos as palavras, os argumentos, os apelos. Gilmar Mendes esgotou nossa capacidade de nos surpreender.

A omissão do STF e de sua presidente Cármen Lúcia causa danos incalculáveis ao país. O STF se acua enquanto Gilmar sapateia à margem da lei. Trata-o com a deferência e o respeito que ele perdeu até por si mesmo. Sequestrado, o tribunal contraiu síndrome de Estocolmo (estado psicológico em que o agredido adquire afeto pelo agressor).

Os gritos e sussurros de Gilmar dependem do freguês: aos inimigos, o ataque histriônico (Janot e Lewandowski foram os alvos recentes); aos amigos, um "abraço de solidariedade" e a certeza de que não se declarará suspeito. A amizade de Gilmar é ativo político e gera dividendos. Temer, Cunha, Maia, Aécio, Serra, Jucá e Franco sabem disso. Doria captou e o recebeu para "discussão de conjuntura". Já sabemos quem se dobra por Gilmar, resta saber por quem Gilmar se dobra.

Gilmar Mendes trata a Constituição com choques elétricos. Atiça as emoções primárias de seu público, mas a resistência da democracia brasileira a emoções primárias está se esgotando. Desobedecer a Gilmar Mendes tornou-se imperativo democrático, uma causa suprapartidária. Manda quem não pode, desobedece quem tem juízo.

31 de agosto de 2017

10.
STF, vanguarda ilusionista: na prática, ministros agridem a democracia

Um breviário de perguntas sem resposta

O Supremo Tribunal Federal é protagonista de uma democracia em desencanto. Os lances mais sintomáticos da recente degeneração da política brasileira passam por ali. A corte está em dívida com muitas perguntas, novas e velhas, e vale lembrar algumas delas antes que os tribunais voltem do descanso anual.

Se Delcídio do Amaral, Eduardo Cunha, Renan Calheiros e Aécio Neves detinham as mesmas prerrogativas parlamentares, por que, diante das evidências de crime, receberam tratamento diverso? Se houve desvio de finalidade no ato da presidente Dilma Rousseff em nomear Lula como ministro, por que não teria havido o mesmo na conversão, pelo presidente Michel Temer, de Moreira Franco em ministro? Se autorizou a prisão após condenação em segunda instância, por que ministros continuam a conceder habeas corpus contra a orientação do plenário, como se o precedente não existisse?

Se a restrição ao foro privilegiado já tem oito votos favoráveis, pode um ministro pedir vista sob alegação de que o Congresso se manifestará a respeito? Pode ignorar o prazo para devolução do caso? Se lá chegam tantos casos centrais da agenda do país, como pode um ministro, sozinho, manipular a pauta pública ao seu sabor (por meio de pedidos de vista ou de liminares engavetadas)?

Se o auxílio-moradia para juízes, criado em 2014, custa ao país mais de 1 bilhão de reais por ano, como pôde um ministro impedir que o plenário se manifestasse por anos? Se a criminalização do porte de drogas responde por grande parte do encarceramento em massa brasileiro, como pôde um pedido de vista interromper, por anos, um caso que atenuaria o colapso humanitário das prisões?

Se um ministro afirma que Ricardo Lewandowski "não passa na prova dos nove do direito constitucional", que Luís Roberto Barroso "tem moral muito baixinha", que Marco Aurélio é "velhaco", que Luiz Fux inventou o "AI-5 judicial", que Rodrigo Janot é "delinquente", que Deltan Dallagnol é "cretino absoluto", e tem amigos espalhados entre o empresariado e a classe política julgados pelo STF, como expressará isenção nesses casos? Se a Lei Orgânica da Magistratura proíbe juízes de se manifestarem sobre casos da pauta, como podem ministros antecipar posições a todo momento nos jornais?

A lista de perguntas poderia seguir, mas já basta para notar o que importa: as respostas terão menos relação com o direito e com a Constituição do que com inclinações políticas, fidelidades corporativistas, afinidades afetivas e autointeresse. O fio narrativo, portanto, pede a arte de um romancista, não a análise de um jurista. Ao se prestar a folhetim político, o STF abdica de seu papel constitucional e ataca o projeto de democracia.

A autoimagem e o choque de realidade

A separação de poderes conferiu lugar peculiar ao STF. O parlamento é eleito, o STF não. O parlamentar pode ser cobrado e punido por seus eleitores, o STF não. O presidente da República é eleito e costuma ser o primeiro alvo das ruas, o STF está longe disso. O STF tem o poder de revogar, à luz da Constituição, decisões de representantes eleitos. É um tribunal que se autorregula e não há para quem recorrer. O que justifica tanto poder e a imunização contra canais democráticos de controle?

Há boas respostas teóricas para esse arranjo. Segundo alguns, a integridade constitucional depende de um órgão capaz de pairar acima dos conflitos partidários, praticar a imparcialidade e assumir o papel de "poder moderador". Para outros, mais do que apenas "moderar", caberia ao tribunal inspirar respeito por seus argumentos jurídicos, que tecem padrões decisórios e constroem jurisprudência.

A autoimagem construída pelo STF foi ainda mais longe. Apresentou-se como a "última trincheira dos cidadãos", incumbido da missão de salvar a democracia de si mesma, domesticar maiorias, amparar e incluir minorias. No ápice da automistificação, Luís Roberto Barroso imaginou a corte como "vanguarda iluminista que empurra a história" na direção do progresso moral e civilizatório.

A crise política e a erosão de direitos dos últimos anos trouxe ao STF a oportunidade (e o ônus) de atender a suas promessas. O STF nos respondeu com um choque de realidade. O desarranjo procedimental cobrou seu preço. Despreparado para a magnitude do desafio, o tribunal reagiu da forma lotérica e volátil de sempre. A prática do STF ridiculariza aquele autorretrato heroico, frustra as mais modestas expectativas e corrói sua pretensão de legitimidade.

Por não conseguir encarnar o papel de árbitro, o tribunal tornou-se partícipe da crise. Já não é mais visto como aplicador equidistante do direito, mas como adversário ou parceiro de atores políticos diversos. Desse caminho é difícil voltar. Atado a uma espiral de autodegradação institucional, o poder moderador converteu-se em "poder tensionador", que multiplica incertezas e acirra conflitos. O ator que deveria apagar incêndios fez-se incendiário. Não foi vítima da conjuntura, mas da própria inépcia. A vanguarda iluminista na aspiração descobriu-se vanguarda ilusionista na ação (e inação).

Ilusionismo no procedimento, ilusionismo no argumento

Como opera esse "poder tensionador"? Para decifrar a vanguarda ilusionista, precisamos olhar para além do resultado de cada decisão (se prende ou se solta, se anula ou se valida). Deve-se prestar mais atenção ao procedimento que gerou tal resultado e ao argumento que o justifica. É no procedimento e no argumento que mora o ilusionismo.

A síntese do desgoverno procedimental do STF está em duas regras não escritas: quando um não quer, onze não decidem; quando um quer, decide sozinho por liminar e sujeita o tribunal ao seu juízo de oportunidade. Praticam "obstrução passiva" no primeiro caso, e "obstrução ativa" no segundo. A contradição entre as duas regras é só aparente, pois a arte do ilusionismo permite sua coexistência. Manda a lógica do "cada um por si".

O argumento constitucional do STF já não vale o quanto pesa e tornou-se embrulho opaco para escolhas de ocasião. Basta olhar com lupa as incoerências na fundamentação de casos juridicamente semelhantes que recebem decisão diversa. A expressão "jurisprudência do STF" sobrevive como licença poética, já que perdeu capacidade de descrever ou nortear a prática decisória do tribunal. Perdeu dignidade conceitual e até mesmo retórica.

No âmbito da esfera pública, o ilusionismo é diversionista, responde o que não foi perguntado, joga fumaça na controvérsia e confunde o interlocutor desavisado. Gilmar Mendes, por exemplo, é praticante rotineiro dessa técnica. Publicou na *Folha de S.Paulo*, dias atrás, um artigo em defesa do habeas corpus. Invoca o direito abstrato à liberdade, do qual ninguém discordará, e se desvia das críticas contra suas decisões recentes em habeas corpus. As críticas às quais ele reage, contudo, nunca foram contra o habeas corpus em si, mas contra as evidências de suspeição para julgar, monocraticamente, pessoas do seu círculo pessoal e político. Apresenta-se como defensor da liberdade, mas suas decisões passam a impressão de ser defensor dos amigos. Para dissipar essa impressão, basta que se declare suspeito, o que se recusa a fazer. Manha ilusionista: discursar sobre o ideal revolucionário da liberdade e silenciar sobre a liberdade concedida a amigos indiciados.

O ilusionismo, nas suas faces procedimental e argumentativa, retira das decisões do STF o selo de integridade institucional. Por essa razão, tem sido menos útil aos advogados ou analistas da corte perguntar se o texto da Constituição é lido de modo apropriado, se nossas categorias de análise dão conta da tarefa interpretativa, se o STF pratica ativismo ou deferência, questões nobres do debate constitucional, do que saber a biografia do ministro e sua capacidade de atender à ética da imparcialidade, da responsabilidade e da colegialidade.

A ambição do estado de direito é produzir um "governo das leis, não dos homens". Soa como slogan a serviço da distorção ideológica, mas o sentido da expressão não tem nada de esotérico. A mensagem é mais modesta: não quer dizer que o aparato institucional de interpretação e aplicação das leis deva ser composto por sujeitos sobre-humanos, imunes a afetos e interesses, mas apenas que esses sujeitos devem ter compromisso ético para decidir com maior isenção e ponderação analítica, e gozar de garantias contra a pressão do toma lá dá cá e da barganha política. Não requer muito mais do que isso.

A prática do STF pede adaptação daquela máxima: a interpretação constitucional deve estar submetida ao "governo do Supremo, não dos ministros". O tribunal, contudo, tem sido governado pelo voluntarismo incontinente de seus membros. É muito poder individual de fato (e de legalidade duvidosa) para ser usado com tamanha extravagância. Como disse José Sarney, anos atrás, "um dos maiores desserviços ao país é desprestigiar o Supremo Tribunal Federal". Esse desserviço ao STF vem sendo prestado pelos seus próprios membros. Isso traz consequências.

O tempo do STF

O tempo do STF é um tempo místico. Pode tomar uma decisão em horas ou em décadas. A duração de um caso não guarda nenhuma relação com sua complexidade jurídica, com sua importância política ou com o excesso de trabalho do tribunal, alegações usuais de ministros. É fruto, sim, da idiossincrasia e do instinto de cada ministro. E às vezes de negociações nos bastidores palacianos e corporativos.

Ninguém melhor que o ex-deputado Eduardo Cunha para iluminar o problema. Quando afastado de seu mandato pelo Supremo em 2016, ironizou com a pergunta cínica que muitos se fizeram: "Se havia urgência, por que levou seis meses?". Em outras palavras: por que agora? Uma ótima pergunta, que poderia ser aplicada a muitos casos (como o pacote natalino de liminares, todas monocráticas e abruptas, tomadas no apagar das luzes de 2017, antes de o Judiciário sair de férias). A resposta de Ricardo Lewandowski, então presidente da corte, desconversou: "O tempo do Judiciário não é o tempo da política nem é o tempo da mídia. Temos ritos, procedimentos e prazos que devemos observar".

A resposta é mais um artefato ilusionista. Quando diz que o tempo do Judiciário não é o tempo da política nem o da mídia, recorre a um árido lugar-comum para se esquivar do que se pergunta. A resposta também ignora a inteligência empírica que vem sendo construída ao longo dos últimos anos sobre o STF por um crescente grupo de estudiosos da corte.

A definição arbitrária do seu tempo decisório é mais um poder de fato que o tribunal conferiu a si mesmo e não explicou a ninguém, um dos poderes mais antidemocráticos que um tribunal pode ter.

Pede-se a tribunais que produzam segurança jurídica e previsibilidade. Esse fim costuma ser entendido apenas como demanda de conteúdo: que pudéssemos estimar, com algum grau de certeza, à luz das decisões passadas do tribunal, o que decidirá em casos semelhantes no futuro. Não é um objetivo possível de realizar por completo, pois muitos casos, apesar de sua similaridade de superfície, suscitam variações interpretativas genuínas.

Ainda que frustre expectativas, é desejável que a jurisprudência tenha um grau de elasticidade. Mas existe uma faceta mais básica da segurança jurídica: a expectativa de que tomará uma decisão em tempo razoável ou sabido. Trata-se de previsibilidade de segunda ordem. O STF, contudo, não só tirou a credibilidade da noção de jurisprudência, mas nos sonega a possibilidade de saber quando uma decisão será tomada. Em certos casos, não estamos seguros sequer de que haverá decisão, qualquer que ela seja.

Se o STF passasse a observar, de modo criterioso e transparente, "ritos, procedimentos e prazos", como quis o ministro, já seria um gesto quase revolucionário. Entretanto, a loteria de agenda, somada ao seu oceano de casos, prejudica a construção de uma esfera pública constitucional, de um espaço em que debates democráticos possam se desenvolver, que atores interessados possam mobilizar energia e recursos para participar. Esperam apenas que seus argumentos sejam respondidos e uma decisão seja tomada em tempo publicamente justificado.

Vale a pena observar outras cortes no mundo para compreender a identidade do STF. Ainda que a comparação tenha limites, pois cada corte tem seu próprio desenho, volume de casos e contexto, mostraria, por exemplo, que a discricionariedade com o tempo não é exclusividade do STF. Nem toda corte tem a disciplina com o tempo que possuem a Suprema Corte estadunidense ou a Corte Constitucional sul-africana. Ambas decidem poucas dezenas de casos por ano, e a tarefa fica menos difícil. Se olharmos para as cortes espanhola ou mexicana, alemã ou argentina, indiana ou chilena, veremos um mapa muito plural de gestão do procedimento, com problemas particulares. Em nenhuma delas, porém, se consegue encontrar tamanha libertinagem de obstrução individual de ministros.

Entre a perda da reverência e a perda do respeito

Um bom observador do comportamento judicial aprende rápido que "cortes não fazem o que dizem nem dizem o que fazem". Pelo menos parte do tempo. Essa máxima quase universal dos estudos judiciais é ainda mais certeira quando aplicada a um tribunal de cúpula, que precisa administrar dinamites morais e políticas da democracia. A crônica constitucional só perde a inocência quando está apta a detectar a dissonância entre as palavras e os atos de instituição ainda tão obscura quanto o Judiciário.

Um bom observador do Supremo Tribunal Federal também aprende que o Supremo Tribunal Federal não existe. Pelo menos na maior parte do tempo. Tornou-se um tribunal de onze bocas e onze canetas dotadas de poder para, sozinhas, tomar decisões (ou não decisões) que geram efeitos irreversíveis no mundo. A crônica constitucional brasileira vem captando essa lição à medida que a cacofonia do STF fica mais escancarada e seus custos sociais mais palpáveis.

O STF foi capturado por ministros que superestimam sua capacidade de serem levados a sério e subestimam a fragilidade do tribunal. Decidem (ou deixam de decidir) o caso que querem, quando querem, sozinhos ou em plenário; falam o que querem e quando querem, não só nos autos e nas sessões públicas de julgamento, mas também aos microfones de jornalistas. Ausentam-se das sessões do tribunal sob pretextos pouco contestados (um congresso acadêmico ou casamento de amigo no exterior, uma honraria oferecida por câmara de vereadores de município remoto, a irritação com voto de colega). Administram terrivelmente a dimensão simbólica (fonte de autoridade) e deixam esvair a dimensão material do poder do tribunal (a capacidade de ser obedecido). Um STF sem capital político pode ser desobedecido sem custos.

Que tenhamos perdido a reverência pelo STF é um ganho de maturidade política. Que estejamos perdendo o respeito é um perigo que o tribunal criou para si mesmo. Maquiavel sugeriu, em *O príncipe*, que um governante não deve buscar ser amado, mas respeitado. Se não for respeitado, que ao menos não seja desprezado, sentimento político mais nocivo. Um governante torna-se desprezível quando é "inconstante, leviano, irresoluto". O conselho serve para as instituições democráticas, sobretudo os tribunais constitucionais. O STF precisa de anti-heróis, não do contrário. Sua sobrevivência como instituição relevante tem a ver com isso.

A zona franca da Constituição

Às vésperas dos trinta anos da Constituição de 1988, temos um tribunal constitucional desencontrado. O STF promete mais do que deve, entrega menos do que pode, disfarça o tanto quanto consegue. Habituou-se à prática de ilusionismo institucional e dela faz pouco-caso. Criou uma espécie de zona franca da Constituição, onde reina a discricionariedade de conjuntura e o estado de direito não chega. E não chega por obra dos próprios ministros e ministras, que não promoveram um único aperfeiçoamento digno de nota na última década: nem na forma, nem no conteúdo; nem nos ritos, nem na ética institucional. Não sabem conjugar a primeira pessoa do plural. Mediocrizaram a tarefa de interpretação constitucional e a própria instituição, cujo status se evapora. Com ele vai a esperança de efetividade da Constituição, a mais avançada que já tivemos.

21 de janeiro de 2018

II.
O discreto charme da magistratura

A magistratura nacional sente sua dignidade ameaçada. Quando questionados sobre o recebimento de auxílio-moradia, juízes têm reagido de forma variada. Há a ironia passivo-agressiva dos acuados: "Tenho esse 'estranho' hábito. Sempre que penso ter o direito a algo eu vou à Justiça e peço", disse Marcelo Bretas; "Eu acho pouco. Recebo e tenho vários imóveis, não só um", disparou Manoel Pereira Calças, presidente do Tribunal de Justiça de São Paulo (TJ-SP); "Tô nem aí", esbravejou juiz do Mato Grosso, questionado sobre um contracheque de 500 mil reais. Há a sinceridade envergonhada: "O auxílio disfarça aumento de salário que está defasado", confessou José Nalini, ex-presidente do TJ-SP; "É um modo de compensar a falta de reajuste", ensaiou Sergio Moro. Há, por fim, o juiz ave rara, que recusou o auxílio para estar em paz com sua consciência. Foi visto pela última vez em Santa Cruz do Sul.

As caricaturas atrapalham o debate. Após mais de quarenta meses da decisão liminar de Luiz Fux em 2014, que concedeu auxílio-moradia de 4300 reais a juízes de todo o Brasil, o Supremo Tribunal Federal pôs o caso em pauta. As razões que explicam por que o plenário da corte ficou em silêncio até hoje escapam à esfera pública. Nesse longo intervalo, e com base jurídica precária, mais de 1 bilhão de reais foram gastos. Mesmo que o STF considere ilegal o pagamento, o ressarcimento aos cofres públicos não virá.

Misturam-se na discussão três tipos de argumento: (i) o institucional, que examina qual é a política salarial adequada para um Judiciário competente e independente, que atraia pessoal preparado, vocacionado e que não se renda às tentações materiais da corrupção; (ii) o moral, que determina o que é um salário justo no contexto da desigualdade brasileira, não em abstrato; e (iii) o jurídico, que olha a lei e verifica quem tem direito a qual remuneração.

Para que o benefício seja legítimo, juízes precisariam ganhar o duelo de razões em pelo menos uma das três frentes. No debate institucional, devem nos convencer de que não podem atrair candidatos capazes e incorruptíveis se não oferecerem, como fazem hoje, renda superior à dos juízes das maiores economias do mundo (como Estados Unidos, Alemanha e Inglaterra). No debate moral, devem lidar com o fato de que mais de 99% dos brasileiros têm renda menor que magistrados e mais de 90% têm renda menor que essa "ajuda de custo". Se está defasado, está em relação a quem e a quê?

Há quem evite esses dois debates, mas ainda persista no terceiro. O auxílio seria "imoral, mas legal". Será? No plano jurídico, o Judiciário precisa sustentar que o pagamento indiscriminado e universal do benefício corresponde a uma interpretação aceitável do artigo 65, II, da Lei Orgânica da Magistratura, que originalmente criou o benefício para custear a moradia daqueles juízes alocados em comarcas remotas. Deve também nos persuadir de que "disfarçar reajuste" por via torta é opção legal. Ainda, deve explicar como deixar de pé um benefício que, por ser "indenizatório", dribla o teto constitucional e o imposto de renda numa mesma tacada. Um truque melhor que simples reajuste, portanto.

Magistrados não precisam ter vocação para a pobreza. Se respeitassem o teto, já ocupariam o 0,2% mais alto da pirâmide social brasileira. Falta-lhes, historicamente, a vocação para a conversa horizontal e contextualizada, sobretudo no espaço público. A carreira é uma escolha privada de cada juiz; a política salarial, ao contrário, deve estar sujeita ao debate democrático. Em reação ao que chamam de "campanha difamatória e desmoralizadora", que enfraqueceria o Judiciário na luta contra a corrupção, juízes têm anunciado greves e marchas ao STF. Para combater a corrupção, contudo, é necessário que apresentem credenciais institucionais acima de qualquer suspeita. Carreiras de Estado não podem ser sequestradas pelo braço de ferro corporativo, sujeito à lei do mais forte. Antes de nos sensibilizarmos com a dignidade da magistratura, seria importante avaliar a dignidade de seus argumentos.

11 de março de 2018

12.
Magistocracia, a *gran famiglia* judicial brasileira

A democracia brasileira depositou no Poder Judiciário parte das esperanças de transformação social trazidas pela Constituição de 1988. A aposta aliou um catálogo de direitos a um repertório de ferramentas processuais de efetivação. Essa espetacular missão caiu no colo de magistocratas. A magistocracia é mais nociva do que o temido "governo de juízes". Magistocratas não querem tanto o ônus de governar e responder por seus atos, pois preferem o gozo discreto de seus privilégios materiais e de status. Não serem incomodados no seu condomínio lhes basta: realizam-se no exercício de seus micropoderes privados, fora dos holofotes. Ali está sua concepção de vida boa.

A promessa de 1988 fracassou e a corporação judicial tem sua fração de responsabilidade. Permaneceu refratária à incorporação de princípios de controle e transparência à sua estrutura e prática institucionais e ampliou modestamente o acesso à justiça e o grau de pluralidade demográfica dos juízes de primeira instância. Resistiu o quanto pôde às mais simples formas de abertura e prestação de contas.

Magistocratas vivem num mundo à parte. O processo de assimilação à corporação passa por uma eficiente anestesia ética: poucos têm tamanho contato, desde o andar de cima, com as mazelas do andar de baixo da sociedade brasileira; poucas instituições têm tamanha capilaridade e oportunidade de proteger os mais vulneráveis contra abuso do poder político e econômico; não há quem melhor pratique seu poder corporativo para pleitear gratificações nos métodos da baixa política. Pouco importa qualquer valor republicano ou ponderação de justiça que os desabone.

"Governo de juízes" é expressão hiperbólica que aponta usurpações de poder pelo Judiciário na separação de poderes. "Ativismo judicial" é equivalente. A magistocracia é distinta: corrói a cultura democrática e sua pretensão igualitária. Em geral, o debate público brasileiro sobre o Judiciário tende a se concentrar no que juízes fazem ou deixam de fazer no exercício da função jurisdicional. Um ângulo fundamental, mas insuficiente. Precisamos discutir quem os juízes são, de onde vêm, o que pensam, como vivem. Ao lado da dimensão política — o quantum de poder —, há uma dimensão social — o quantum de privilégios. Esta é indispensável para se observar a relação do Judiciário com a democracia.

A magistocracia tem cinco atributos: é autoritária, autocrática, autárquica, rentista e dinástica. Autoritária porque viola direitos (é coautora intelectual, por exemplo, do massacre prisional brasileiro); autocrática porque reprime a independência judicial (juízes insubordinados são perseguidos por vias disciplinares internas); autárquica porque repele prestação de contas (e sequestra o orçamento público a título de "autonomia financeira"); rentista porque prioriza interesses patrimoniais (agenda corporativa prioritária); dinástica porque incorpora, sempre que pode, os herdeiros à rede.

Nem todo juiz, obviamente, é um magistocrata, mas esse é o éthos institucional que os governa. Um Judiciário independente, competente e imparcial é indispensável à democracia. A magistocracia é adversária desse projeto. Juízes não são beneficiários passivos da desigualdade brasileira, pois ocupam lugar estratégico para sua manutenção e não desperdiçam a oportunidade.

A batalha pelo aumento salarial fantasiado de auxílio-moradia (com isenção tributária) é exemplo menor de uma patologia profunda. O líder momentâneo da causa é um magistocrata de raiz, Luiz Fux. Quatro anos (e mais de 5 bilhões de reais) depois, retirou o caso da pauta do STF e afirmou que a Câmara de Conciliação do governo federal vai buscar "saída de consenso" entre as partes. Pretexto malandro, pois não há partes a serem conciliadas diante de situação ilegal. A desfaçatez é a de sempre. Foi o mesmo ministro que, ao fazer lobby pela nomeação de sua filha de 35 anos de idade a desembargadora do Rio de Janeiro, dizia: "É o sonho dela", "É tudo o que posso deixar para ela" (*piauí*, abril de 2016). Deu certo. A família, claro, agradece.

2 de abril de 2018

13.
Colegialidade solitária

Rosa Weber deixou o Brasil em suspense dez dias atrás. Sabia-se que seu voto definiria o resultado do habeas corpus de Lula ao STF (HC 152752). Por muitos anos, o STF entendeu que a pena de um condenado criminal só poderia ser executada após esgotados os recursos (o "trânsito em julgado"). Em fevereiro de 2016, a corte alterou a posição por maioria mínima (HC 126292): seis ministros aceitaram a execução provisória da pena depois de decisão de segunda instância, em nome da efetividade do sistema penal; cinco ministros discordaram à luz do direito à presunção de inocência. Rosa Weber integrava o time dos cinco. Meses mais tarde, em duas ações declaratórias de constitucionalidade (ADC 43 e ADC 44), permaneceu no time.

Dois anos se passaram e o plenário do tribunal não voltou ao assunto. Nesse intervalo, a ministra teve de tomar decisões monocráticas (sem consulta ao colegiado) em outros habeas corpus sobre o tema. Optou pela orientação do plenário em respeito ao precedente, ainda que dele discordasse.

O HC de Lula, a pedido do relator Edson Fachin, fez o tema voltar ao plenário em 2018. Nesses dois anos, houve uma novidade: Gilmar Mendes anunciou mudança de lado. Não nos autos, mas na mídia, como de estilo. O racha de 2016 entre maioria e minoria parecia se inverter, mas uma pergunta estava no ar: Rosa Weber seria fiel ao time que integrava no plenário de 2016, agora em maioria com a adesão de Gilmar, ou seguiria a linha de suas decisões monocráticas? Para temperar o drama, multidões nas ruas, ameaça fardada e audiência de jogo de Copa do Mundo.

Após uma hora de leitura, Rosa Weber resolveu respeitar a maioria de 2016, mesmo que Gilmar Mendes dela tivesse desertado, mas deixou aberta sua posição no caso abstrato das ADCs. Boa parte do público não entendeu. Cármen Lúcia usou de estratégia: optou por pautar o HC em vez das ADCs, deixou Marco Aurélio vendido e lançou a isca para Rosa Weber.

Rosa Weber mordeu. Invocou o "princípio da colegialidade" para abrir mão de sua opinião individual e ceder à "voz institucional" da corte. A colegialidade, virtude que o STF há muito não pratica, justifica renúncia da opinião individual em nome de algo maior, a instituição. Requer desapego e o hábito de conjugar o "nós", não o "eu". Para um colegiado produzir estabilidade jurídica, é virtude fundamental.

Essa virtude, contudo, não é mecânica. Pede, caso a caso, percepção do contexto e resposta ao dilema: quando ceder minha posição à luz da maioria do colegiado? Exige que membros do colegiado estejam imbuídos de reciprocidade na construção de argumentos supraindividuais. Colegialidade sem reciprocidade dos colegas é inócua: chamar de nós o que no fundo não passa de um eu envergonhado é autoengano, "colegialidade majestática".

Rosa Weber está correta em perseguir essa virtude, mas, pelo menos no tema da presunção de inocência, faz leitura impertinente do contexto. Primeiro, porque permanecemos no calor do debate judicial sobre os contornos desse direito e a posição do STF se sustenta por maioria mínima, não por uma "voz institucional". Não se renuncia à opinião individual quando ela é decisiva para definir quem é maioria ou minoria. Rosa Weber traiu uma minoria que, com a virada de Gilmar, tornou-se maioria. Homenageia maioria que não existe mais.

Segundo, porque, antes de deferir ao colegiado, deve contribuir à deliberação por meio de sua opinião de mérito. A ministra ainda não se posicionou sobre a presunção de inocência: no HC de 2016, filiou-se à minoria em nome da jurisprudência anterior; no HC de Lula, apelou à colegialidade. Ambas são razões formais. Não disse o que pensa em nenhuma das decisões. Se quer contribuir à interpretação constitucional, precisa apontar razões substantivas. A colegialidade também pede isso.

Quando afirma que mudança jurisprudencial requer uma ação constitucional abstrata, como a ADC, e não ação concreta, como o HC, ignora que o STF não segue mais esse critério. Ela mesma não o adota quando toma o HC de 2016 como base da jurisprudência atual. Estar em plenário tem sido o suficiente. E esse plenário não é o reino da colegialidade, mas da estratégia.

13 de abril de 2018

14.
Populisprudência

Entramos na era da populisprudência, a versão judicial do populismo. A populisprudência sintoniza sua antena na opinião pública, no humor coletivo, e "transcende" a lei quando esta não estiver afinada com uma causa maior. Convoca apoiadores e lhes agradece publicamente pela mobilização em defesa da "causa". Adere à cultura de celebridade, aceita prêmios em cerimônias festivas, tanto faz quem as organize ou quem sejam seus companheiros de palco. Frequenta gabinetes políticos e a imprensa, onde opina sobre a conjuntura política, alerta sobre decisões que poderá tomar em casos futuros e ataca juízes não aliados à "missão". A populisprudência é televisionada e tuitada, não está só nos autos.

O desafio populista que se abate sobre regimes democráticos ao redor do mundo ganhou no Brasil uma cor peculiar, pois recebe contribuição significativa dos aplicadores da lei. O termo "populismo" é rodeado de ambiguidades e povoa o jargão da análise política. Entendido como ameaça à democracia, o fenômeno tem dois traços elementares: é antipluralista, pois ignora a diversidade de opiniões e impõe uma visão monolítica de povo; e anti-institucional, pois instiga as massas contra todas as regras e procedimentos que impeçam a prevalência da "vontade do povo", uma entidade idealizada, livre de constrangimentos ou mediações.

Todo líder populista seleciona um povo para chamar de seu, e dele exclui os que não têm sua cor, sua cara e sua visão de mundo. O "povo" é uma espécie de clube *privé*, cujos sócios passam por teste de admissão. Converter o grupo de sócios numa entidade superior e se autoatribuir o rótulo de "povo" é seu truque retórico e político, sua violência. A cisão entre cidadãos "genuínos" e dissidentes atiça os afetos, alimenta o antagonismo e corrói o diálogo democrático.

Cortes são imaginadas como antídotos contra o populismo, não como parceiros ou órgãos auxiliares das maiorias. Recebem ferramentas para zelar pela separação de poderes e proteção de direitos. Costumam estar, por essa razão, entre os primeiros alvos do ataque de líderes autoritários. Nunca serão fortes o suficiente para subsistir a uma prolongada escalada populista, mas podem desempenhar papel relevante na neutralização desse fenômeno em estágios preliminares. O sucesso de cortes dependerá da reputação e da imagem de imparcialidade que conseguirem construir ao longo do tempo; da capacidade de serem levadas a sério, portanto.

O Brasil assiste a processo inverso: em vez de moderar o canto populista por meio da aplicação isenta da lei, juízes resolveram surfar a mesma onda na companhia do Ministério Público e de agentes policiais. Apostaram num jogo cujo custo pode ser mais alto que o eventual ganho imediato. O movimento vai da cúpula, sob liderança do STF, à primeira instância. Mistura personalismo, o culto à personalidade do líder, ingrediente típico do populismo clássico, com um ingrediente impessoal sutil, expresso no carimbo da instituição de justiça.

Sergio Moro, Joaquim Barbosa e Gilmar Mendes são encarnações mais recentes do elemento personalista. Cartazes de passeatas os tratam como heróis ou inimigos, e seus nomes já entram em pesquisas de popularidade. O elemento impessoal, por sua vez, aparece nas decisões escritas, que mesclam o juridiquês com frases de efeito sobre a calamidade brasileira e o papel messiânico do Judiciário. Há juízes que preferem não aparecer, mas se somam na "missão institucional". No resultado, essas decisões oscilam conforme os ventos da comoção pública, não por divergências plausíveis de interpretação da lei.

Assim como a hipocrisia é a homenagem que o vício presta à virtude, a aparência jurídica é o tributo que a populisprudência paga à jurisprudência. A populisprudência vende uma jurisprudência de fachada para ocultar escolhas de ocasião. É um jogo de alto risco, pois quando o argumento jurídico passa a ser percebido como disfarce de posição política, e não consegue se diferenciar desta, o estado de direito atinge o seu precipício.

27 de abril de 2018

15.
Um juiz de princípios

Gilmar Mendes é o retrato de uma época. Nenhum outro protagonista da deterioração da democracia brasileira nos últimos anos teve, sozinho, tamanha presença nos eventos que importam para contar essa história. Nenhum movimento significativo do xadrez político nacional foi dado sem sua assessoria. Quando Luís Roberto Barroso lhe confessou que "Vossa excelência é um constrangimento para o STF", expressava um mal-estar que transcende o tribunal. É também constrangedor, para um professor de direito, escrever repetidas vezes sobre um mesmo personagem. À medida que seu grau de malignidade volta a subir, não custa alertar para o perigo de sua normalização: no momento em que o padrão Gilmar se tornar o novo normal, já teremos cruzado o ponto de não retorno.

Na primeira vez que escrevi sobre o assunto, salientava o juiz-vedete — seu hábito de manipular a mídia contra seus próprios colegas ("O dono da bola", p. 34); na segunda, destacava a omissão do STF em neutralizar os desvios individuais ("O inimigo do Supremo", p. 38); na terceira, descrevia o juiz bolivariano, e como autoridades do quilate de Eduardo Cunha, Aécio Neves e Michel Temer usam da amizade de Gilmar como dividendo político ("Por quem Gilmar se dobra?", p. 47).

Restam outras facetas. Uma delas é a do juiz-empresário: se a Constituição veda a juízes exercer outra atividade, exceto uma de magistério (artigo 95), como pode um juiz ser sócio de empresa de ensino? Como pode a empresa do ministro prestar serviços (sem licitação) a governos de todos os níveis e receber patrocínios (alguns ocultos) de grandes empresas, todos com ações no STF? Como pode esse juiz negociar patrocínios com grandes bancos ou com Joesley Batista, por exemplo? Como pode se ausentar de sessão do Supremo para participar de evento da empresa? Como pode a presidente do STF silenciar? Há também a faceta do juiz-república, quando resolve atacar a magistocracia e dizer que "nem em boteco se admite sessenta dias de folga". Como pode o ministro recordista de pedidos de impeachment vestir, sem corar, a farda de juiz bolivariano, o chapéu do juiz-empresário e a máscara do juiz-república? Os "como pode" não acabam.

Na semana em que Gilmar concedeu habeas corpus a Paulo Vieira de Souza, vale a pena olhar para a faceta que, em condições normais, seria mais relevante: a qualidade do que escreve e a coerência dos seus fundamentos. Decisões de Gilmar são previsíveis, mas essa previsibilidade não tem relação com segurança jurídica, como se pede a um bom juiz. Flutuações da conjuntura política a explicam. Foi isso que o fez mudar de opinião, por exemplo, no caso de cassação de chapa presidencial e no caso de execução penal após segunda instância. No meio do caminho havia o impeachment. Ou pelo menos é o que parece, pois os argumentos para a mudança de posicionamento não convencem. Não se vê nem esforço para parecer sincero.

No último habeas corpus, Gilmar reconhece "jurisprudência consolidada" contra a supressão de instância, ou seja, contra o STF decidir antes de outras instâncias. Afirma, porém, que o "princípio da proteção judicial efetiva" possibilita contornar a regra diante de "patente constrangimento ilegal". A chave está no adjetivo "patente". Pelas páginas seguintes, transcreve texto de sua autoria para dizer que, às vezes, há "motivos ocultos" na decretação da prisão preventiva, um "desvio de finalidade", de legalidade aparente. Insinua que forçar a delação seria o tal motivo oculto. A evidência seria uma coluna de Mônica Bergamo, que sugeriu a hipótese. Recorre ao truque jurídico do princípio na cartola, a partir do qual afasta regras e precedentes que não favorecem a decisão. É técnica ilusionista: basta aludir a um princípio, sem maior elaboração sobre seu conteúdo. O truque permite decidir qualquer coisa. Permite também desconfiar dos seus próprios motivos ocultos (e de seus princípios).

No ano em que o livro *Coronelismo, enxada e voto*, clássico de Victor Nunes Leal, talvez o maior ministro da história do STF, completa setenta anos, Gilmar lhe presta homenagem involuntária. Difícil medir o mal que faz à corte e a irresponsabilidade do colegiado que o tolera.

18 de maio de 2018

16.
A Pacificadora

A ministra Cármen Lúcia, dois anos atrás, em discurso de posse na presidência do STF, destacou a necessidade de fazer a "travessia para tempos pacificados, travessia em águas em revolto e cidadãos em revolta". Há poucas semanas, a ministra concedeu entrevista em que fez balanço de sua gestão: "Não consegui a pacificação social, pelo menos do que era minha atribuição". Alguns comentaristas se deixaram impressionar por essa ambição pacificadora, aparentemente fora de lugar. Deram-se ao trabalho de alertar que a grandiosa tarefa caberia à política, não à corte. Caíram na armadilha de levar a sério demais uma expressão vazia de significado, um mantra de cartilhas do direito que juristas entoam sem muito compromisso com o mundo real. Nada mais raro no direito do que a pacificação: o direito pode até facilitar a emancipação de grupos vulneráveis; pode também, com maior frequência na história, legitimar e cristalizar relações de violência e dominação. Num e noutro caso, para o bem ou para o mal, nada há de pacífico nesses processos que o direito ajuda a desencadear.

A ministra, contudo, parecia dizer algo mais. A pacificação não seria apenas papel do direito, mas do STF em especial. Essa pretensão ecoa a antiga ideia de atribuir ao STF o lugar de poder moderador, de árbitro dos conflitos de alta voltagem política. Seria uma bússola que dá direção, previsibilidade e estabilidade constitucional à sociedade. Se era essa a meta que Cármen Lúcia queria perseguir, sua prática radicalizou no sentido oposto. Entre as marcas de sua gestão estão a forma errática e aleatória de definição de pauta e a falta de senso de oportunidade para escolher casos que não ajudem a tensionar ainda mais a situação política do país. Sua pauta flutua conforme as pressões de ocasião, para prejuízo do tribunal.

Há muitos exemplos. Na semana passada, a ministra pautou caso que discute a possibilidade de instaurar, por emenda constitucional, o parlamentarismo. O caso é de 1997, já passou por seis relatores, e nunca foi a julgamento. A ministra o recolocou na mesa no meio do ano eleitoral mais incerto em três décadas, em que o presidente em exercício tem índices históricos de impopularidade e risco de não terminar o mandato. Fez apenas alimentar teorias conspiratórias sobre uma grande trama para esvaziar o voto popular e sufocar o papel das eleições. Dias mais tarde, retirou da pauta. Não deu explicações para uma coisa ou outra.

Por sua própria inépcia, deixou de pautar ação que trata da execução provisória da pena após condenação em segunda instância e esperou o tema explodir na mesa do Supremo por ocasião do habeas corpus de Lula. Na mesma época, permitiu que o ministro Luiz Fux tirasse da pauta o caso do auxílio-moradia de juízes (que ele mesmo, como relator, já havia segurado por três anos) sob o pretexto de que um processo de conciliação seria instaurado entre magistratura e governo. Nem Cármen Lúcia nem Luiz Fux explicaram a origem da saída exótica: se uma prática tem sua constitucionalidade sob suspeita, não há o que "conciliar".

O estilo de Cármen Lúcia escancarou um costume perverso do STF: a total arbitrariedade do que entra e do que sai da pauta. A agenda constitucional do país tornou-se agenda do STF, e quem manda nela é uma única pessoa. Essa pessoa não precisa explicar seus atos, como qualquer agente público deve fazer. Na pauta do mês que vem pode entrar caso que está há vinte anos na gaveta, ou trinta dias. Isso já é sério o suficiente. Para agravar, os casos podem sair da pauta e voltar para a gaveta sem motivo explícito. Um parlamento define sua pauta conforme a habilidade de aglutinar coalizões político-partidárias e estabelecer prioridades. Isso é próprio da política. Uma corte não pode funcionar assim.

Cármen Lúcia não está só. A mesma dissonância cognitiva se percebe também em Michel Temer. Depois da greve dos caminhoneiros, Temer declarou que foi à "Assembleia de Deus para comemorar a pacificação do país", conseguida por sua virtude do diálogo.

Se esses são os nossos pacificadores, quem serão os incendiários?

7 de junho de 2018

17.
A fumaça do bom juiz

A missão de combate à corrupção subiu à cabeça de Sergio Moro há muito tempo. Em nome desse fim maior e incontroverso, Moro não economizou nos meios jurídicos ou antijurídicos e se permitiu extravagâncias que a lei e a sensibilidade democrática recusam a juízes. A heterodoxia de suas práticas processuais, de olho na opinião pública, são parcela dessa história. Outra parcela é sua construção como membro da alta sociedade política e empresarial.

A participação constante em eventos privados que o celebram e entregam prêmios de cidadão superior, nem que seja na companhia de personagens de estatura moral degenerada, como Michel Temer e Aécio Neves, banalizou prática que põe em risco um dos ativos mais caros e voláteis do Judiciário — a imparcialidade. Na sua filosofia declarada, buscar aliados é estratégico para se proteger contra poderosos adversários. Na vida real da política, só faz comprometer a integridade de sua instituição no longo prazo. Como o longo prazo ainda não chegou, poucos se dão conta da gravidade do que está em curso.

Já em 2015, diante das críticas contra sua participação em eventos do LIDE — Grupo de Líderes Empresariais, empresa de João Doria —, Moro disse em sua defesa que o encontro estava "muito longe das eleições de 2016, quando nem sequer João Doria havia sido definido como candidato". Em maio de 2018, e vários eventos do LIDE depois, Moro foi a Nova York para receber prêmio da Câmara de Comércio Brasil-Estados

Unidos, pelas mãos do empresário e, no dia seguinte, participar do LIDE Brazilian Investment Forum. Nas palavras de João, Moro é o "Brasil dos homens de bem", clube do qual o primeiro se considera sócio de carteirinha. Em 2018, contudo, João não só se consolidou como liderança de destaque do PSDB, como já largou a prefeitura e é candidato novamente. A justificativa dada em 2015, portanto, não se aplica a 2018, mas para Moro "isso não significa nada, é uma bobagem".

Assim como a liberdade exige responsabilidade, a independência judicial pede compostura. Protagonistas do Judiciário brasileiro, contudo, têm ignorado essa regra de ouro da reputação judicial. Ao se recusarem a seguir padrões éticos da instituição e optarem pelos seus próprios, corroem a imagem de imparcialidade da qual depende a autoridade do Judiciário. Enquanto jornalistas e observadores da corte não afiarmos nossos conceitos para definir o que e por que está errado, juízes seguem caminhando nessa zona da libertinagem judicial sem maior constrangimento.

Não é mera bobagem. Sergio Moro despreza rituais elementares da imparcialidade. Não se exige de juízes hábitos monásticos, apenas discrição no espaço público e inteligência institucional. Autorrespeito e respeito ao Judiciário. Não é muito.

O deslumbre na festa de gala em Nova York pode até ser de gosto duvidoso, mas gosto duvidoso todos temos e o problema é outro. No caso da foto em black tie, Moro ajuda a atrapalhar a Lava Jato. Em qualquer circunstância, já seria grave o bastante. Em ano eleitoral, posar ao lado de um candidato é ainda pior: presta-se gratuitamente a garoto-propaganda de campanha.

João agradece e posta nas redes. Na sua nada inocente irresponsabilidade, com a certeza de que paira acima do bem e do mal, e confundindo maliciosamente as críticas a ele dirigidas com a defesa de corruptos, Moro acomodou-se na pose de herói. Sua vítima é o Judiciário.

Quando um juiz tem sua imparcialidade sob suspeita em razão de sua proximidade com pessoas que deve julgar, não basta nos assegurar de que seu julgamento é imparcial e invocar, em seu favor, casos que decidiu contra o interesse dessas pessoas. Essa técnica já foi vulgarizada por Gilmar Mendes, que não se constrange em julgar pessoas do seu círculo pessoal e político (e o STF se recusa a pautar pedidos de suspeição contra ele). O Judiciário não pode prometer nem garantir a imparcialidade subjetiva de seus membros. Deve, porém, proteger a imparcialidade objetiva da instituição, ou, em outras palavras, cultivar a "fumaça do bom juiz" (o *fumus boni iudex*).

15 de junho de 2018

18.
O STF erra até quando acerta

Perdemos o respeito pelo STF. Nós e seus próprios ministros. Esse movimento de insubordinação não se deve a qualquer vocação iconoclasta da cultura jurídica brasileira, mas ao aprofundamento de práticas ruinosas demais para ignorar. A metáfora das "onze ilhas" perdeu a capacidade de descrever a dinâmica de trabalho do tribunal, que deixou de ser governado pelo individualismo displicente e passou a se reger por um individualismo de trincheira. Aumentou, portanto, seu grau de autodestrutividade. Como observou Felipe Recondo, na "geopolítica atual do STF, há onze Estados soberanos". Esses Estados formam alianças contra inimigos, declaram guerra, firmam acordos de tolerância mútua. No horizonte, nenhum sinal de pacificação.

A perda de respeito se nota pela virulência das novas metáforas e termos do jornalismo. Quando se afirma que o comportamento do tribunal é "neurótico", que suas decisões são uma "roleta" e que a segurança jurídica se transformou em "chacrinha"; que o tribunal é um "transatlântico que se move em círculos", à deriva, com "tripulação amotinada"; que o "ambiente de guerrilha pulveriza a supremacia da corte", que estaria "indo para o brejo", há sinal de que o alarme toca.

Achávamos, anos atrás, que o problema central do Supremo estava na proliferação de votos individuais nas decisões colegiadas, cada um com seu próprio critério e sem nenhum diálogo. Sem fundamentos comuns, impede-se a construção de previsibilidade e de jurisprudência. Outro problema que saltava aos olhos e inspirou modestas reformas é a sobrecarga de trabalho. Ambas as coisas — fragmentação de votos e sobrecarga — são muito funcionais ao tribunal, pois servem de pretexto para justificar o arbítrio. Se o tribunal não constrói padrões decisórios estáveis, fica liberado para decidir o que bem entender no dia seguinte. Num oceano de decisões divergentes sobre os mesmos assuntos, não há pressão por coerência. É artifício de autoempoderamento.

As práticas anti-institucionais dos ministros, contudo, são ainda mais sofisticadas e combinam manipulação do tempo e do procedimento. Um ministro sozinho pode impedir, por prazo indeterminado, que o tribunal resolva um caso; pode também, quando relator, tomar uma decisão monocrática e obstruir o envio desse caso para julgamento colegiado. Um ministro relator, ao perceber que vai perder, pode tirar o caso da turma e mandar para o plenário, sem explicação; pode também aproveitar a ausência anunciada de ministro opositor para colocar o caso em votação; pode, enfim, esperar ministro se aposentar, eleição ocorrer ou o Congresso se manifestar até devolver o caso e assim assegurar o resultado que lhe agrada. Podem violar regras de suspeição e impedimento mesmo quando põem em risco a imagem da corte. Esse poder é fruto de "acordos de cavalheiros", regras de fato, não regras de direito.

A semana passada foi um exemplo dessa comédia de erros. Em geral, semanas que antecedem o recesso judicial (a última de junho e a penúltima de dezembro) são pródigas em decisões de impacto no apagar das luzes. Entre outras decisões polêmicas, a segunda turma do tribunal aceitou pedido de habeas corpus de condenados em segunda instância na Lava Jato, no propósito declarado de desafiar o plenário da corte. Gilmar Mendes, para quem o Supremo está "voltando a ser Supremo" e resgatando "maior institucionalidade", deu ao episódio mais um requinte de ironia surrealista.

Ministros teceram uma conjuntura em que importa menos saber se Lula, José Dirceu, Michel Temer ou Aécio Neves estão presos ou soltos por boas razões jurídicas do que saber que STF nos restará num futuro próximo. Na bagunça procedimental, o Supremo continua a errar até quando acerta. Eventual acerto no mérito de um caso significa pouco para o caso seguinte. Arbitrariedades procedimentais reduzem a confiabilidade e autoridade daquela decisão acertada. É por essa razão que, em sua defesa, o STF não pode invocar sequer o punhado de boas decisões de mérito que tomou em favor dos direitos fundamentais e da democracia nos últimos anos. Sobre elas, paira a aura do arbítrio e do voluntarismo.

5 de julho de 2018

19.
Ativismo social, não judicial

O STF poderá descriminalizar o aborto. Se entender que a proibição do Código Penal de 1940 viola a Constituição de 1988, não há nada na separação de poderes, na hermenêutica constitucional ou no conceito de democracia que, a priori, o impeça. Do ponto de vista jurídico, não seria extravagante nem destoaria de decisões de outras cortes do mundo. O ingrediente inflamável está menos na dificuldade jurídica e mais nos sensíveis contornos morais e religiosos do tema. O dilema tem inspirado sonoras guerras culturais nas democracias contemporâneas, em especial na América Latina. No Brasil, até ameaças a pesquisadores e militantes se espalham. Nada disso deve ser subestimado pela corte. Não podem ser, contudo, fatores determinantes.

A Arguição de Descumprimento de Preceito Fundamental (ADPF) 442 passou a reverberar no debate público brasileiro por ocasião da audiência pública do STF semanas atrás. Convocada pela ministra Rosa Weber, a audiência reuniu atores sociais selecionados por critérios de representatividade e expertise: de médicos, biólogos e sanitaristas a cientistas sociais, juristas e parlamentares. Discutiram o início da vida, estágios de gestação, impactos da criminalização e de outras políticas públicas na proteção da mulher e do feto. Reuniu também líderes religiosos que mostraram que o aborto admite interpretações diversas não apenas à luz dos direitos, mas dos próprios textos sagrados. De conclusivo, mostraram que leituras hegemônicas da Bíblia nem sempre são as mais convincentes.

Opositores têm desqualificado o STF como foro adequado. O senador Magno Malta, por exemplo, afirmou à ministra Rosa Weber que "o debate que aqui se dá é um debate de parlamento". E concluiu: "Cada qual no seu quadrado!". Não é objeção nova. Ecoa o mesmo ataque desferido, por exemplo, pelo pastor Marco Feliciano, que sugeriu ao STF anos atrás que não anulasse projeto da bancada religiosa: "Quem tem o direito de votar o pensamento do povo são os deputados eleitos pelo voto popular". A acusação de ativismo judicial tornou-se lugar-comum. O conceito, porém, é duvidoso. Primeiro, porque supõe uma geometria da separação de poderes, com fronteiras fixas, vigiadas e muradas entre cada "quadrado". Segundo, porque o conceito se esvaziou à medida que passou a ser invocado contra qualquer decisão que bate de frente com preferências congressuais. Ativista seria a corte que usurpa a fronteira e passa a "legislar". A partir dessa noção, o debate sofre um efeito diversionista muito custoso: passamos a discutir *se* uma corte está ou não legislando, e não *quando, como, quanto* e *por que* legisla.

Continuamos a desperdiçar nosso tempo e energia numa pergunta que cansou a teoria constitucional por mais de duzentos anos sem resposta, até ser colocada no seu devido lugar. Percebeu-se que parlamentos e cortes são "colegisladores", cada qual com suas especificidades, ambos com competência para interpretar criativamente a Constituição. Notou-se também que a palavra de uma corte não é a primeira nem a última em qualquer controvérsia mais saliente. Concluiu-se que a prática da separação de poderes na maioria das Constituições do pós-guerra é volátil. Decisões fundamentais sobre os temas que dividem a comunidade política se estabilizam depois de muita interação entre uma instituição e outra, não pela decisão isolada de um poder.

Se a descriminalização do aborto, em qualquer lugar do mundo, evidencia algum ativismo, esse ativismo tem sido social, não judicial. Movimentos de mulheres podem preferir a via plebiscitária (vias irlandesa, suíça e portuguesa), legislativa (vias uruguaia, argentina e muitas outras) ou judicial (vias norte-americana, alemã, canadense e colombiana) para suas reivindicações. Conquistas de direitos passam por vários caminhos procedimentais contingentes, produtos de escolhas pragmáticas. Não se pode presumir, de antemão, a superioridade de um caminho sobre o outro. A sacralização incondicional da vontade plebiscitária já perdeu credibilidade na teoria democrática à esquerda e à direita. Se o voto das maiorias não perdeu relevância, já perdeu o monopólio da definição da vontade de povo.

16 de agosto de 2018

20.
Pode o juiz falar?

O Judiciário brasileiro não é carente de juízes boquirrotos. Importa pouco se o veículo é o microfone de jornalista, a palestra para executivos ou a rede social. Magistrados das altas cortes têm emitido comentários públicos sobre assuntos variados do país. Naturalizamos a opinião judicial instantânea: basta cozer por poucos minutos e ela sai pronta para consumo externo. São opiniões pré-sentença, de bate-pronto, que fingem não antecipar a decisão final, mas revelam premissas e inclinações do juiz. Dispensam até mesmo a existência de um caso. O juiz opinioso não ouve argumentos ou contra-argumentos, não respeita o processo e seu tempo. Entrega-se à ansiedade do protagonismo, queima a largada e sai falando o que manda seu instinto, que pode ser de autoproteção ou de proteção de suas alianças de poder.

Há exemplos muito diversos por todas as instâncias. Para lembrar de alguns recentes, Luiz Fux, diante das gravações de Joesley Batista, afirmou que a "primeira providência que deveria ser tomada era prender eles" e sugeriu que "passassem do exílio nova-iorquino para o exílio da Papuda"; o ministro Gilmar Mendes, em prática serial de críticas à Operação Lava Jato, disse que "precisam de psiquiatras, não de corregedores"; o ministro Alexandre de Moraes não resistiu a comentar a recomendação do Comitê de Direitos Humanos da ONU sobre direitos eleitorais de Lula, reduziu o órgão a "subcomitê do comitê" e concluiu que "cada macaco no seu galho".

Não é difícil intuir algo de errado nessas condutas, mas temos que investigar exatamente o quê. O caminho mais rápido é olhar para regras legais sobre comportamento judicial: a Constituição Federal (artigo 95, III), a Lei Orgânica da Magistratura (artigo 36, III), o Código de Ética da Magistratura ou o Provimento nº 71 do Conselho Nacional de Justiça. Essas regras estabelecem limites genéricos ao que o juiz pode dizer ou fazer: não podem desempenhar "atividade político-partidária", antecipar julgamento sobre casos pendentes nem criticar colegas de modo depreciativo. Devem também ter decoro e discrição para preservar a confiabilidade e a independência judicial. Em defesa de sua conduta pública ruidosa, por sua vez, juízes têm invocado o direito à liberdade de expressão.

Para entender o que está em jogo, há que fazer caminho mais longo e observar a filosofia por trás das regras. Uma forma de descrevê-la parte do conceito de estado de direito, o ambicioso projeto do "governo das leis, e não dos homens". Apesar da eloquência dessa máxima, que parece pedir juízes sobre-humanos, robôs desencarnados de sua subjetividade, ela quer dizer algo mais modesto: juízes representam uma instituição cuja autoridade depende de sua imagem de imparcialidade. Ao escolherem a carreira, submetem-se a uma disciplina que não é só intelectual, mas também institucional; a uma ética que não é só a geral, aplicada a qualquer cidadão, mas a uma ética particular à função.

Quando o ministro Og Fernandes, do Superior Tribunal de Justiça, foi criticado por sua enquete no Twitter sobre a exótica figura da "intervenção militar constitucional", respondeu que tem "liberdade de auscultar a sociedade": "Posso assegurar a liberdade de expressão de mais de 200 milhões de brasileiros no meu exercício profissional, mas, paradoxalmente, não posso expressar a minha liberdade de querer entender o pensamento dos meus seguidores?". Luiz Fux, ao sugerir "exílio na Papuda", ressaltou fazê-lo "em meu nome pessoal". Fernandes e Fux nos pedem que separemos suas opiniões como juiz de suas opiniões como cidadãos comuns. Essa separação, porém, é impraticável: um juiz não consegue se desvestir do papel de juiz quando vai ao espaço público. Sua fala vem com o carimbo da autoridade e à luz desse carimbo será interpretada.

A "liberdade de expressão do Estado" (e de seus agentes, como juízes, policiais ou promotores) não equivale à "liberdade de expressão contra o Estado", atribuída a qualquer indivíduo. Por boas razões, a primeira carrega fardo mais pesado que a segunda. Se aceitamos a premissa, não basta ao juiz invocar sua liberdade de expressão quando se pronuncia em público.

23 de agosto de 2018

21.
Jurisprudência impressionista

O ministro Luís Roberto Barroso tem defendido em suas falas e votos a "refundação do Brasil". A marca desse "novo tempo" seria o "idealismo sem perda do senso de realidade". Recomenda, entre outras coisas, um "giro empírico-pragmático" na atuação estatal, postura "estatisticamente documentada" e atenta à vida como ela é. No lugar da "retórica vazia e dos discursos tonitroantes", convoca os "dados objetivos".

Dados objetivos e rigor empírico, de fato, são artigos raros no éthos judicial. Com frequência, juízes afirmam que suas decisões trarão certas consequências. Não têm ferramentas para testar suas previsões, mas não hesitam na especulação de gabinete. No campo criminal, por exemplo, costumam dizer que uma dada pena vai reduzir o crime ou a sensação de impunidade. No trabalhista, que a flexibilização de contratos vai gerar mais emprego. Não importa se os efeitos prometidos não vierem ou se estudiosos do tema discordarem. Não prestam contas ao mundo real.

No STF, esse tipo de achismo é abundante. Num caso clássico em que um cidadão pedia ao Sistema Único de Saúde (SUS), em nome do direito à saúde, custeio de tratamento no exterior sem eficácia comprovada, Marco Aurélio ponderou: "Pelo que leio nos veículos de comunicação, o tratamento dessa doença está realmente em Cuba". Luiz Fux comungou: "Nunca acreditei na versão de que o tratamento em Cuba não tinha cura". O caso não é caricatura isolada. O palpite diletante tem método, mas não o da ciência. Exemplos não faltam.

O STF proibiu financiamento empresarial de campanha a título de afastar o dinheiro da política, mas produziu em 2018 eleição ainda mais oligarquizada. Quando Marco Aurélio votou pela inconstitucionalidade da cláusula de barreira, em 2006, fez ode ao pluripartidarismo e às minorias. Previu que a desejada redução do número de partidos viria pelo voto. Poucas decisões do STF fizeram tão mal à democracia brasileira pela multiplicação de pequenos partidos venais. Lewandowski, ao discutir o uso de banheiro por pessoas transgênero, salientou a "extrema vulnerabilidade física e psicológica de mulheres e crianças".

Ironicamente, o "giro empírico-pragmático" não chegou sequer aos votos de Barroso. Em defesa da reforma trabalhista, o ministro disse que 98% das ações laborais do mundo se encontravam no Brasil. O número serviu para chocar, mas não para informar, pois o cálculo é espúrio. Na semana passada, o STF começou a julgar a possibilidade de pais tirarem seus filhos da escola e lhes darem educação domiciliar (*homeschooling*). O voto de Barroso não vê problema jurídico na prática. Com base em "pesquisas empíricas às quais teve acesso", afirmou que aqueles que passam por ensino só dentro de casa "não apenas têm melhor desempenho acadêmico, o que é indisputado", mas também "têm nível de socialização acima da média". Fez parecer que há consenso científico onde há pesquisa embrionária e contingente ao contexto norte-americano; e supôs que as conclusões se transferem, sem mais, para as condições brasileiras de desigualdade. Citar qualquer pesquisa, feita por qualquer um, não vale.

O jargão jurídico chama essa técnica decisória de "consequencialismo". Os exemplos acima, com o perdão do trocadilho, aproximam o juiz brasileiro do "consequenciachismo". O consequencialismo busca detectar relações empíricas de causa e efeito, pratica a dúvida metódica, vai atrás de pesquisas e dialoga com as ciências sociais. O consequenciachismo é um estado de espírito, um pensamento desejoso (*wishful thinking*), a confusão entre o que é e o que se queria que fosse. Bons consequencialistas respeitam a complexidade e a incerteza do mundo social. Consequenciachistas julgam conhecer o mundo social por intuição e experiência, aderem ao consequencialismo inconsequente, impressionismo com verve retórica.

A jurisprudência impressionista, com muita convicção e pouca evidência, esbanja palpites sobre causas e efeitos. As anedotas se bastam como fonte. A imodéstia cognitiva e o baixo traquejo com argumentos empíricos são cacoetes da formação jurídica bacharelesca. Argumentos convincentes, nessa tradição, dependem menos de consistência do que de gosto, e o bom gosto é definido pela autoridade de bacharéis.

12 de setembro de 2018

22.
Delinquência fardada, salvação togada

Quem poderá nos salvar de nós mesmos? Duas figuras suspeitas têm disputado esse posto messiânico no país: o general e o juiz. A grande ironia da cruzada purificadora é ter sido abraçada por duas das instituições estruturalmente mais corruptas da história brasileira. Judiciário e Forças Armadas, equipados por ferramentas antirrepublicanas de chantagem e manutenção de privilégios rentistas e dinásticos, miram seu raio despolitizador no processo de competição democrática. As eleições já não correm sob a fiscalização regular da justiça, mas sob tutela. Os guardiões já avisaram que não aceitarão qualquer resultado. Comporte-se.

De um lado, a delinquência verbal dos homens de verde: alertam que os "profissionais da violência" são eles, não um psicopata ou extremista qualquer; lançam dúvidas sobre as urnas eletrônicas, pois não passam por auditoria; recordam que "as Forças Armadas são disciplinadas, mas não estão mortas"; mandam recados públicos ao tribunal mais alto do país para que este não saia da linha (não é por acaso que no gabinete do novo presidente do STF, Dias Toffoli, hoje mora um general). Sua forma de participar costuma ser pela ameaça de intervenção, pela prática da intervenção, e agora pelo caminho ilustrado da disputa eleitoral. Mas, como um já disse, se pelo voto não der certo e houver cheiro de anarquia no ar, segundo seu próprio olfato, que seja pela força.

De outro lado, a verborragia salvacionista dos homens de preto: Luiz Fux, o mesmo que forçou a nomeação de sua jovem filha como desembargadora no Rio de Janeiro, e há anos batalha pela manutenção do auxílio-moradia ilegal de juízes, afirmou, sem corar, que "só o Poder Judiciário pode levar nossa nação a um porto seguro". A toga também aceita condecorações oferecidas pela farda, mesmo quando esta a ameaça via Twitter: só no ano passado, três ministros do STF receberam a Medalha da Ordem do Mérito Naval das mãos de ninguém menos que Michel Temer. A harmonia entre os poderes nem sempre se dá em favor do interesse público. "Harmonia" e "pacificação", os dois mais cínicos eufemismos da indecência política brasileira.

General e juiz prepararam, juntos, o caminho para um candidato que normalizou, no discurso político, os verbos fuzilar e metralhar, e cujo herói apreciava torturar mães nuas na frente de filhos pequenos. Não é qualquer torturador que sobrevive a essa tortura sem perder o autorrespeito. Limparam também o caminho para uma terceira categoria de purificador, o gestor apolítico. É aquele que está na política, mas não é político, que encarna o "idiota da objetividade" e luta por um mundo onde, como numa empresa, os ideológicos não têm vez. Não lhe entra na cabeça que seu sonho de consumo não se chama mais "democracia", nem que o público é distinto do privado. Romper essa fronteira, mal sabe ele, chama-se corrupção, aquela que ele diz detestar.

Juízes têm dito que nada mais fazem que aplicar a lei: observe quando, como e a quem. Comece pelo quando. Generais dizem defender a nação: para entender de que nação se trata, dê só uma olhada no seu currículo, nos relatórios das comissões da verdade espalhadas no país ou, se não confiar, nos documentos da CIA (agência de inteligência americana). Dessa nação nem todos podem (ou querem) ser sócios. Para Elio Gaspari, "quando se sabe o nome de generais, algo estranho está acontecendo". Quando se sabe o nome de tantos promotores e juízes, também.

A "teoria da depuração" que os orienta é de autoria de gurus do calibre de Janaina Paschoal e do candidato Hamilton Mourão, o "desajustado", para emprestar seu próprio vocabulário. A fantasia distópica governada por pessoas "de bem", credencial moral autoconcedida, está voltando.

Lembrar da história é para os fracos, desconfiar para os preguiçosos, resistir para os ignorantes. Prometem nos entregar, de bandeja, um mundo mais limpo da política. Nós não vamos pagar nada. Só precisamos deixar com eles, sem contestar. Ou então nos juntar ao time. Esse mundo não terá partido: escola sem partido, opinião sem partido, roupa sem partido. Menos praça pública e feira livre, mais condomínio fechado e shopping center; menos escola e SUS, mais cadeia e arma de fogo; menos barulho, mais silêncio; menos diferença, mais conformidade.

Decisões democráticas pedem autorização popular. #Eles não.

19 de setembro de 2018

23.
Febejapá: festival de barbaridades judiciais

Genésio, quando houve aquela marcha de senhoras ricas com Deus pela família e etc., ficou a favor, principalmente, do etc. Mesmo tendo recebido algumas benesses do governo que entrava pelo cano, Genésio aderiu à "redentora" mais por vocação do que por convicção. Porém, com tanto cocoroca aderindo, Genésio percebeu que estavam querendo salvar o Brasil depressa demais. Mesmo assim foi na onda.

Membro do "time dos descontentes de souza", Genésio "só abria a boca para dizer que é um absurdo, onde é que vamos parar, o Brasil está à beira do abismo etc.".

Genésio é personagem de crônica do *Febeapá: Festival de Besteira que Assola o País*, escrito por Stanislaw Ponte Preta na década de 1960. O *Febeapá* iluminou o ridículo do regime autoritário nos anos anteriores ao AI-5/68, e enriqueceu o vocabulário do humor político brasileiro. A "redentora" era a ditadura, que vinha para redimir a pátria; os "cocorocas" eram aqueles com pendor moralista e autoritário, prontos para policiar a minissaia e contribuir com a política do dedurismo contra os subversivos. Numa clássica "cocorocada", policiais do Departamento de Ordem Política e Social (Dops) tentaram prender Sófocles, autor da peça *Electra*, sem sucesso. Ele não foi encontrado no teatro. Prenderam professora que falava inglês em público, nítido ranço comunista. E havia o coronel que gostava de "fazer democracia com as próprias mãos" e mandava toda uma Câmara de Vereadores para a prisão se não votasse conforme o "bilhetinho".

Em 1968, Stanislaw encerrava o *Febeapá*: "O relato é interrompido aqui, mas o Festival persiste". O festival persistiu, mas faltou Stanislaw para nos contar. Não pôde ver, cinquenta anos mais tarde, a emergência de uma nova "redentora", capitaneada por Eduardo Cunha e Michel Temer, dois valentes cocorocas. O primeiro pediu a Deus que tivesse misericórdia dessa nação, e foi viver na cela em Curitiba; o segundo, conhecido como homem pronominal, garantiu que se houvesse problema no governo, "consertá-lo-ia". Michel não fez justiça à nova redentora, e depois do célebre apelo — "Tem que manter isso aí, viu?" — recolheu-se aos seus aposentos e estuda ofertas sobre seu futuro.

A marca distintiva desse tempo é a ascensão de uma nova classe de cocorocas — os cocorocas da justiça. Já apareciam no *Febeapá*, mas não com a mesma dignidade. A história se repete, a primeira vez como besteira, a segunda como barbaridade. Lanço aqui, em homenagem a Stanislaw, o Febejapá — Festival de Barbaridades Judiciais que Assolam o País. Foi por mergulhar com tanta vontade nesse "perigoso terreno da galhofa", como diria Stanislaw, que o Judiciário brasileiro passou a merecer um festival próprio. Nossos juízes se esforçam para que o Febejapá supere o *Febeapá*.

Na semana passada, em virtude de sua contribuição à paz e lisura das eleições, três candidatos disputaram o diploma do Febejapá. A primeira indicação vai para a dupla institucional do TSE e STF. O Tribunal Superior Eleitoral implantou uma apressada política de recadastramento biométrico dos eleitores. Os prazos e exigências burocráticas eram discrepantes pelo país, e a sanção para o não recadastrado foi o cancelamento abrupto do título. A vanguarda tecnológica subiu à cabeça da corte, e mais de 3 milhões de eleitores caíram. O eleitor do Leblon, não recadastrado, poderá votar; o do sertão do Ceará, não. O que fez o STF? Deu as mãos ao TSE e assegurou que, se houver alguma injustiça no resultado das eleições, não terá sido por querer.

O segundo indicado é o ministro Luiz Fux. Preocupado com o "ambiente informacional das eleições", quis proteger o eleitor inocente e proibiu uma entrevista de Lula da prisão. Mas não o fez de maneira simples: acatou o pedido do Partido Novo, que não tinha autorização legal, e, sem ter competência, cassou liminar de seu colega ministro. Em síntese: pediu quem não podia; decidiu quem não tinha juízo.

Finalmente, o juiz Eduardo Cubas, sobrenome apropriado a um cocoroca contemporâneo, armou plano mirabolante: lá de Formosa, em Goiás, planejou dar uma liminar na madrugada de sábado para domingo com a modesta ordem para o Exército melar as eleições em todo o país. Cubas, o mais aloprado membro do time dos detetives da urna eletrônica, quis chutar o tabuleiro. Sua caneta judicial tem mania de grandeza.

Um brinde às eleições, outro aos trinta anos da Constituição de 1988. Está inaugurado o Febejapá.

3 de outubro de 2018

24.
Com quantos ministros fora da lei se constrói um STF?

O Febejapá — Festival de Barbaridades Judiciais que Assolam o País — é nossa dieta cotidiana de nonsense jurídico, nossa rotina de caradurismo togado. Era Stanislaw Ponte Preta que devia contá-lo, mas ele não pagou para ver nem viveu para crer. É festival dedicado à magistocracia, a *gran famiglia* judicial brasileira, estrato social que não se contenta com pouco: não quer escorregar do 0,1% mais alto da pirâmide social brasileira, nem que para isso precise furar o teto constitucional, dobrar a lei e acumular auxílios-dignidade livres de imposto.

A *gran famiglia* administra o Judiciário mais caro das democracias do mundo pelos meios da baixa política. Resiste à transparência e reprime os que tentam arejar a mentalidade magistocrática. Para compensar, entrega ao país o encarceramento em massa e alimenta o crime organizado, entre outros penduricalhos. Mas fale baixo, porque a magistocracia tem sensibilidade de seda, a sensibilidade dos "cocorocas". Daqui a pouco vai alegar desacato à sua "honra institucional", essa ideia pré-liberal que cunhou enquanto se apreciava no espelho. Se um dia levarmos a sério o combate à corrupção individual, e sobretudo a institucional, sugeriria começar por aí.

O relato do Febejapá começa tarde e tem um longo passado pela frente. Por isso, distribuiremos diplomas retroativos. Esse passivo será amortizado em parcelas. Na semana passada, fomos levados a perguntar: a quantos juízes fora da lei resiste o estado de direito? Quem souber que nos conte. Talvez já tenhamos cruzado essa linha vermelha. O juiz Sergio Moro, ciente de que o "quando" decidir é tão crucial quanto "o que" decidir, tirou às vésperas da eleição o sigilo de delação que já não tinha valor jurídico. Ainda que autoridades do STF já o tenham alertado que isso é malcriação, ele insiste. Bem comportado que é, deverá pedir "respeitosas escusas" de novo. A ala curitibana do Febejapá desrespeita a lei com virtude.

Há outra pergunta mais urgente: com quantos ministros fora da lei se constrói um STF? A democracia brasileira nunca precisou tanto de um STF forte e respeitável. Nos trinta anos da Constituição, nunca houve composição que combinasse tão bem o senso de autoimportância individual e a vocação para o suicídio. Da presidência da corte saiu Cármen Lúcia, "a Pacificadora", e tomou posse Dias Toffoli, "o Negociador". A primeira ressignificou o verbo "pacificar"; o segundo começou com arte e deixou seu vice, Luiz Fux, suspender liminar de Lewandowski que permitia um jornal entrevistar um preso. Faltou nos contar por que o vice o substituiu.

Não tendo conquistado corações e mentes como juiz, Toffoli resolveu se lançar como historiador. Escolheu lugar solene para anunciar sua tese: o Salão Nobre da Faculdade de Direito da Universidade de São Paulo (USP), sob o olhar de d. Pedro II. Afirmou que em 1964 não houve nem golpe nem revolução, mas um "movimento". Chama golpe de movimento assim como quem chama mandioca de aipim. O ministro tem razão: foi um movimento de tanques nas ruas, de choques nos porões, de "suicídios" em delegacias. Foi também um movimento, veja só, de aposentadoria compulsória de ministros do STF e suspensão do habeas corpus. Eram tempos em que um general não habitava gabinete do STF a convite de seu próprio presidente.

De Toffoli nunca se esperou coragem moral. Sua trajetória não carrega vestígios de excelência técnica ou contribuições jurídicas ao bem comum. E isso não se deve ao fato de ter sido reprovado em dois concursos da magistratura ou à carência de títulos acadêmicos, critério bacharelesco pelo qual julgaram sua competência. Foi o único dessa geração que chegou ao tribunal sem outras credenciais que não a amizade do presidente, pelos serviços prestados ao partido. Sua reputação foi construída *interna corporis*, por assim dizer, não na comunidade jurídica. Mas isso importa menos.

Em vez de reinterpretar a história, ofício para o qual demonstrou não ter vocação nem método, pede-se a ele apenas que interprete a Constituição. E aí Toffoli não está sozinho: mais grave que o revisionismo histórico toffolino é o revisionismo constitucional do STF. Ao contrário de outros revisionismos, que questionam uma interpretação consolidada e propõem uma alternativa no lugar, o revisionismo constitucional do STF não põe nada no lugar. Ou pior: põe uma coisa num dia e depois muda de ideia, a depender da conjuntura.

12 de outubro de 2018

25.
"A justiça farda, mas não talha"

O título é de Millôr. A época nós sabemos qual foi. Ironiza, claro, a promiscuidade judicial-militar, ou a deferência togada ao mando fardado. Uma época distante, em que generais condicionaram a sobrevivência do STF à lealdade. Diziam lealdade à "revolução". Em tempos mais democráticos, tivemos liberdade para classificar como lealdade ao "golpe". Em tempos sombrios de desorientação judicial e criatividade vocabular, pedirão lealdade ao "movimento".

Conta a história que quando o general Castello Branco quis enquadrar o STF às orientações do "movimento", o presidente do STF, ministro Ribeiro da Costa, disse que não se submeteria à "ideologia revolucionária" e que, se ousassem cassar um ministro, fecharia o tribunal e entregaria as chaves ao porteiro do Palácio do Planalto. O resto é história: anos mais tarde ministros foram cassados e o tribunal, enfim, domesticado.

Cinquenta anos depois, o STF está na linha de tiro. Quando a ameaça veio de um general, via Twitter meses atrás, coube ao decano Celso de Mello reagir:

Intervenções castrenses, quando efetivadas e tornadas vitoriosas, tendem, na lógica do regime supressor das liberdades, a diminuir, quando não a eliminar, o espaço institucional reservado ao dissenso, limitando, desse modo, com danos irreversíveis ao sistema democrático, a possibilidade de livre expansão da atividade política e do exercício pleno da cidadania. Tudo isso, senhora presidente, é inaceitável.

Dias atrás, o tiro veio de outro general, agora deputado eleito (e portanto, para os fins republicanos, não mais "general"), que apresentou um "plano de moralização das instituições" que inclui não só o impeachment, mas também a prisão de "vários ministros". O STF escutou calado. Ontem, a divulgação de um vídeo revelou mais claramente a doutrina. Do deputado mais votado, filho de eventual presidente, à pergunta se o STF poderia intervir no caso de vitória de seu pai, ouviu-se: "O STF vai ter que pagar pra ver. E quando ele pagar pra ver, vai ser ele contra nós. Será que eles vão ter essa força mesmo?". Acrescentou: "O pessoal até brinca lá: se quiser fechar o STF, você sabe o que você faz? Você não manda nem um jipe, você manda um soldado e um cabo". E o desfecho irônico, para enfatizar sua estima ao STF: "Não quero desmerecer o soldado e o cabo, não".

Coube a Celso de Mello, de novo, a reação mais clara. Classificou a declaração como "inconsequente e golpista", enxergou no parlamentar "inaceitável visão autoritária", que "comprometerá a integridade da ordem democrática". Do presidente da corte, escutamos um silêncio eloquente. Tendo formado um "gabinete estratégico" e chamado um general ligado ao candidato Mourão e à cúpula do Exército para habitá-lo, parece que sua estratégia é a do silêncio. O enredo insólito fica mais completo com a entrevista concedida por Ives Gandra, professor emérito da Escola de Comando e Estado-Maior do Exército, à revista *Época*. Sobre generais, ele assegura: "Eu conheço a mentalidade deles. Eles são hoje escravos da Constituição". A frase é a síntese do autoengano, não se sabe de quem.

Se o STF quiser se juntar ao esforço de contenção do processo de declínio da democracia brasileira, terá de corrigir o conjunto de erros que impregnou seus costumes. Confundiram protagonismo da corte com cultura de celebridades. Foram indiferentes às críticas, alertas e sugestões de muitos observadores nos últimos dez anos. Foram liberais demais com suas opiniões individuais, suas veleidades e seu desgoverno. "Liberais" foi um eufemismo. Mais justo seria libertinos, aquele desapego a convenções e rituais que protegem a instituição. Deixaram o tribunal se diluir nesse bate cabeça e agora terão pela frente o projeto de uma democracia iliberal. De democracia, esse regime tem só o nome e o hábito plebiscitário.

Bolsonaro, lembrem-se, quer varrer os libertinos e criar o STF 2.0, um tribunal duplicado, cheio de apologistas do regime. Ele está seguindo a cartilha com coerência (a mesma de Chávez na Venezuela, Orbán na Hungria, Erdoğan na Turquia, dos irmãos Kaczyński na Polônia, ou dos militares brasileiros). O STF tinha que seguir alguma. Tiveram oportunidade de neutralizar a retórica bolsonaresca do ódio, mas preferiram divagar, cada ministro ao seu gosto, sobre a liberdade de expressão e a imunidade parlamentar. Agora é tarde.

A autoridade de vossas excelências não é um dado que se possa presumir, não se materializa por obra do acaso. A família Bolsonaro sabe disso ("Será que vão ter essa força mesmo?"). Eduardo Cunha e Renan Calheiros também já sabiam. A capacidade da corte de ser obedecida precisa ser conquistada e administrada, pairar acima das divisões políticas e inspirar respeito. Essa conquista se dá, entre outras coisas, pela obediência aos rituais de imparcialidade, pela prudência institucional e pela coragem política. O Judiciário falha em todas essas frentes, miseravelmente. Falar o que der na telha na imprensa não ajuda. Conceder habeas corpus a amigo ou prometer, por telefone, ajuda a senador também não. Ainda se dão ao luxo de investir energia na manutenção do adicional de 1 bilhão de reais por ano em auxílio-moradia à magistocracia. Respeitem-se, porque disso depende o estado de direito.

Não será mais possível sapatear em cima do mantra "As instituições estão funcionando". Mantra, sabemos, é apenas um canto num ritual contemplativo, não reflexão crítica (Bolsonaro também tem raiva de reflexão crítica). Vossas excelências estão perdendo esse jogo. Quando o STF apagar as luzes, quem vai entregar as chaves? Toffoli já emprestou as do gabinete, preventivamente. O resto é silêncio.

22 de outubro de 2018

26.
O príncipe da magistocracia

O juiz Sergio Moro foi alçado, por nossa conta e risco, a um patamar acima do bem e do mal. Suas ações e palavras passaram a ser lidas pelo signo da virtude, sobretudo da coragem, da honestidade e do heroísmo. Manias de sacralização não terminam bem na história democrática, nem à esquerda, nem à direita; nem para o sacralizado, muito menos para o sacralizador. A aclamação deixa a visão nublada, interdita a crítica e confere uma licença para agir que escapa aos canais ordinários de prestação de contas. Permitimos que Moro preste contas apenas à sua consciência, não às instituições de controle. E ele soube se valer dessa onda redentora que lhe vestiu o manto da infalibilidade.

O Judiciário e parte da sociedade têm conferido aos atos de Moro um selo de integridade presumida. Questão de caráter, não de legalidade. Quando liberou sigilo de interceptações telefônicas de modo ilegal; quando ordenou condução coercitiva espetaculosa de modo ilegal; quando se insubordinou a decisão de desembargador e, num domingo de férias, telefonou para a Polícia Federal, articulou com o presidente do tribunal e emitiu despacho à distância; ou quando liberou delação premiada de nenhum valor probatório mas de grande octanagem política dias antes da eleição, atos com tempo bem calculado, engolimos suas explicações professorais de bolso. Foram variações da explicação ao STF, a quem pediu "respeitosas escusas": "Não teve por objetivo gerar fato político-partidário, polêmicas ou conflitos".

Nesse regime de "respeitosas escusas", Moro abraçou uma excêntrica ética da imparcialidade judicial, a ética da *la garantía soy yo*", ou "acredite em mim". Decisões que pareceriam extravagantes na caneta de muito juiz, se proferidas por Moro, passam a ser percebidas como instrumentos para o bem, não importam os meios. Ao aceitar o convite para ministro, Moro ajudou a fechar a narrativa do juiz partidário, dentro do script que ele mesmo havia imaginado, ao dizer que assumir cargo político afetaria a credibilidade de seu trabalho. Mas nos ensinou, em mais uma de suas explicações professorais, que este é um cargo "predominantemente técnico, não político".

Não bastou a Moro aceitar o convite. Em vez de se exonerar, resolveu pedir férias que "permitirão que inicie as preparações para a transição de Governo". Lembremos que Moro de férias é um perigo: pode suspender o descanso e reativar sua jurisdição à distância em caso de urgência na Lava Jato. Mas o problema maior é outro. Moro cruza fronteiras da ética institucional e compromete a independência e imagem de imparcialidade do Judiciário. Não será simples ao Judiciário recuperar-se do dano que Moro lhe inflige, mas talvez a magistocracia não se preocupe com isso.

Seguiu-se um capítulo digno do Febejapá — Festival de Barbaridades Judiciais que Assolam o País: a própria justiça federal organizou, em sua sede, entrevista coletiva para o juiz Moro (em férias) falar na condição do ministro Moro (do time de transição). Ele colocou-se na posição de fiador do novo governo ao declarar que, entre as razões para aceitar o convite, estava a percepção geral de que o governo não daria certo.

A necessidade de superministros com superpoderes é inversamente proporcional à confiança que Bolsonaro desperta no mercado internacional e na diplomacia, ou a seu apreço pela lei. A composição do Ministério parece se orientar pela redução de danos. Moro pode ajudar nessa tarefa, mas precisa aperfeiçoar sua noção de "dano": quando declarou que "frases infelizes" de Bolsonaro não serão "políticas de governo", e que Bolsonaro "parece moderado" nas conversas, afirma que frases são inofensivas. Frases de presidente já são atos: poderia dar atenção ao que já acontece nas ruas, nas casas, nas salas de aula.

Movimentos para "mudar tudo que está aí" foram encarnados, na história brasileira, por personagens eleitos como Jânio Quadros e Fernando Collor (para não falar dos não eleitos). A aposta em líderes infames para nos salvar da infâmia coletiva não é ironia, mas tragédia. O raio higienizador, na versão engravatada ou fardada, deu no que deu, mas o fenômeno tem notável capacidade de reciclagem. Chegou a vez da versão togada, a ser conduzida pelo mais recente príncipe da magistocracia, que ignora a velha corrupção institucional sob as barbas da lei (que, entre outras, fura o teto constitucional para se manter no 0,1% mais alto da pirâmide social brasileira). Não é tragédia, mas farsa.

9 de novembro de 2018

27.
Debaixo da toga de Fux bate um coração

*Aqui no Supremo, debaixo da toga
de todo mundo, bate um coração.*

Luiz Fux em entrevista a *O Estado
de S. Paulo*, 16 de outubro de 2016

No tempo em que Jair Bolsonaro dizia, ao lado de um filho sorridente e candidato a senador, "Não quero essa porcaria de foro privilegiado", e que o outro filho, para não perder espaço no coração paterno, corria às redes e declarava "Sou pelo fim do foro privilegiado", o foro privilegiado sintetizava a política degenerada, símbolo maior da "velha era".

O STF achou que tinha solucionado o problema. Numa ação julgada em maio de 2018 (AP [Ação Penal] 937-QO), decidiu que um parlamentar federal só teria o direito de ser julgado diretamente pelo STF se cumprisse duas condições: (i) praticasse um crime em razão do cargo que ocupa e (ii) ainda estivesse no exercício do cargo. De acordo com essa regra nova, se um deputado pratica um furto durante seu mandato, ou se faz tráfico de influência e seu mandato acaba, perde a prerrogativa do foro e seu caso vai para a primeira instância. A decisão foi celebrada por duas razões: primeiro, desafogava o STF do excesso de casos criminais, que não são sua especialidade; segundo, moralizava a política e proclamava o fim da "mamata aos corruptos".

Para surpresa geral da "nova era", ninguém menos que Flávio Bolsonaro, o filho que sorria enquanto o pai criticava o foro privilegiado, desafiou o STF a rejeitar o precedente que acabara de criar. Eleito senador, não acha que o tribunal local seja digno de sua autoridade. Acha que "merece" o STF. O filho escolheu o momento exato, pois sabia que, durante o recesso judicial, seria Luiz Fux, vice-presidente da corte, a avaliar o pedido. A aposta deu certo.

Luís Roberto Barroso, relator do caso que fixou o precedente, não podia esperar que, poucos meses depois, Luiz Fux o traísse. Entre as contribuições de Fux ao direito constitucional brasileiro está a criação de dois institutos muito sintonizados com a "nova era": a "negociação de constitucionalidade" e a "permuta de legalidade". Foi assim que conseguiu, com sua caneta monocrática, assegurar aos juízes de todo o país o pagamento de auxílio-moradia por quase cinco anos. Foram mais de 5 bilhões de reais aos cofres públicos. Nessa técnica inventada pelo ministro, o tribunal se furtou a responder se a prática era constitucional ou não, e chamou as "partes interessadas" para barganhar. O auxílio finalmente caiu, mas apenas no dia em que o governo Temer se rendeu à permuta: o ministro autorizou a interrupção do pagamento do auxílio somente quando o reajuste salarial foi efetivado.

Na nova era, o foro se repaginou: não é mais a salvação de corruptos, mas o refúgio dos "honestos injustiçados". Como Luiz Fux conseguiu escapar do precedente? Qual foi a ginástica verbal?

Decisões de Fux não propiciam uma leitura propriamente agradável e esclarecedora. O que sobra de estrangeirismos, citações e palavras espalhafatosas costuma faltar em análise cuidadosa do caso concreto. Como ele disse numa entrevista a *O Estado de S. Paulo* em 2016: "A grande aflição do jurisdicionado deve ser essa. Ele ouve, ouve, ouve, é um banho de cultura, mas o que ele quer mesmo saber é se deu provimento ou negou provimento, se ganhou ou perdeu". Na verdade, o jurisdicionado não quer saber apenas se ganhou ou se perdeu, quer saber também por que ganhou ou perdeu, sobretudo por que perdeu. Se possível, numa linguagem clara.

A decisão que beneficiou Flávio Bolsonaro tem um pulo do gato argumentativo: "O princípio da *Kompetenz-Kompetenz* incumbe ao Supremo Tribunal Federal a decisão, caso a caso, acerca da incidência ou não da sua competência originária". O que o ministro quis dizer com isso? Basicamente, que a força do precedente celebrado pelo STF é relativa, e que o tribunal deverá sempre analisar, caso a caso, se o precedente se aplica. Fux usou, para fundamentar a tese excêntrica, uma passagem ambígua e bem selecionada do precedente: "A conjugação dos critérios 'exercício do mandato' e 'em razão da função' exigirá que esta corte continue a se pronunciar, caso a caso, se o crime tem ou não relação com o mandato". O que o STF quis dizer com essa passagem? Tentou explicar que, no futuro, poderia haver casos em que a relação do crime praticado pelo político com o exercício do seu mandato não é tão clara, e que talvez seja necessário o STF avaliar se é caso de foro privilegiado ou não.

Essa hipótese excepcionalíssima, obviamente, não se aplica ao caso de Flávio Bolsonaro, que nunca exerceu mandato no Congresso Nacional (única circunstância em que se poderia ter dúvida razoável sobre a conexão do crime com o mandato).

Se quiser entender um pouco melhor a "filosofia decisória" de Fux, vale ler seu voto que cancelou o pagamento de auxílio-moradia a juízes com a condição de que houvesse reajuste salarial (AO [Ação Ordinária] 1773):

A Constituição é um documento vivo, em constante processo de significação e de ressignificação, cujo conteúdo se concretiza a partir das valorações atribuídas pela cultura política a que ela pretende ser responsiva. Por sua vez, tais valorações são mutáveis, consoante as circunstâncias políticas, sociais e econômicas. As eventuais respostas dos *players* aos comandos judiciais se consubstanciam em elemento de convicção essencial para o alcance do ponto ótimo da intervenção judicial no mundo fenomênico, em cada caso concreto. A partir dessa visão, o pragmatismo revoluciona o modo como se problematizam as funções institucionais dos magistrados, bem como a relação entre prática judicial e filosofia deontológica. Cada vez mais, cortes constitucionais têm adotado explicitamente o discurso consequencial para resolver conflitos, especialmente em contextos de crise política e econômica. Antes um ideário distante, o pragmatismo tornou-se *common place* na prática adjudicativa.

Não entendeu? A comunidade jurídica também não. O resumo da história é mais um "banho de cultura" que Fux, o ministro *common place*, nos oferece: qualquer ministro do STF com a caneta na mão tem *Kompetenz-Kompetenz* para decidir o que bem entender numa "abordagem pragmática e multidisciplinar" combinada com um "discurso consequencial". Na prática, o palavrório significa mais ou menos qualquer coisa. Fux já tinha avisado: por trás dessa fumaça confusa e afetada de palavras, o que importa mesmo é saber se o jurisdicionado "ganhou ou perdeu". Ganharam Flávio e o motorista milionário. Não ouse perguntar o porquê.

18 de janeiro de 2019

28.
O STF e a tentação colaboracionista

As Constituições democráticas do pós-guerra reservaram às cortes um lugar imponente. Desconfiada, com boas razões, dos excessos suicidas das maiorias, essa filosofia institucional ampliou o poder de juízes e lhes pediu coragem política, integridade moral e energia intelectual para proteger as liberdades. Um anteparo do liberalismo para salvar a própria democracia e conter a tentação autoritária.

Se cortes não dispõem do pedigree eleitoral para se afirmar, teriam, em compensação, julgadores imparciais com uma declaração de direitos no bolso e um bom argumento na mão. A partir da Constituição brasileira de 1988, o Supremo Tribunal Federal vestiu a ideia sem modéstia retórica. Vendeu-nos essa apólice de seguro político e prometeu postar-se nas trincheiras em nosso nome.

Por trás da filosofia majestosa, há história. Esta costuma trair expectativas messiânicas. Na história universal da infâmia judicial, muitas cortes, diante da onda autoritária, renderam-se à tentação colaboracionista sem perder a ternura legalista. Em vez de enfrentar o arbítrio e a repressão das liberdades, ou de tentar prevenir o colapso democrático, trilharam o caminho mais confortável da capitulação e adesão.

Há muitos exemplos. Os casos mais célebres incluem os juízes norte-americanos que, antes da Guerra Civil, aplicavam a "lei do escravo fugido"; juízes alemães que aplicavam mecanicamente a legislação nazista; juízes sul-africanos que atestavam a legitimidade das leis segregacionistas do apartheid. Durante a ditadura militar em seu país, juízes chilenos, educados numa tradição democrática que se destacava no continente, endossaram a brutalidade estatal e não hesitaram em embarcar, de mãos dadas aos militares de Pinochet, na "guerra contra o marxismo".

Entre o idealismo e a infâmia, a história do STF teve momentos de passividade e complacência mesclados a atos de heroísmo individual. O uso arrojado da ação de habeas corpus para impedir abusos de autoridade durante a Primeira República, sob provocação advocatícia de Rui Barbosa e liderança judicial de Pedro Lessa, marcou época.

Conta-se também o episódio em que o ministro Ribeiro da Costa, presidente do STF em 1964, teria prometido fechar o tribunal e mandar as chaves para o general Castello Branco, primeiro presidente da ditadura militar, caso este tentasse interferir e domesticar a corte. De 1964 a 1968, ministros ousaram mobilizar o habeas corpus para proteção das liberdades contra os interesses da ditadura. Até que o AI-5 acabou com a festa e aposentou três ministros irresignáveis — Hermes Lima, Victor Nunes Leal e Evandro Lins e Silva.

Um ano atrás, publiquei no caderno Ilustríssima* da *Folha de S.Paulo* um texto que esboçou a identidade do STF no presente. Revigorado pela Constituição de 1988, o tribunal atuou por mais de vinte anos com certa autonomia e controle de rédeas, expandindo gradualmente seus tentáculos na política do país. Se não foi um voo em céu de brigadeiro, não se pode dizer que as trepidações ocasionais afetaram a autoridade e credibilidade da corte. As patologias já eram visíveis, e o tribunal se afogava no oceano de casos e na ingovernabilidade de procedimentos. O poder monocrático de ministros passou a ser

---

* "STF, vanguarda ilusionista", p. 49.

tão ou mais decisivo que o plenário. As deformações da "supremocracia", como diz Oscar Vilhena, causavam pouco dano reputacional à corte. Eram visíveis, mas pouco percebidas pelo público geral.

O caso do Mensalão e, pouco depois, a Lava Jato, o processo de impeachment e as investigações da alta delinquência política viraram a maré contra o STF. Nesse caldeirão explosivo, monitorado por um país assanhado no grito anticorrupção, os holofotes se voltaram para a corte e suas feridas ficaram expostas demais. A exposição, somada à falta de decoro judicial de ministros, feriu a imagem do tribunal.

O STF tornou-se "vanguarda ilusionista" — e como tal chegou ao aniversário de trinta anos da Constituição. Pratica o ilusionismo no procedimento e no argumento: um ministro sozinho tem poder total de obstrução, decide o que quer, quando quer, e interfere na agenda constitucional do país a seu gosto. A ideia de precedente e de jurisprudência se esvaziou e virou licença poética.

Cada caso é um caso e suas circunstâncias. O que se decidiu ontem importa pouco. Um tribunal imprevisível no seu tempo e no mérito das decisões. Na fachada de um poder moderador esconde-se um poder tensionador. Não é só traquinagem de "togados da breca", na ironia de Christian Lynch. Instalou-se a "ministrocracia", no neologismo de Diego Werneck e Leandro Molhano, e se corroeu de vez a institucionalidade da corte.

A expressão "vanguarda ilusionista" fez trocadilho com uma das hipérboles mais ousadas da imaginação política brasileira — a "vanguarda iluminista que empurra a história na direção do progresso civilizatório", cunhada pelo ministro Luís Roberto Barroso.

O próprio Barroso, semanas depois, respondeu ao artigo. É notável que um ministro se disponha a dialogar publicamente, não apenas para ser ouvido ou cortejado pelo auditório, mas para reagir a críticas; e lamentável que seja conduta tão incomum. O texto de Barroso se traiu na largada. Seu título, "Nós, o Supremo", invocou a primeira pessoa do plural para um tribunal que conjuga apenas a primeira pessoa do singular (multiplicada por onze). No plural majestático, o "eu" particular esconde-se atrás de um "nós" difuso. Tentou despersonalizar artificialmente um tribunal personalista.

Para Barroso, minha desaprovação à balbúrdia procedimental indicava problemas reais, cujas soluções estariam a caminho. A crítica à diluição da jurisprudência pecava por não perceber que, em nosso sistema jurídico, não fomos treinados a respeitar precedentes, tal como se faz nos sistemas jurídicos da tradição anglo-saxã.

Por fim, fez uma extensa lista de decisões valiosas que eu ignoraria. "Na vida, a gente deve saber comemorar as vitórias", disse. Nessa relação, enumerou os casos em que o STF contribuiu no avanço dos direitos das mulheres, de LGBTs, da população negra e indígena; ressaltou o combate à cultura da impunidade e os ajustes do processo democrático.

Descrever o cânone de decisões acertadas é uma forma tradicional e legítima de defender o trabalho das cortes, desde que se tome o cuidado de não se apropriar por completo do mérito pela vitória e reconheça a pluralidade de fatores sociais e políticos que a tornaram possível —sem presumir que, na ausência da corte, nenhum desses avanços teria ocorrido (a lista, inclusive, citou casos em que o STF apenas chancelou o legislador).

Reconstruir o cânone, contudo, não basta. Primeiro, porque muitos desses acertos vieram acompanhados de uma cacofonia argumentativa que dificulta a costura de uma jurisprudência e fragiliza a vitória; segundo, porque desconversa sobre o anticânone, a lista de desacertos em que o tribunal feriu a

Constituição (por exemplo, a sujeição de civis à Justiça Militar em caso de crimes militares, ou a invenção do "marco temporal" para demarcação de terras indígenas); terceiro, porque ignora casos em que o tribunal persiste no silêncio eloquente e nada decide.

Semanas atrás, Barroso publicou sua retrospectiva de 2018, intitulada "Atravessando a tempestade em direção à nova ordem". Afirmou que o STF está próximo de extinguir a "monocracia", medida crucial. No ano passado, aliás, o STF bateu recorde em decisões monocráticas nas ações constitucionais: foram 650, contra 565 em 2016 e 323 em 2016.

Selecionou também as dez decisões emblemáticas do ano. No campo dos direitos, merecem elogios a concessão de habeas corpus coletivo a mães e gestantes presas, a autorização para mudança de nome de transexuais, a garantia de liberdade de manifestação em universidades. Ficamos sem conhecer, de novo, as omissões do STF.

Para pinçar dois exemplos trágicos: o Supremo continua em silêncio sobre a distinção entre porte de drogas e tráfico, enquanto cresce o encarceramento; e segue empurrando com a barriga o caso que avalia a proibição, pelo Conselho Federal de Psicologia, da "cura gay", enquanto a prática vai sendo autorizada por juízes de primeira instância. Já perdemos de vista o que guardam as gavetas do STF.

Barroso chamou a atenção dos "críticos severos do Supremo", que deveriam "ter em conta que o país atravessa uma tempestade política, econômica e ética". Nesse "tempo que nos tocou viver", o STF "tem sido chamado para arbitrar crises que são gestadas nos outros vértices da praça dos Três Poderes".

Dias Toffoli, atual presidente da corte, acompanhou-o ao declarar que a "realidade nos obrigou a isso, e acho que não faltamos à sociedade" e concluir que o "Supremo foi o fio condutor da estabilidade". Nessa leitura de conjuntura, o STF é vítima de crises externas, não um de seus artífices. O problema, aparentemente, está da porta para fora.

O cacoete da autocomplacência não ajudará o tribunal a neutralizar os ataques em curso, nem a se preparar para o que vem pela frente. Seu senso de urgência e gravidade não está sintonizado com o do país.

No primeiro mês de trabalho, o novo governo aproveitou o recesso do Congresso e do Judiciário para disparar uma "Blitzkrieg desconstituinte". Velocidade e volume são as marcas da Blitzkrieg, estratégia de guerra que pode ser aplicada à separação de poderes. O conteúdo das medidas, em seu conjunto, desafia a espinha dorsal da Constituição.

A pretensão desconstituinte está disfarçada em decretos, medidas provisórias e projetos de lei até aqui vindos a público. Cumprir a tarefa por emenda constitucional não seria boa estratégia, pois faria muito barulho. Melhor manter a letra da Constituição intacta e jogar o ônus nas costas do STF.

O bolsonarismo se lança em múltiplas arenas. As normas jurídicas já editadas ou esboçadas nestas primeiras semanas de 2019 dão amostra do projeto. Aos que duvidam da entrada do país no clube dos regimes autoritários emergentes no mundo, à esquerda e à direita, e veem "risco zero" à democracia, o conteúdo antiliberal dos projetos deveria despertar dúvida e apreensão.

Se democracia significa mais que eleições periódicas, há algo de errado nessas investidas: medida provisória que estabelece o monitoramento discricionário de entidades da sociedade civil; decreto que amplia poderes de classificação do sigilo de documentos públicos, reduz transparência e boicota o combate à corrupção; flexibilização de leis ambientais e, sobretudo, a atribuição da competência de demarcação de terras indígenas aos grupos que têm interesse na sua supressão; insistência na repressão da liberdade pedagógica sob o pretexto da doutrinação ideológica, além do projeto paralelo do ensino domiciliar, proibido pela Constituição, pela lei e pelo STF; por fim, no campo da segurança, decreto que facilita a posse de armas de fogo e pacote legislativo multitemático desprovidos de solidez empírica e da demonstração causal dos efeitos pretendidos.

A Blitzkrieg do governo conta com um STF colaboracionista. Não se trata de uma aposta no escuro, pois o tribunal tem emitido sinais abundantes nessa direção.

Os sintomas são muitos. Poderíamos voltar no tempo para identificar as viradas da corte à luz de pressões e ameaças externas —como a recusa da ministra Cármen Lúcia, enquanto presidente da corte, em pautar as ações sobre execução provisória da pena, e o apelo da ministra Rosa Weber, contra a sua própria opinião, a uma colegialidade que só ela praticou para formar uma maioria que dependia dela. Fiquemos nos episódios mais recentes.

Toffoli e Luiz Fux, presidente e vice do tribunal, são os atuais patronos do colaboracionismo. Começo pelo episódio que inaugura o estilo Toffoli de governar. Em 28 de setembro, Ricardo Lewandowski autorizou a *Folha* a entrevistar Lula na prisão, revogando decisão que negava esse pedido, tomada pela Justiça Federal em Curitiba. Mais tarde, Fux, que não estava em Brasília, tomou uma decisão em nome da presidência da corte.

A justificativa foi que Toffoli também não se encontrava na capital federal. Não se explicou bem esse truque procedimental. Fux entendeu que a entrevista poderia causar "desinformação na véspera do sufrágio, considerando a proximidade do primeiro turno das eleições presidenciais" — em fevereiro de 2019, a entrevista ainda não foi autorizada.

Em 1º de outubro do ano passado, Toffoli esteve na Faculdade de Direito da USP e proferiu uma palestra sobre os trinta anos da Constituição. Lançou ali sua tese revisionista: em 1964 não houve golpe nem revolução, mas "movimento". Cruzou nos corredores da faculdade com Lewandowski, professor da casa. Conta-se que a interação não foi amistosa.

Horas depois, Lewandowski solta outra liminar, cassando a decisão de Fux, pois esta teria sido "arquitetada com o propósito de obstar, com motivações cujo caráter subalterno salta aos olhos, a liberdade de imprensa". Aproveitou para avisar que o presidente da corte não pode ser "revisor das medidas liminares" dos demais ministros, pois entre eles não haveria hierarquia.

O aviso não surtiu efeito e mais tarde Toffoli revogou novamente a liminar. Estava criado, pelo presidente da corte, o poder de cassação de liminares monocráticas, poder que voltou a ser utilizado semanas depois para revogar liminares do ministro Marco Aurélio. Com esse dispositivo, Toffoli tem a corte em suas mãos: controla não só a pauta, mas também as liminares dos colegas.

O Ministério de Bolsonaro tem nove de seus 22 ministros envolvidos em graves investigações na Justiça. O STF entendeu, em 2016, que nomeações assim são nulas. A regra não existia antes, mas valeu para anular a nomeação de Lula e de Cristiane Brasil para ministérios. Não valeu, curiosamente, para Moreira Franco. Não vai valer, menos curiosamente, para o Ministério de Bolsonaro.

Quando Fux suspendeu as investigações sobre Flávio Bolsonaro, contrariando a posição firmada pelo STF a respeito do foro especial, sabia que sua decisão era precária. Marco Aurélio já a revogou, mas o problema não é esse. Politicamente, Fux deu a Flávio o tempo precioso para tomar posse e articular-se na mesa do Senado.

O colaboracionismo não está só em decisões ou omissões. Está também nos sinais emitidos pelo presidente do STF. Toffoli resolveu hospedar em seu gabinete um general para suavizar a relação com os militares, que vinham ameaçando a corte via Twitter. O novo governo chamou o general para o Ministério, e Toffoli o substituiu por outro militar. Começa a criar uma perigosa convenção interna, uma cadeira cativa para as Forças Armadas.

Toffoli anunciou o projeto de "resgatar a clássica separação de poderes", nesse momento em que, na sua opinião, o Judiciário "deve se recolher". Não formulou bem a ideia, não disse de onde ela vem, qual pensador o inspirou, tampouco em qual período histórico ou regime ela existiu. Não prestou contas sequer a Montesquieu. Mas suas ações dizem mais que suas palavras.

Quando questionado acerca do decreto que facilita posse de armas, Toffoli antecipou, gratuitamente, seu juízo de constitucionalidade. De bate-pronto, disse que não via problemas. Esqueceu que o contraditório deve preceder a palavra do juiz.

No discurso de abertura do ano judicial, enfeitado com duas citações de Sarney e uma de Rui Barbosa, Toffoli fez um apelo à colegialidade e unidade. Mais inusitado, convocou um pacto entre os poderes para as reformas previdenciária e tributária. Cabe ao Judiciário manifestar-se quando reformas chegarem à sua mesa, não prestar consultoria preventiva. De todo modo, Toffoli já conversou com os ministros Paulo Guedes e Sergio Moro. Dá continuidade à inovadora prática de "negociação de constitucionalidade".

Ministros do STF costumam estar satisfeitos com a dinâmica decisória do tribunal, como relata pesquisa de Virgílio Afonso da Silva. Já passou da hora, contudo, de reconhecerem problemas. Grandes reformas estruturais são importantes, mas antes poderíamos sugerir alguns pactos, para usar a linguagem de Toffoli. Eu sugeriria dez mais afinados com a função judicial, que dependem só deles. Em resumo, princípios elementares de ética judicial:

1) Pacto pelo autorrespeito e preservação da dignidade judicial, traduzido no decoro e nos rituais de imparcialidade;

2) Pacto pelo respeito ao plenário, pois a colegialidade começa pela valorização da instituição acima dos ministros;

3) Pacto pela autocrítica, pois o STF não é apenas vítima da conjuntura e da má vontade dos observadores;

4) Pacto pela discrição judicial e pela compostura fora dos autos, pois a liberdade de expressão de juízes está sujeita a restrições especiais em nome da instituição;

5) Pacto por práticas republicanas contra o patrimonialismo judicial. Não custa reconhecer conflitos de interesse dos juízes, como Toffoli julgar José Dirceu, Gilmar Mendes julgar clientes do escritório de sua esposa, ou ser sócio de empresa educacional que negocia patrocínios com empresas e entes públicos. Não custa evitar lobby em tribunais para nomeação de suas filhas como desembargadoras, como fizeram Fux e Marco Aurélio;

6) Pacto por coerência decisória e respeito a precedentes;

7) Pacto por menos teatralidade, afetação literária e maior clareza argumentativa;

8) Pacto pela democratização do Judiciário traduzido no combate aos privilégios e poderes arbitrários da magistocracia;

9) Pacto pelo controle judicial de políticas públicas baseado em evidências, contra o impressionismo judicial;

10) Pacto de combate ao Produto Interno da Brutalidade Brasileira (PIBB), nossa cota de incivilidade traduzida em homicídios, crimes de ódio, encarceramento e violência estatal.

Essa é a urgência do país. A urgência de sempre. Está aí um plano ambicioso para o STF.

9 de fevereiro de 2019

29.
Febejapá *new age*

O Febejapá — Festival de Barbaridades Judiciais que Assolam o País — entrou na fase *new age* e adquiriu dupla personalidade. A primeira é a face mais embrutecida, do "tiro, porrada e bomba" com um toque de Bíblia. A segunda vem com polimento, dissimulação e eufemismos. De um lado, a magistocracia hard-core, com esteroides; de outro, a magistocracia soft-core, com o mesmo DNA, mas menos atrevida e ostensiva. Ambas têm representantes prototípicos.

A ala carioca do Febejapá fornece as três encarnações mais acabadas da hard-core. A primeira é a desembargadora Marília de Castro Neves, guerreira contra o politicamente correto. Sua obra em redes sociais já afirmou que Zumbi dos Palmares é um "mito inventado" que "estimula racismo", debochou de professora portadora de síndrome de Down, afirmou que Marielle Franco "estava engajada com bandidos" e que Jean Wyllys merecia uma "execução profilática". Indagada, disse que foi brincadeira e acusou o "mau humor da esquerda".

Marcelo Bretas e Wilson Witzel (ex-juiz, ainda embebido no éthos magistocrático) completam o trio. A performance de Bretas está nas redes sociais, que considera um espaço privado onde exerce liberdade de expressão. Ali, ironiza quem critica seu auxílio-moradia, curte postagens de Jair Bolsonaro, festeja o novo governo, que entende ser marcado por ministros técnicos no lugar dos ideológicos, divulga fotos de seu treino na academia militar com fuzil e na academia de ginástica com camisa regata. Afirmou dias atrás que a ação policial goza de "presunção de legitimidade" até que se prove o contrário, e que, "em situação de legítima defesa, o policial tem o DIREITO DE MATAR o agressor". Foi assim, em caixa-alta, sem nenhuma qualificação sobre o tipo de agressão ou a proporcionalidade da reação, como quer a doutrina penal moderna.

O "direito de matar", em caixa-alta, soa como música para Witzel. Amigo de Bretas, foram juntos em um jato da Força Aérea Brasileira (FAB) à posse de Bolsonaro. Pouco importa que, durante a campanha, decisões de Bretas, corretas ou não, tenham afetado adversários do amigo. Witzel é figura folclórica na magistocracia e não se constrangeu pela divulgação de vídeo em que explicava a juízes sua "engenharia" para burlar o sistema e ganhar a "gratificação de acúmulo". Seu protocolo policial é "mirar na cabecinha e fogo, para não ter erro". Sua polícia, nos últimos dez dias, matou 42 pessoas. Sua "política do abate" esteve a todo vapor na Favela de Manguinhos, em que catorze pessoas foram mortas. Acumulam-se evidências de que disparos foram feitos desde torre da polícia, por *snipers*.

O Febejapá *new age* não é só truculência, mas também desfaçatez. Sergio Moro deu guinada na carreira e entrou para a política. Menos por apego à legalidade, mais por sua rara disposição de colocar, a jato, alguns poderosos na cadeia, foi aclamado síndico do panteão dos homens de bem e passou a gozar da presunção de infalibilidade. Emprestou, de graça, seu status ao bolsonarismo. Associou sua trajetória a quem pratica caixa dois, festeja milícias e pede foro privilegiado no STF. Quando seus próprios sócios boicotam o projeto de combate à corrupção e restringem a transparência, engole em seco. Teve que substituir sua doutrina "Caixa dois é crime contra a democracia" pela alternativa "Ele já admitiu e pediu desculpas". Seu pacote anticrime, já vimos, serve à filosofia hard-core, mas ele o explica com toda a serenidade e sem apego a evidências.

Por fim, o ministro Toffoli propõe um "pacto republicano" entre os Três Poderes na elaboração de "macrorreformas estruturantes". Ali estão a da Previdência, a tributária, a repactuação federativa, entre outras. Não especifica, contudo, o que mais lhe caberia como chefe do Judiciário — os sacrifícios que a magistocracia, estamento mais privilegiado do Estado brasileiro, que habita o 0,1% mais alto da pirâmide social, faria em nome dessas reformas. Na verdade, não especifica nada de concreto, apenas a promessa de boa vontade.

Há pouca coisa menos republicana que a proposta. A filosofia do republicanismo defende o oposto: pede distribuição do poder e controle recíproco de uma agência governamental sobre a outra. Exige participação social e contestação pública, a antítese de uma negociação palaciana. "A fase em que os poderes estavam em conflito passou", declarou. Não sabemos se combinou com seus colegas esse esforço colaboracionista. Eufemismos à parte, o "pacto republicano" é uma pérola antirrepublicana.

Em comum, o Febejapá *new age* tem alergia à divergência e ao contra-argumento. Seu pendor anti-intelectual despreza o argumento dos "especialistas". Desqualifica o crítico em vez de responder à crítica. Teme a esfera pública.

14 de fevereiro de 2019

30.
Carnaval da *esculhambation*

"*This is esculhambation*", debochou Gilmar Mendes em entrevista publicada pela *Época*. Sentindo-se vítima de um "processo de perseguição sem precedentes" pela Receita Federal, disparou: "Isso aqui é a Gestapo com a KGB, mas feito pelas Organizações Tabajara". A mistura de ofensa pessoal com analogia histórica espetaculosa é marca de seu estilo. Sua interpretação da conjuntura brasileira recente alterna menções compulsivas às experiências nazista, soviética e bolivariana. Seu arsenal de hipérboles de bolso serve menos para a análise de qualquer coisa do que para desqualificar a integridade moral e profissional de seus adversários, ou de qualquer fiscal que cumpre seu dever legal. O alvo pode ser um colega de tribunal, um promotor, um magistrado, o presidente da República ou mesmo um partido político. Sua conduta nociva normalizou-se. Anormal, na sua opinião, é o abuso dos outros.

Gilmar Mendes integra o time dos maestros da "*esculhambation*" política do país. Não se conta a história do acelerado processo de degeneração da democracia brasileira nos últimos anos sem destacar seu protagonismo. Antes que o ministro chame o fiscal da Receita de espião da "Stasi comunista", vale colocar o episódio no seu devido contexto jurídico. Houve abuso? A Receita Federal tem autorização jurídica para, com base em critérios objetivos, analisar operações com indícios de fraude. Como disse Tathiane Piscitelli, tributarista da Fundação Getúlio Vargas (FGV), não existe "malha fina privilegiada".

Tanto faz se o suspeito é ministro ou cidadão comum. Abuso pode ter havido na liberação dessas informações à imprensa, e merece apuração. Tathiane constata: "Vazamentos de informações sigilosas lamentavelmente tornaram-se corriqueiros no jogo baixo das disputas de poder político no Brasil. Em alguns casos, ironicamente, foram chancelados pelo próprio Supremo Tribunal Federal".

Note o capricho da ironia: foi a caneta monocrática de Gilmar Mendes, não de um STF impessoal, que chancelou, em março de 2016, um dos mais decisivos vazamentos ilegais de informação sigilosa para os destinos políticos do país. O vazamento foi de autoria do juiz Moro, que pediu "respeitosas escusas". E desse caso emergiu extravagante doutrina, da lavra criativa de Gilmar, segundo a qual um presidente da República não pode nomear ministro suspeito. A liminar saiu na véspera do feriado, e assim garantiu que seus efeitos fossem irreversíveis. O plenário do STF fez que não viu. Outra ironia da "nova" política: se o Ministério de Bolsonaro se sujeitasse a esse teste, não passava quase ninguém. Mas é claro que o teste do STF não é aplicável a qualquer um.

"Ninguém pode se beneficiar da própria torpeza", alerta velha máxima jurídica muito citada pelo STF. Pois agora Gilmar encarna o complexo do "Não fui eu" (frase que se espalhou por muros do Rio de Janeiro para expressar isenção de culpa pelos males coletivos, nossa atitude antipolítica por excelência). Lamenta o processo de "desinstitucionalização" da nossa democracia sem reconhecer suas notáveis contribuições a ele.

Há desinstitucionalização quando regras elementares do processo político passam a ser ignoradas ou manipuladas por autointeresse: "Aos amigos, tudo. Aos inimigos, a lei". As críticas seletivas de PT, PSDB e Gilmar aos abusos do "lavajatismo", conforme afetassem a si mesmos ou a adversários, são claro sintoma. É curioso que o ministro tenha se tornado inimigo público da Lava Jato somente após o impeachment de 2016. A indiferença aos rituais de imparcialidade cobra seu preço. Como observou o jornalista Felipe Recondo: "É tudo briga pelo resultado e pelo seu impacto na política. Quem perde ao final é a justiça".

A conduta de Gilmar dá muitos exemplos de desapreço à imparcialidade. Era ele que, na condição de presidente do TSE, teve que desempatar o julgamento da cassação da chapa Dilma-Temer. No mesmo período, frequentava o Palácio do Jaburu, casa de Temer, oferecia jantar em homenagem ao amigo Serra e mantinha linha direta com Aécio. Declarou que seu patrimônio foi construído "dando aula e vendendo livro". Faltou contar que também é empresário da educação, não só professor e escritor. Seu prestígio e influência como ministro, queira ele ou não, ajudam a empresa a vender cursos ao poder público e a negociar patrocínio com empresários do naipe de Joesley Batista. A Constituição proíbe a figura do juiz-empresário (artigo 95), mas a magistocracia combinou que a Constituição não diz o que diz. Juízes-empresários se espalham pelo país. Se Gilmar pode, por que os outros não? *Esculhambation* começa em casa.

28 de fevereiro de 2019

31.
A dignidade judicial termina
em eufemismo

O STF sofre a maior onda de ataques de sua história. Os disparos vêm de pelo menos cinco frentes. Primeiro, de instituições democráticas como o Congresso: numerosos pedidos de impeachment contra ministros; pedido de CPI da "Lava Toga"; plano de revogação da "PEC da bengala" (sob a interpretação de que atuais ministros seriam aposentados mais rapidamente, abrindo vagas imediatas para juízes alinhados); gritos em defesa da desobediência a ordens do STF, na inspiradora tradição de Eduardo Cunha e Renan Calheiros.

Segundo, de agentes públicos que confiam gozar de liberdade de expressão a despeito do decoro institucional: tuítes ameaçadores de generais; apelo de deputada a "intervenção militar"; tuítes de procuradores da República que questionam honestidade de ministros; ou o "fogo amigo" dos próprios ministros (um deles até comentou, em off, que sairia com o povo para jogar pedra no tribunal caso se revertesse uma decisão; outro já comparou colega a analfabeto em direito).

Em terceiro lugar, multiplicam-se reportagens investigativas sobre a vida de ministros, passeios nababescos em Nova York, mesadas pagas por escritório de advocacia de esposa, lobby pela nomeação de filhas a tribunal de justiça, palestras em bancos, conflitos de interesse de juiz-empresário, a promiscuidade nos salões brasilienses. Em quarto, na esfera semipública das redes sobram linchamentos reputacionais e viralizam alegorias de fechamento do tribunal ("um soldado e um cabo"). Em quinto, no espaço público, a pichação vermelha no muro de casa, os esculachos e assédios em avião, em feira, em restaurante etc. Até protestos em carros de som na avenida Paulista já se voltam contra o STF.

O cerco é violento e o STF sentiu. E se perdeu. Fez sessão solene, sem aviso prévio, de auto-homenagem pelos serviços prestados. Embarcou na via intimidatória e instaurou um inquérito para investigar os maledicentes. Antes fosse um inquérito para investigar a si mesmo.

Dias Toffoli, sentindo-se "cordeiro imolado para fazer o bem", disse que lá na frente "vão reconhecer que estamos certos". Mais direto, Alexandre de Moraes nos autorizou a "espernear à vontade". Tempos atrás, havia afirmado que declarações "duvidosas, exageradas, condenáveis, satíricas", até as "errôneas", estão protegidas pelo manto da liberdade de expressão. Nesta semana, o raciocínio deu curto-circuito ao dizer que não se pode "prejudicar a honra de uma pessoa" por meio de um vazamento. Tem razão, mas a pergunta não era essa: por que a censura unilateral e apressada? O narcisismo autoritário e a presunção de infalibilidade não vão ajudar senão os adversários.

Nada disso surgiu no vácuo, ou devido à conjuntura externa. O tribunal é coautor dessa conjuntura. Há muitos anos, críticos preocupados com a crise de autoridade do STF vêm lhe pedindo nada mais que responsabilidade política: apego aos rituais de imparcialidade, preservação da institucionalidade acima de individualidades, procedimentos limpos e imunes à obstrução estratégica, alguma previsibilidade no tempo e no conteúdo das decisões. Menos ilusionismo, mais consistência; menos deslumbre, mais respeito próprio; menos quantidade (de páginas, de beletrismo, de tempo perdido), mais qualidade. O STF respondeu não só com empáfia, mas com doses perigosas de arbítrio e populisprudência (o populismo vestido de jurisprudência, que se deixa sequestrar pela voz das ruas).

Chegou a hora, ministros, de exercer uma responsabilidade política mais elementar: a da autossobrevivência. Não a entendam como capitulação ou autoboicote, à maneira do presidente da corte, que anunciou o retorno a uma "clássica separação de poderes" e prometeu um "pacto republicano pelas reformas". Quis embrulhar plano colaboracionista num pobre eufemismo. A autossobrevivência também não significa instalar delegacia de polícia num gabinete e recorrer à censura em nome da "honorabilidade institucional", essa categoria tão autocrática quanto ardilosa, pois não se conquista pela repressão.

Já se disse por aí que a democracia termina em eufemismo. A dignidade e a independência judiciais também. Ninguém pode salvar o STF de si mesmo.

25 de abril de 2019

32.
Moro participou da corrupção de funções

Sergio Moro se fez um expoente da escola *la garantía soy yo*. Suas condutas podem parecer suspeitas, seu senso de oportunidade pode favorecer uns em prejuízo de outros, as regras gerais do direito podem ser desobedecidas, mas seu status moral o coloca acima desses desvios. Sua conduta será avaliada em nome da missão heroica que delegou a si mesmo, não da regularidade dos meios que usa para persegui-la. Quando praticado por ele, desvio se converte em virtude. Quem consegue ser admitido nessa escola passa a ser regido por um regime particularista, não pelo regime geral.

Lembremos que, anos atrás, quando interpelado pelo STF por seus atos ilegais no processo penal, respondeu assim:

> Jamais foi a intenção desse julgador, ao proferir a aludida decisão, provocar tais efeitos e, por eles, solicito desde logo respeitosas escusas a este Egrégio Supremo Tribunal Federal. O levantamento do sigilo não teve por objetivo gerar fato político-partidário, polêmicas ou conflitos, algo estranho à função jurisdicional.

O "regime de respeitosas escusas" blindou a conduta de Moro. Foi o que o TRF-4 chamou de "soluções inéditas para casos inéditos", no voto do desembargador relator Rômulo Pizzolatti numa representação contra o juiz. Aos casos comuns, regras comuns; aos casos particulares, regras particulares e heroísmo.

A reportagem do Intercept, assinada por Glenn Greenwald e publicada neste domingo, 9 de junho, trouxe luz e enredo ao que muitos observavam à distância: o julgador (Moro) orientava e cooperava com o acusador (força-tarefa da Lava Jato). Aquilo que a modernidade liberal separou, em nome da justiça penal, a Lava Jato uniu. Não bastasse a desconfiança que já pairava sobre a operação, que se agravou no período eleitoral e piorou com a conversão do herói em ministro do governo que se beneficiou de seu heroísmo, agora podemos ler até as conversas. A missão de limpar o Brasil não era só retórica de declarações públicas, e permeava as trocas íntimas entre dois de seus principais atores, Moro e Dallagnol.

Houve corrupção de funções no maior processo de combate à corrupção da história do país. Se isso já não era claro, se isso ainda não está claro, quando estará? A filosofia morista, que autoriza o juiz a dobrar o direito para fazer "o bem", afetou irremediavelmente a credibilidade das decisões tomadas ao longo dos anos da operação. Não fosse o bastante, o Intercept agora nos ajudou a dar um colorido literário ao caso e nos deu a Vaza Jato.

Se tudo isso afeta o passado, o que dizer do presente e do futuro? Sergio Moro é hoje um ministro da Justiça reduzido ao tamanho que lhe quis dar o presidente. Esse tamanho é muito menor do que qualquer um imaginava, mas ele esperava ao menos uma cadeira no Supremo Tribunal Federal como contrapartida. Em tempos de normalidade democrática, os fatos revelados dariam fim a esse sonho e tornariam inviável a continuidade de seu cargo no Ministério. No entanto, os tempos são outros, e o *la garantía soy yo* já se pronunciou: "Não se vislumbra qualquer anormalidade", nas suas palavras.

O combate à corrupção se faz com inteligência institucional, instrumentos sofisticados de controle e transparência. O Judiciário, se quiser contribuir, pode fazê-lo por meio de juízes anti-heróis, que entendam a delicadeza de sua função e o valor de seu único capital — a imagem de imparcialidade. Isso já é muito, e é suficiente. Há heroísmo nessa tarefa, um heroísmo que pertence à instituição, não a seus indivíduos. O heroísmo de juízes faz estragos no estado de direito. É falsa virtude.

10 de junho de 2019

33.
Tribunais de negócios

Na abertura do ano judicial de 2019, Dias Toffoli anunciou um "pacto republicano" entre os poderes. Almejava facilitar "reformas fundamentais" para o país, como a previdenciária e a tributária. Contrabandeou um termo nobre do pensamento político para batizar uma ideia vazia cujo recheio segue em aberto. Apesar de não ter autoridade para fechar um contrato de colaboração com outros poderes, Toffoli tem insistido na proposta à revelia de seus colegas de corte. Quer redesenhar a separação de poderes e construir um arranjo que valorize a "união". Apesar de inócuo do ponto de vista jurídico, o sinal é potente do ponto de vista político. Como diz Jair Bolsonaro: "É muito bom termos aqui a Justiça ao nosso lado".

Uma das ironias do pacto é o adjetivo escolhido. O ideal republicano é uma lente aguda para se diagnosticar as mais graves patologias do Judiciário brasileiro. Esse ideal faz várias exigências ao exercício do poder: a não arbitrariedade; a divisão e o controle mútuo entre instituições; a impessoalidade e imparcialidade; a publicidade de atos e conflitos de interesse. Seu norte é o interesse público, que não se confunde com a soma de interesses privados. Seu alvo é a corrupção em todas as suas modalidades jurídicas e não jurídicas: o abuso de poder, o uso de recursos de autoridade para fins privados (patrimonialismo), o nepotismo, o favoritismo, a negociação do interesse público.

O pacto ainda não foi assinado, mas já começa a lançar sua sombra a todo e qualquer ato de Toffoli. Ao retirar da pauta os casos sobre criminalização da homofobia e tráfico de drogas, já nos permite perguntar se a colaboração começou. A sonegação de critérios públicos para definição de agenda do STF é apenas um exemplo. Há uma profusão de outros: ter empresa de ensino jurídico que presta serviços a órgãos estatais e negocia patrocínios com empresas interessadas nos casos do STF, como Gilmar Mendes; fazer lobby pela nomeação das filhas como desembargadoras em tribunais, como Luiz Fux e Marco Aurélio; negociar a constitucionalidade do auxílio-moradia de juízes em troca do aumento salarial no meio da maior crise econômica em cem anos. Há muitos outros.

O Judiciário poderia nos agraciar com algo menos republicano que o "pacto republicano"? Ao lado das "negociações de constitucionalidade" feitas pelo STF, tribunais inferiores também fazem "permutas de legalidade". Em 2017, a pesquisadora Luciana Zaffalon defendeu tese acadêmica que gerou grande repercussão na imprensa: mostrava que presidentes do Tribunal de Justiça de São Paulo suspendiam decisões de juízes de primeira instância que condenavam o Estado a implementar direitos básicos, por exemplo, de pessoas presas. Em troca, o Estado concedia vultosas suplementações orçamentárias para atender a interesses pecuniários da corporação. Uma genuína "união" entre os poderes como nem Toffoli poderia esperar. A reação corporativa contra a pesquisadora não demorou e sua demissão foi "sugerida" em diversos telefonemas para o presidente do instituto em que trabalhava (Instituto Brasileiro de Ciências Criminais).

Inspirada nessa pesquisa, acaba de ser lançada a plataforma Justa, que ampliará a análise da disputa orçamentária para outros tribunais do país. Os números são impressionantes, e o sítio eletrônico merece ser visitado. Ali entendemos como um desembargador pode negar fornecimento regular de água a um presídio superlotado com o seguinte argumento: "A população carcerária do local, de uma forma ou de outra, tem sobrevivido, como mostra o relatório do CNJ, que não aponta rebeliões, fuga ou morte entre presos". A contrapartida vem na conta bancária.

O Judiciário brasileiro é uma oficina de artes antirrepublicanas ("corrupção institucional", para quem não curte o eufemismo). Ali mora a magistocracia, estrato da magistratura que zela pelos privilégios da corporação que ocupa o 0,08% mais alto da pirâmide social brasileira. Custe o que custar. Outras carreiras jurídicas são eticamente parceiras. A magistocracia é liderada por homens de negócios que se encarregam de parasitar o orçamento e o interesse públicos. Um movimento anticorrupção precisa ser mais sincero nas intenções, mais abrangente no conceito, mais profundo no escopo. É improvável que um poder constituído pelo sequestro do interesse público faça combate honesto à corrupção. Poderia começar limpando a própria casa.

13 de junho de 2019

34.
Comer o pão que o STF amassou

Jair Bolsonaro descobriu quão vulnerável é um tribunal que despreza sua institucionalidade e se deixa governar pelo humor e interesses de seus ministros. Neutralizá-lo é menos trabalhoso do que pensava. Tempos atrás, aventava usar a cartilha autocrática de cooptação de cortes insubordinadas ao regime (como fizeram Getúlio Vargas e a ditadura militar, Chávez na Venezuela, Orbán na Hungria, Erdoğan na Turquia, os Kaczyński na Polônia): aumentar o número de cadeiras, nomear apologistas, aposentar os irresignados. Foram balões de ensaio sem compromisso. Eduardo Bolsonaro também sugeriu a saída força bruta: "um soldado e um cabo", a mais popular alegoria do fim. "Fechar o STF" tornou-se um tema, um tema falado em público. Em pesquisa recente, constatou-se que 38% da população apoia a ideia, contra 14% em 2008.

Se o tribunal não respeita a si mesmo, para que sujar as mãos com as tintas do autoritarismo? Jair percebeu que há um atalho mais silencioso: "Com todo o respeito, mas criminalizar homofobia é uma decisão completamente equivocada. Além de o STF legislar, está aprofundando a luta de classes. Se tem um evangélico lá, pedia vista e sentava lá em cima por anos".

Basta nomear um ministro. Sozinho, ele será capaz de obstruir a agenda constitucional do país. Essa é a descoberta. "Sentar no processo" por anos a fio é uma técnica de obstrução patenteada pelo STF. Pode ser passiva ou ativa: passiva, quando o relator engaveta o caso e não solta; quando o presidente da corte engaveta e não pauta; quando um ministro qualquer pede vista e engaveta; ativa, quando o ministro relator toma decisão monocrática e engaveta. Esse é o menu desenvolvido pelo STF. Estará à disposição de qualquer novo ministro.

O que fez Gilmar Mendes no caso de financiamento empresarial de campanha? O que fez Luiz Fux com a manutenção ilegal do auxílio-moradia para juízes? O que fez Cármen Lúcia com o caso execução provisória da pena? O que fizeram Lewandowski e Cármen Lúcia com o caso que discutia a instituição do parlamentarismo? O que fez Teori Zavascki, depois Alexandre de Moraes, e agora Dias Toffoli com o caso sobre tráfico de drogas? Sentaram no processo e deixaram a democracia aguardando. Não se sentiram constrangidos a dar explicação pública sobre o assunto, mesmo que a Constituição o exija.

O diabo mora nos procedimentos do STF. E um diabo sozinho pode infernizar o tribunal. A ironia é que será ele, o futuro ministro evangélico que Bolsonaro promete nomear, a fazer o STF comer o pão que o STF amassou.

Um candidato está em campanha para a cadeira. Por suas postagens no Twitter, o juiz Marcelo Bretas mostra senso de oportunidade: "A teoria da separação de poderes foi mesmo idealizada por Montesquieu? Veja o que o profeta Isaías escrevera aproximadamente 2500 anos antes dele: 'Porque o Senhor é o nosso Juiz; o Senhor é nosso Legislador; o Senhor é o nosso Rei; ele nos salvará'". Apressado, concluí que ele se contradizia ao invocar, como origem da separação de poderes, uma passagem bíblica que define o seu contrário — a fusão de funções. Mas Bretas está certo, e Montesquieu nada mais fez do que interpretar Isaías: se Deus, e somente Deus, pôde reunir as três funções, resta aos homens separá-las. Fundi-las é pretender passar por Deus e cometer o pecado satânico da soberba. Erraram os historiadores da filosofia que precederam

Bretas nos últimos duzentos anos e pensavam que Montesquieu apenas descrevia a Inglaterra do século XVIII.

Terá sido um recado a Sergio Moro, que, mal versado em conhecimentos bíblicos, enveredou pela missão diabólica de acumular funções na Lava Jato? Ou terá sido um aceno a Bolsonaro, que já se reconheceu ungido de Deus, portanto biblicamente autorizado a ignorar o Congresso e nos salvar da velha política? Para bom entendedor de teologia constitucional, meio tuíte de Bretas basta.

Só evite dar tanta bandeira, Jair. Depois, o que vão dizer se o seu ministro evangélico comportar-se exatamente como os atuais ministros do STF? Se a Criatura voltar-se contra o Criador, finja que não é com você. Eles, que são ministros brancos, que se entendam.

20 de junho de 2019

35.
Fiat lex! (o *fiat lux* de Sergio Moro)

E disse Deus: "Faça-se a
lei!". E a lei se fez
(Dixitque Deus fiat lege et facta est lege).

Gênesis 1,3, versão "nova era"

Sergio Moro está certo: é tudo normal. A promiscuidade, o impudor, a libertinagem judiciais existiram e continuam a se exibir nas salas de justiça, nos salões da política, no mundo virtual. Basta olhar para ver. Sob a permissão da *gran famiglia* judicial brasileira, promotores, procuradores e advogados lobistas cortejam juízes em congressos, confraternizações e jantares privados. Os vinhos com pelo menos "quatro premiações internacionais" exigidos pelo STF exalam o perfume da magistocracia. Sergio Moro fala a verdade: é o padrão da alta "cultura jurídica brasileira".

Nem todo juiz pertence à *gran famiglia* ou quer ser um magistocrata. Os usos e costumes judiciais, contudo, deixam-se governar por essa cúpula hegemônica. Ministros de cortes superiores colocam-se acima da Lei Orgânica da Magistratura, palpitam sobre a decisão de colegas e de legisladores, expressam seu juízo de conjuntura ao primeiro microfone; dão palestras fechadas em bancos e corporações (sem revelar remuneração), concedem entrada privilegiada em seus gabinetes a advogados amigos, recomendam filhos advogados para grandes cargos públicos. Não faz muito tempo que associações de juízes organizavam congressos em resorts patrocinados por empresas cobradas na justiça. Seguem recorrendo à baixa política para a "reposição" de um dos mais altos salários judiciais do mundo.

A invocação da luxúria judicial como álibi foi marota, mas Moro precisa de mais. Antes, deve responder a duas perguntas. É normal mesmo? As condutas até aqui reveladas pela parceria Intercept-*Folha* indicam uma extraordinária coordenação de atos processuais e midiáticos em favor da Operação Lava Jato. Há sinais até de sonegação de informações ao STF para evitar perder jurisdição sobre certos casos. Interações informais entre juízes e partes existem, mas nem toda interação é equivalente. Não é plausível afirmar que tudo que a Vaza Jato trouxe à tona cai na vala comum da normalidade.

Ainda que normal, seria legal? O teste de normalidade não pode ser confundido com o teste de legalidade, pois o primeiro não tem nada a dizer sobre o segundo. A defesa de Moro apela à hipótese da normalidade. Resta perguntar se o suposto fato muda a regra. Escutamos os ecos da "falácia naturalista" que David Hume celebrizou na filosofia: um fato corriqueiro, só por ser corriqueiro, não faz brotar uma permissão normativa (*you can't derive an ought from an is*).

Diante da leviandade do argumento "normal, portanto legal", Moro arriscou-se no atalho da autolegalidade. A autolegalidade é sua contribuição à "legalidade alternativa". Como se considera uma pessoa "de bem", título da nobiliarquia moral que concedeu a si mesmo à luz dos fins elevados que diz perseguir, afirma que seus desvios são legais por ser ele, e não qualquer um, que os pratica. Uma questão de caráter, não de procedimentos. O *fiat lex* é sua última cartada: é lei porque sou eu quem faz. Pelas lentes liberais, é uma cartada fraudulenta e antimoderna, claro, mas tem tudo para colar em tempos de euforia autoritária.

O legado de Sergio Moro como gestor de uma Lava Jato fora da lei pode até ser mais valioso do que teria sido numa Lava Jato dentro da lei.

O país passou a discutir imparcialidade judicial e a examinar como essa virtude institucional e individual se manifesta nos detalhes mais prosaicos: da relação do juiz com as partes, com terceiros interessados e com a mídia; da presença do juiz em reuniões informais e festas com políticos, lobistas e empresários; da credibilidade do juiz quando aceita virar ministro de um governo que, bem ou mal, suas decisões ajudaram a eleger; até diagramação arquitetônica da sala de julgamento, que posiciona o acusador como parceiro do juiz. Passou a se perguntar também se um homem que se vende como virtuoso em busca do bem está autorizado a violar a lei, e se fins grandiosos redimem meios espúrios; começou a perceber o perigo de confundir heroísmo judicial com salvação messiânica e o custo da idolatria para a democracia.

Luiz Fux disse que o juiz deve ser "olimpicamente independente", e que "o juiz independente é imparcial". Um recado para Moro. Os dois devem, agora, entender o que isso significa. A magistocracia ensina ética judicial pelo contraexemplo. Sempre aprendemos ao observar o que não fazer.

27 de junho de 2019

36.
A Lava Jato como álibi

A fronteira entre a corrupção criminosa e a corrupção normalizada depende de onde o corrupto se encontra no edifício do poder. A sociologia nos explica que o lugar mais confortável para corromper sem medo é o da autoridade que interpreta e aplica a lei. Esta tem o poder de legalizar a corrupção para benefício próprio e blindar-se de controle. Ou quase. Se for o lugar que interpreta e aplica a lei por último, como o STF, tanto melhor. Se for a presidência do STF, nem se fala.

A corrupção institucional do Judiciário se autolegalizou porque ele mesmo insiste que está tudo certo. Apesar de tudo o que vemos. A magistocracia, afinal, tem o dom do *fiat lex* ("faça-se a lei"): pode ter empresa de ensino mesmo que a Constituição proíba; pode dar palestra remunerada e manter valor sob sigilo mesmo que a Constituição vete, ou ao menos exija publicidade; pode usar esposa, filhos e familiares como testas de ferro de sua empresa de palestras (ou de advocacia); pode adotar métodos da baixa política para assegurar, nos bastidores, privilégios remuneratórios e previdenciários; pode falar fora dos autos sobre casos quaisquer mesmo que a Lei Orgânica e o Código de Ética da Magistratura não permitam; pode boicotar o colegiado e engavetar um caso sem prazo para retornar; pode firmar acordo com os poderes, prometer boa vontade com as reformas e chamá-lo de "pacto republicano"; pode fazer lobby pela nomeação de filhos a tribunal; em nome da luta contra a corrupção, ironicamente, pode mergulhar no populismo judicial, manipular a opinião pública por meio de vazamentos sintonizados no calendário eleitoral, quebrar a divisão de funções entre acusador e julgador.

Quem vai dizer que não pode? Os próprios corruptores?

A Lava Jato turbinou a blindagem da magistocracia. Tornou-se símbolo incorruptível de moralidade e gozou da presunção absoluta de legalidade. Não se testa sua legalidade, presume-se. Começou quando o TRF-4, na primeira oportunidade de impor balizas à operação, adotou uma extravagante tese de exceção: "soluções inéditas para casos inéditos", nas palavras do desembargador. O STF ousou fazer crítica pública aos métodos de Sergio Moro, mas se curvou às "respeitosas escusas" do juiz. O Conselho Nacional de Justiça não fez melhor e deixou as representações contra Moro na gaveta por anos. Continuam lá, de molho. A microcorrupção foi autorizada como contrapartida ao combate à macrocorrupção. A diferença entre micro e macro, claro, é arbitrária e foi definida de cima para baixo, segundo os ares da opinião pública. Um truque retórico. E autoritário. A micro pode ser maior e mais perniciosa que a macro.

A Vaza Jato expôs uma grande fissura dessa couraça. Sergio Moro e Deltan Dallagnol, protagonistas, vêm desde então misturando estratégias de autodefesa. Alternaram a fase do "tudo normal, portanto legal", um contrabando da legalidade dentro da normalidade de condutas promíscuas; a fase da "*la garantía soy yo*, portanto legal", prêmio exclusivo para pessoas dotadas de nobreza moral; a fase do "se a operação não fosse assim, os ladrões não estariam presos", aposta contrafactual sem maior esforço argumentativo; a fase "Glenn Greenwald violou regra básica do jornalismo e deveria ter consultado as pessoas envolvidas" (como se Bob Woodward tivesse que perguntar a Richard Nixon antes de disparar o Watergate); e também a fase "o pior já passou, o resto é repetição". Diante dos planos de enriquecimento pessoal de Deltan, vazados na última semana, entramos na fase "essa campanha contra a Lava Jato e a favor da corrupção está beirando o ridículo", como tuitou Moro.

A Lava Jato já foi o álibi perfeito. Forçava-nos todos a uma camisa de força: ou se é defensor da Lava Jato, ou se é defensor da corrupção. Interditou a crítica. A fraude dessa classificação binária ficou mais óbvia. A Lava Jato foi uma rara oportunidade de aperfeiçoamento institucional. Perdeu-se. Seus operadores falharam no mais elementar. E no fundamental também. Faltou prudência, discrição e ética profissional. Faltou integridade e inteligência jurídica. Sobrou deslumbramento e desrespeito à lei. A Vaza Jato fez incontornável a corrupção que preferíamos não ver. O negacionismo impediu correções de rota.

A má notícia é que as instituições de justiça, fiadoras do prejuízo democrático, não têm vocação para dar uma resposta à altura. A boa notícia é que disso nós já sabíamos e não precisaremos de Greenwald nenhum para nos contar.

18 de julho de 2019

37.
Colaboração premiada (em toffolês)

No toffolês, as letras enganam. Dialeto arranhado do juridiquês, essa língua estrangeira enfeitada por muito arcaísmo, pouca concisão e nenhuma objetividade, o toffolês se decifra mais pelos trejeitos e fraquezas da pessoa que fala do que pela literalidade. Se o húngaro é a única língua que o diabo respeita, o toffolês talvez seja a única língua que respeita Bolsonaro. Uma língua que faz pinta de conteúdo para que o vácuo de pensamento passe despercebido.

O homem que sabia toffolês, hoje presidente do STF, usou da competência mais patológica do tribunal — o poder monocrático para decisões liminares a qualquer tempo, de qualquer duração — para suspender nada menos que a totalidade das investigações pré-judiciais, feitas com base em informações do Conselho de Controle de Atividades Financeiras (Coaf), contra crimes financeiros no país. Por ser presidente da corte, ter poder absoluto de pauta e, ainda por cima, acumular o papel de relator desse caso, o tema está ao sabor dos seus humores e amores.

A magnitude dos efeitos da liminar já foi listada por críticos: suspende e ameaça anular milhares de investigações em curso; joga fora todo recurso público e energia institucional investidos; desobedece à regra do Grupo de Ação Financeira contra a Lavagem de Dinheiro, que reúne 35 países; pode impactar avaliação de risco do país e causar punição internacional; afasta investidores e torna o Brasil um lugar atraente para crimes financeiros globais.

Se boas razões jurídicas houvesse, mereceria respeito. Frustrou-se, contudo, quem esperava explicação de fôlego para uma decisão de tamanho impacto. Encontramos razões de ocasião com a leniência argumentativa de praxe. Em nome da segurança jurídica, Toffoli desrespeitou decisão de 2017 do plenário do STF. O precedente entendia que, em nenhuma hipótese, a suspensão de processos "abrangerá inquéritos policiais ou procedimentos investigatórios do Ministério Público" (RE [Recurso Extraordinário] 966177). Gerou insegurança jurídica. Faltou também base legal, pois o Código de Processo autoriza o STF a suspender processos, não investigações preliminares (artigo 1035).

A fundamentação não ficou só no texto escrito. Em declarações opinativas à imprensa — essa outra licença ética dos ministros —, afirmou: "É fascista, no sentido de autoritário, o Estado que não garante ao cidadão o direito à privacidade, à intimidade". Não sei se existe um sentido não autoritário de fascismo, mas todos concordamos com a frase. Desconheço alguém que não assine embaixo. Só faltou explicar por que e como se aplica ao caso.

Os efeitos são dramáticos, as razões jurídicas são ralas, mas o problema maior é outro. No STF, o diabo mora no procedimento (ou na falta dele): a decisão foi tomada não pelo tribunal, mas por um ministro sozinho; não no tempo regular, mas no recesso judicial, em que decisões só se justificam quando excepcionais à última potência; deu-se poucas horas depois que o pedido de Flávio Bolsonaro pousou no tribunal; resolveu, abruptamente, suspender regra em vigência há anos, o que não fez em casos similares; para agravar, ao escantear o plenário e personalizar a decisão, jogou sobre si a sombra da suspeição, pois beneficiou indiretamente a própria esposa e outro ministro da corte que sofrem investigações; ainda reforça, outra vez, a hipótese de que a presidência do STF negocia constitucionalidade com o governo que o ataca.

Desaprendemos a ler decisões do STF. Preferimos olhar as entrelinhas e os bastidores, interpretá-las à luz de quem tem interesse no quê, do quanto cada ministro e familiares lucram com isso. O texto passou a ser supérfluo, um desperdício de tempo, inclusive para juristas. O STF se fez o tribunal do obscurantismo procedimental e da arbitrariedade argumentativa. Na falta de qualquer padrão decisório, libera-se de qualquer constrangimento ou limite.

Meses atrás, Toffoli se confessava um "cordeiro imolado para fazer o bem". Assegurava que, cedo ou tarde, "vão reconhecer que estamos certos". Nesta semana, ponderou que "o exercício da árdua missão de julgar revela-se ainda mais desafiador em um mundo globalizado, digitalmente conectado".

Esse "mundo globalizado, digitalmente conectado" é o seu pesadelo. Com ferramentas potentes para vasculhar o tribunal e demonstrar suas disfuncionalidades, com mais capacidade computacional para fazer contas e visualizar relações espúrias que antes se escondiam no oceano de decisões do STF, a pesquisa acadêmica e jornalística perdeu a reverência. A vocação colaboracionista da presidência do STF, por baixo da capa aborrecida do toffolês, ficou indisfarçável. Qual será o prêmio por tamanha submediocridade?

25 de julho de 2019

38.
O curioso caso do juiz-empresário

Voltamos a desconfiar do comportamento do juiz e do promotor brasileiros. A magistocracia se arma, pois não gosta de ter sua integridade posta em dúvida. Prefere gozar de seus privilégios sem alarde e evitar indignação alheia. Além dos deveres que decorrem da ética profissional elementar, a Constituição de 1988 é categórica: "Aos juízes é vedado exercer outro cargo ou função, salvo uma de magistério" (artigo 95, parágrafo único, I). O mesmo vale para promotores (artigo 128, II, d).

Simples, não? Há linhas vermelhas que magistrados não podem cruzar para não corromper a imparcialidade. Entre elas, não podem se dedicar a outras atividades, exceto "uma de magistério". Essa seria a "interpretação literal" da regra, apegada à letra da lei. Os manuais jurídicos nos ensinam, porém, que devemos ir além da letra e oferecem outros métodos: o "histórico", que busca compreender o contexto de origem da regra; o "teleológico", que busca o propósito de fundo da regra; o "sistemático", que busca entender a conexão da regra com outras regras.

No caso da vedação constitucional a juízes e promotores, todos os caminhos interpretativos levam ao mesmo endereço: do ponto de vista histórico, num contexto de transição para a democracia em 1988, a vedação protege a independência judicial contra ingerência de outros interesses; o propósito de fundo da regra é consolidar a modernização de funções de Estado à luz de princípios republicanos contra o patrimonialismo (confusão do público com o privado); do ponto de vista sistemático, não há outra regra constitucional que permita relativizar a vedação. Juízes e promotores podem ser só juízes e promotores mesmo. Excepcionalmente, professores. Atividades negociais estão proibidas.

Como conceber o juiz-empresário? Há pelo menos duas categorias: 1) o juiz empreendedor corporativo, que constrói ou dirige, de fato, sociedade lucrativa, e usa influência junto ao poder político e econômico; 2) o juiz empreendedor de si mesmo, que se vende como palestrante no mercado de grandes corporações com múltiplos interesses no Judiciário. Em ambas as categorias, o empreendimento depende de sua condição de juiz ou promotor. É ele o produto, o captador de negócios.

Duas estratégias foram criadas para escapar da vedação constitucional. No caso do juiz sócio de empresa, alega-se que a Lei Orgânica da Magistratura Nacional (Loman), de 1979, permite-lhe ser "acionista ou quotista" (artigo 36, I). A resposta à explicação marota é banal: a regra da Loman é inconstitucional, pois amplia o que a Constituição restringe. Mas a magistocracia quer forçar a amizade com a Constituição e dizer que uma lei de 1979 cria uma exceção a mais ao que o constituinte vedou em 1988. Por que a Constituição de 1988 teria omitido outras exceções?

A segunda estratégia é confundir "função de magistério", que significa ser professor de instituição de ensino, com "palestrante remunerado". Tanto na palestra remunerada quanto na aula dentro de um curso, há uma pessoa que fala sobre tema qualquer para audiência que a ouve. A semelhança, contudo, é de superfície, e é irrelevante para a vedação constitucional. A estrutura de incentivos econômicos, os potenciais conflitos de interesse e o "modelo de negócio" são diversos. Como diz Elio Gaspari, eventos assim costumam ser uma "confraternização do andar de cima", "ocasiões para fazer amigos e influenciar pessoas". Não há melhor oportunidade de um banco ou escritório de advocacia praticar lobby no Judiciário do que chamar um juiz de corte superior para palestra. Por prevenção, a Constituição vedou. Por desfaçatez, a magistocracia ignorou.

Instituições de controle como o Conselho Nacional de Justiça e o Conselho Nacional do Ministério Público têm um dilema: defender um Judiciário e um Ministério Público republicanos ou a magistocracia? A instituição ou a corporação? Escolheram a segunda opção, sinônima de corrupção institucional. Decidiram que, em nome da privacidade, rendas extras sequer precisam ser divulgadas. Janaina Paschoal propôs uma solução: que se pague pela palestra o mesmo valor da aula. Não entendeu que o dinheiro é o menor dos problemas.

Em resumo: podia, era imoral, mas, desde 1988, não pode mais. Podia, não pode mais, mas continua podendo no território dos homens da lei. O STF poderia moralizar a coisa. Mas como moralizar quando o maior juiz-empresário do país é ministro do STF e emprega outros ministros? O juiz-empresário é, acima de tudo, um juiz inconstitucional. A magistocracia sabe se defender em silêncio.

30 de julho de 2019

39.
Com o Supremo, sem nada

A crise política brasileira tem lá seu apelo subliterário. Não se pode negar que os diálogos vazados ou interceptados, de parte a parte, e as tantas reviravoltas na trama rendem a história pastosa e inverossímil que só um roteirista de série televisiva poderia oferecer. Poucos diálogos foram tão indicativos da ruína pública do Supremo Tribunal Federal quanto aquele travado entre o ex-ministro Romero Jucá e um empresário. Jucá dizia em 2015 ter conversado com ministros do STF e que a solução contra o avanço da Lava Jato, àquela altura, seria "um grande acordo nacional, com o Supremo, com tudo". Ficou por isso mesmo. No redemoinho da autocorrosão institucional por que passam as instituições de controle, os diálogos vão se apagando da memória sem maior consequência.

A Constituição brasileira de 1988 também apostou que, "com o Supremo", as turbulências democráticas seriam reconduzidas ao trilho constitucional. A aposta não tinha o cinismo de Jucá, mas o otimismo de uma refundação política. Ulysses Guimarães prometia a "Constituição do homem, pelo homem e para o homem. A Constituição da mudança e não do status quo, a Constituição do amanhã, com cheiro de amanhã e não com cheiro de mofo". Não percebia que o STF, naquele dia, já entrava na nova ordem constitucional com cheiro de mofo.

Os ministros da época, que a ditadura deixou de herança à democracia, agiram durante a constituinte para que o STF apenas acumulasse novos poderes e competências, não para que concentrasse sua energia no crucial e fosse redimensionado. Não foi pensando em eficiência e funcionalidade que nasceu aquele STF. Nasceu mofado, e bem mais pesado. Mesmo assim, esperava-se que fosse um lastro dinâmico da democracia. Um ator acima de qualquer suspeita, que orientasse a política constitucional com inteligência e autonomia.

Esse mastodonte do "pode tudo ao mesmo tempo agora", nas décadas seguintes, acumulou ainda mais competências (por meio das emendas constitucionais nº 3, de 1993, e nº 45, de 2004, e também de inovações jurisprudenciais e procedimentais). Trocou "destruição criativa", que poderia reformar e racionalizar seu modus operandi, por "criatividade destrutiva", que afeta cada vez mais a reputação da corte. Alguns ministros, para completar, ainda embarcaram na libertinagem ética.

A hipertrofia de casos tentou ser administrada pela divisão de trabalho interno e multiplicação da capacidade de trabalho dos ministros por onze. Cada ministro foi dotado de imenso poder monocrático e de obstrução. Não foi só uma preocupação em dar conta da imensidão de demandas, como gostam de dizer ("dar conta" da quantidade, de fato, o STF nunca deu). Foi um movimento de concentração de poder no ministro individual, em prejuízo da corte. Perdeu o plenário, ganharam os onze gabinetes. Construiu-se um tribunal de solistas, fragmentado, sem coordenação. Um tribunal mais suscetível à captura externa. Decide o que quiser, quando quiser, conforme a vontade de cada ministro e as condições de temperatura e pressão. Anomalia única no mundo.

Todo esse quadro já foi bem diagnosticado. É sabido que o STF permanece surdo às críticas honestas e empiricamente informadas que a ele se dirigem. Foram críticas de estudiosos preocupados com o desempenho da corte, que não deixam de reconhecer decisões importantes tomadas nesse caminho. Enquanto se ignoravam as críticas dos parceiros, o mais perigoso adversário do tribunal ascendeu ao poder, sem nenhuma vontade construtiva, mas "desconstrutiva". Quando Bolsonaro disse "Vamos desconstruir muita coisa", o STF fazia parte do pacote.

Do ciclo eleitoral de 2014 para cá, o STF enredou-se em muitas "histórias mal contadas". Quer dizer, em decisões contraditórias e mal explicadas que tinham muito em jogo para passar despercebidas. Com o acirramento do antagonismo político brasileiro, do qual o STF, antes de ser vítima, é coautor, as decisões, contradecisões e não decisões do tribunal passaram a custar muito mais caro. E ao ter recebido os casos da grande corrupção e os submetido à dieta arbitrária de seus procedimentos, o STF entrou no epicentro da crise não só como gestor, mas como alvo.

A pauta bolsonarista

Em julho de 2019, completados seis meses do novo governo, acumulou-se na mesa (e nas gavetas) do STF a "pauta bolsonarista". Ela se define menos por complexidade jurídica fora do comum, mais por sua alta octanagem política diante de um governo que opera por ataque a instituições e à legalidade. O governo Bolsonaro conhece os limites institucionais do STF e a fragilidade de sua autoridade. Já no primeiro semestre, adotou a estratégia da "Blitzkrieg desconstituinte", a produção numerosa de atos de inconstitucionalidade evidente. Tão numerosa que inunda e sufoca a energia institucional do STF e de outros órgãos de controle.

A pauta bolsonarista reúne três tipos de agenda: 1) os casos de direitos e liberdades públicas que tocam na veia conservadora do bolsonarismo; 2) os casos da Lava Jato, que tocam na veia messiânica da "nova era"; 3) os casos que analisam atos do governo Bolsonaro. Ainda que as agendas 1 e 2 não tenham sido produzidas no contexto do novo governo, as tensões que despertam são turbinadas pelo bolsonarismo e cumprem papel central na política do "pânico e circo", na gritaria pública e na chuva de notícias falsas nas redes. Vale agrupar exemplos importantes desses casos para se ter a dimensão do conjunto:

1) Direitos e liberdades

No campo das liberdades, neste semestre o STF considerou crime a homofobia e recebeu em troca a promessa bolsonara de um ministro "terrivelmente evangélico". Em diferentes estágios de julgamento, estão pendentes temas como: descriminalização do aborto para grávidas com vírus zika e para grávidas em geral; uso de banheiro público por transexuais de acordo com identidade de gênero; direito de homossexuais de doarem sangue; dever de escolas combaterem o bullying contra estudantes LGBT; cumprimento de pena em presídios femininos por mulheres transexuais e travestis; restrições à liberdade pedagógica; descriminalização do porte de drogas para uso pessoal.

2) Lava Jato e "nova era"

Na rubrica da Lava Jato, pende o mais explosivo caso na história do STF: as múltiplas ações que podem resultar na libertação do ex-presidente Lula; o julgamento da suspeição de Sergio Moro; acusação contra Flávio Bolsonaro; criação de uma fundação anticorrupção pela Lava Jato; inquérito para apuração de notícias falsas contra o STF. Entre muitos outros.

3) Medidas do governo Bolsonaro

A única medida já julgada pelo STF foi a extinção dos conselhos de participação na Administração Pública Federal, que impôs uma primeira derrota ao governo. Ao mesmo tempo, o julgamento do decreto liberatório das armas representa a grande refugada do semestre. Ao revogar o decreto que estava para ser

julgado e, em poucas horas, reeditá-lo com conteúdo praticamente idêntico ao anterior, o presidente cometeu fraude à separação de poderes. O presidente do STF, Dias Toffoli, aceitou
a manobra, tirou de pauta e ficou em silêncio. Em diferentes estágios de julgamento, estão pendentes os casos sobre:
competência para demarcação de terras indígenas; extinção
do Ministério do Trabalho; contingenciamento de recursos
de universidades federais; reedição da Medida Provisória sobre o Código Florestal; liberação de emendas parlamentares
para votação favorável à reforma da Previdência.

A pauta bolsonarista deve continuar a crescer. Faz parte da
Blitzkrieg. Em breve, o STF deve receber o questionamento
da indicação do filho do presidente para a embaixada dos Estados Unidos; a reconfiguração das questões do Censo; a extinção do Mecanismo de Combate à Tortura; a interpelação de
Bolsonaro pelo presidente da Ordem dos Advogados do Brasil (OAB) por ter se referido aos mortos pela ditadura; e a ação
criminal, contra Bolsonaro, dos acusados no mesmo episódio
de assassinato durante a ditadura.

O manejo da pauta bolsonarista

Como reagir à Blitzkrieg que inunda e sufoca? O presidente
do STF, que tem o monopólio da pauta de julgamento, escolhe o caso que entra, o que não entra e o que sai depois de entrar, sem maiores satisfações. Toffoli anunciou, como grande
inovação de sua gestão, a publicidade semestral da pauta. Divulgou a pauta do primeiro semestre de 2019 em dezembro de
2018. Chegamos ao final do semestre e o que se pode dizer?
   Toffoli declarou: "Desafio a apresentarem uma suprema
corte no mundo que tenha no primeiro semestre julgado tantos
feitos". Eu também desafio. Mas o ponto nunca foi a quantidade.

Como mostraram Felipe Recondo e Luiz Gomes Esteves, a eficiência e a transparência propagandeadas escondem mais problemas. A começar pelos casos que estavam na pauta semestral e saíram, sem maiores motivações. Não foram poucos, e não foram desimportantes: por exemplo, o já longevo caso sobre porte de drogas e o da prisão após decisão de segunda instância.

Segundo Recondo e Esteves, o semestre do plenário tinha em pauta 295 casos, dos quais 126 foram apreciados e sessenta com julgamento definitivo. No dia em que estava em pauta o porte de drogas, discutia-se se cartórios civis podiam ser remunerados. Quando estava em pauta o tema da prisão após decisão em segunda instância, discutia-se a Lei das Estatais. Os casos na fila não foram para a sessão seguinte, simplesmente sumiram da pauta. Uma questão de prioridades. Na pauta do segundo semestre, lemos uma lista que, à luz da experiência, sabemos ser apenas uma carta de intenções que poderá ser solenemente ignorada.

Por que o STF está sob ataque?

Luís Roberto Barroso, em palestra recente, contou que tem se perguntado "Por que o STF está sob ataque". Responde que há uma percepção "em grande parte da sociedade brasileira de que o STF é um obstáculo na luta contra a corrupção". Ensaiou também hipótese mais abrangente: "Uma corte que repetidas vezes toma decisões com as quais a sociedade não concorda e não entende, aí se tem um problema". Acho que estava pensando em corrupção de novo. O tema é uma de suas obsessões atuais. E de muita gente. Mas Barroso faz grandes generalizações sobre os desejos éticos dessa entidade abstrata e homogênea chamada "sociedade brasileira".

O apelo à cruzada redentora de combate à corrupção para justificar heterodoxias jurídicas, no lugar de debater objetivamente, caso a caso, interpretação da lei e condutas do STF, é um caminho cheio de perigos. Primeiro, porque supõe que aqueles que discordam são aliados da corrupção. A partir dessa disfarçada presunção de superioridade moral, despreza a divergência dentro e fora da corte, e lança sobre o interlocutor o dever de provar que não é corrupto.

Segundo, porque é autocomplacente e reducionista: a razão do descrédito do STF se resumiria ao fato de não embarcar, em peso, na filosofia jurídica da Lava Jato. Depois da Vaza Jato, esse discurso perdeu músculo. O apelo ao combate à corrupção serve como uma sirene censora para inibir quem levanta dúvidas, pondera e pede mais análise. Cria um embate entre retórica e argumento, entre a política da exclamação e a da interrogação. E induz uma perversa assimetria moral entre os que conversam. Nesse tipo de conversa, o vencedor vem predefinido.

Mas Barroso tem razão ao apontar um problema quando a sociedade "não concorda e não entende" a corte. O problema, entretanto, não está ligado ao fato de que pessoas discordam da decisão no caso x ou no caso y. A incompreensão mais relevante está mais no "conjunto da obra", individual e institucional, do que nas oscilações em casos específicos da Lava Jato (que apenas jogaram luz na ingovernabilidade do tribunal).

O comportamento da corte "faz parecer" que há algo estranho ocorrendo nas entrelinhas, concordemos ou não com a decisão. O "fazer parecer" é fundamental. É a isso, e não a hipóteses impressionistas sobre o que pensa a "sociedade brasileira", que deveríamos dar mais atenção. Nem seria pertinente fazer uma pesquisa de opinião popular. Para esse fim, o Ibope pouco importa. Que a população está indignada com a corrupção, já sabemos. Você e eu também estamos.

Assistimos neste semestre às mais sistemáticas agressões ao STF nos últimos trinta anos. O ataque também se dirige ao edifício institucional das políticas públicas. São inéditas em volume, quantidade e malignidade. Cobrar do tribunal refinamento jurídico, coragem política e presteza decisória é o dever cívico de sempre. Mas sem inocência ou autoengano. Não há, na história recente do STF, nada que nos autorize o otimismo. A frustração com a tibieza da corte é tão certa quanto o plano de Bolsonaro de sujeitá-la ao projeto, nas suas palavras, de "desconstrução". Não fosse trágico o bastante, o Executivo bolsonarista ainda tem a sorte de contar com a dupla Toffux na presidência da corte.

A dupla Toffux forjou em coautoria essa invenção tão brasileira: a negociação de constitucionalidade. O governo encomenda uma interpretação constitucional sob medida, ou uma obstrução processual qualquer. A corte entrega e recebe em contrapartida algum regalo. Foi assim com o auxílio-moradia, foi assim com as investigações sobre Flávio Bolsonaro (que se beneficiou em janeiro de uma decisão de Fux, e em julho de uma decisão de Toffoli, ambas coincidentemente no recesso, ambas ilegais). A dupla Toffux tem a vocação da sobrevivência. Individual, não institucional.

Cortes constitucionais, como o STF, precisam pairar acima da guerra partidária e do choque de interesses para realizar o interesse geral na democracia. Ou, na tradução jurídica, proteger a Constituição. Seus ministros não são eleitos. Esse é seu grande trunfo e seu grande ônus.

A história política oferece exemplos de como instituições pensadas para desempenhar papel semelhante, mas compostas por meio da eleição de seus membros, foram diluídas no conflito partidário que o mecanismo eleitoral desperta. A legitimidade eleitoral serve para certas funções, não para outras. Instituições não eleitas, mais do que as eleitas, têm uma responsabilidade especial de "demonstrar suas qualidades", como afirma o filósofo Pierre Rosanvallon. Ele observa como o recente declínio da confiança da sociedade norte-americana na sua Suprema Corte, por exemplo, tem menos a ver com o fato de ser, supostamente, uma "instituição aristocrática", e mais com a percepção de que se tornou menos objetiva, mais partidária, mais irracional.

O trunfo de não ser eleito vem sendo renunciado por ministros do STF. A renúncia, combinada com a pauta bolsonarista, é um dos caminhos certos de corrosão democrática. Ministros não observam o ônus que vem junto daquele trunfo. Um bom Supremo não depende apenas de uma arquitetura bem planejada na prancheta do constituinte, mas de bons ministros. Importa quem eles são e como se comportam dentro e fora da praça dos Três Poderes. Importam os espaços e as pessoas que frequentam, os protocolos que se dispõem a cumprir ou a quebrar. Disso depende a estatura do tribunal e a relevância que terá no resgate de uma ordem constitucional que não seja só fachada. Pois, de fachada, ela já tem muito.

1º de agosto de 2019

40.
Gilmar amava Sergio, que amava Gilmar

*Gilmar amava Sergio, que amava
Deltan, que amava Raquel,*

*que amava Toffoli, que amava
Jair, que não amava ninguém,*

*nem mesmo Gilmar, que odiava
Sergio, que odiava Gilmar.*

Entre o amor e o ódio, o impeachment.

O que demoveu o coração de Gilmar?

*Um novo argumento? Ou
terá sido o impedimento?*

"Quadrilha", Carlos Drummond
de Andrade, versão "nova era"

Sergio Moro e Gilmar Mendes se odeiam. Ou é o que parece. Mas não se deixe enganar: o mal que fazem a instituições e costumes políticos tem um mesmo DNA. Nenhuma outra dupla, sozinha, em tão pouco tempo, deu contribuição comparável à erosão da democracia brasileira. Jair veio depois, na cratera que a dupla ajudou a cavar. Gilmar lá em cima, conduzindo o caminhão desgovernado. Moro lá embaixo, com a enxada e sua turma de Telegram. São primos-irmãos no desprezo a rituais de imparcialidade e parceiros da corrupção institucional. Quando o alvo é um inimigo, não há direito que os detenha.

A pose de heroísmo e o éthos de irresponsabilidade de ambos, entre muitas outras coisas, explicam onde estamos. Mas Gilmar não se faz de togado e quer marcar distância desse "grupo de deslumbrados": "Não se combate crime cometendo crime". "No fundo, é um jogo de compadres. É uma organização criminosa para investigar pessoas." "Estão no mesmo patamar ético de verdadeiros criminosos." "Gente sem nenhuma maturidade. Corrupta na expressão do termo." "Quando algum agente se coloca acima da lei, o sistema rui e nós temos que nos preocupar." "Descemos demais na escala das degradações. Gente que tem que ter imparcialidade, que tem que ter decência." E pede desculpas pelo STF: "É um grande vexame e participamos disso. Somos cúmplices dessa gente".

"This is esculhambation", como gosta de dizer. Justo ele. O mesmo que se reuniu com Eduardo Cunha para discutir impeachment; que ligou ao governador de Mato Grosso, investigado no STF, e prometeu ajuda; que mantinha linha direta com Aécio Neves e prometeu articular-se com o senador Flexa Ribeiro por votação no Congresso; que realizou jantares em homenagem a José Serra e Blairo Maggi, e fazia discursos inflamados contra a corrupção para incendiar o clima do impeachment; que criou, sozinho, à revelia do plenário do STF, a doutrina que permite anular nomeações presidenciais (vale para uns, não vale para outros); que mandou dizer ao colega Lewandowski que este não passa na "prova dos nove do jardim de infância do direito constitucional"; que nunca viu problema em negociar patrocínio com Joesley Batista, ou em julgar ação de habeas corpus de Jacob Barata ou de Eike Batista, apesar de o advogado ser sócio de sua esposa; que frequentava o Palácio do Jaburu enquanto julgava a cassação da chapa Dilma-Temer no TSE.

No TSE, a propósito, promoveu um teatro penoso e jogou a "modéstia às favas". O mesmo ministro que afirmou, em agosto de 2015, "Não podemos permitir que o país se transforme em um sindicato de ladrões", dois anos mais tarde, disse: "Há exageros. [...] É preciso moderar a sanha cassadora porque de fato você coloca em jogo outro valor, que é o valor do mandato, o valor da manifestação popular certa ou errada". E fez o lúcido lembrete de que a Constituição prefere "pagar o preço de um governo ruim e mal escolhido do que uma instabilidade no sistema ou golpes engendrados na calada da noite". Pelo menos garantiu: "Eu não tenho problema nenhum em mudar de opinião, e se mudo, faço com honestidade".

No senso comum, o lavajatismo se converteu na virtude do "manda prender", e Gilmar o símbolo degenerado do "manda soltar". Encarnam o choque entre um Brasil de homens de bem contra o velho Brasil governado por amigos do poder político e econômico. Na fachada, estão em polos opostos. De fato, têm personalidades distintas. Em Moro, a inconsequência é discreta, embrulhada na simulação de pureza e presunção santimonial (quase um Deltan, que ainda vai virar senador e construir um obelisco para a Lava Jato em Curitiba). Em Gilmar, a grosseria de sempre.

Mas são equivalentes. Quem apoia um e ataca o outro ou mergulha em estado de incoerência, ou se arrisca pelo pragmatismo de resultado, a opção pelos fins de ocasião em prejuízo dos meios. O problema é que, cedo ou tarde, a esculhambação dos meios, essa firula jurídica, pode virar contra você mesmo. Ninguém abraça Sergio sem carregar Gilmar a tiracolo. Ninguém elogia Gilmar sem se aliar a Sergio. Eles se completam. Jair agradece, Raquel pede escusas, Deltan sai de fininho. Meu poder, minhas regras.

6 de setembro de 2019

41.
São seus olhos, excelência

Se você se excita com pornografia, não perca seu tempo com revistas, vídeos e cines privê. Encare a pornografia hard-core que a realidade brasileira oferece. A nova era nos brindou não só com a exaltação do filho de papai acima da lei, dotado de tanta bravura que exibe sua pistola na cintura, entra na rua Augusta a 120 por hora e chama a "via democrática", essa moça fora de forma, para o beijo forçado. Se papai usa dinheiro público para "comer gente", por que o menino não pode "dar o mata-leão"?

Além dessa safra vintage, apareceram também os caçadores de livros, essa figura que a história insiste em ressuscitar. Primeiro foi Crivella, inconformado com desenho de livro infantojuvenil em que dois jovens se abraçam e se beijam. Sem algo mais original para mostrar, João veio dias depois e mandou recolher livros didáticos que explicavam noções de orientação sexual e identidade de gênero (que a Igreja pede para chamar de "ideologia de gênero", invenção esperta para atacar a ciência). Crivella disse que agiu para aplicar o Estatuto da Criança e do Adolescente (ECA), aquela lei que o presidente pensa ser "estímulo à vagabundagem e à malandragem infantil", a ser "rasgada e jogada na latrina". João não admite limites jurídicos à potência de sua caneta.

O Judiciário paulista agiu rápido, e a juíza Paula Fernanda Navarro mandou João obedecer à lei e devolver os livros. Resta saber se João vai pagar o prejuízo e se a segunda instância, em geral mais simpática ao governador (por razões que o diabo gosta), manterá a decisão. Ainda bem que temos o Poder Judiciário para nos proteger contra o canto dos tarados, não?

O tribunal carioca bateu cabeça. O desembargador Heleno Ribeiro deu liminar proibindo a interferência da prefeitura. Horas depois, o desembargador presidente, Cláudio de Mello Tavares, autorizou o espetáculo pré-moderno. A caravana de censores na pele de fiscais foi à Bienal quando os livros já estavam esgotados. Tudo porque o ECA, no seu artigo 78, busca proteger crianças e adolescentes de mensagens impróprias, obscenas ou pornográficas, nas palavras da lei.

Interpretar a noção de obscenidade é velha pedra no sapato do jurista. Livros de direito e decisões judiciais se dedicam ao tema há séculos. Essa literatura mostra que padrões morais, obviamente, não se congelam no tempo, mas fluem conforme acordos sociais forjados em cada época. Há fronteiras mais libertárias ou mais opressivas do normal e do pudico, regulações jurídicas que enfatizam a diversidade ou a uniformidade compulsória. Entre esses dois polos, não há muita dúvida sobre qual as Constituições liberais abraçaram, ainda que continuem a se preocupar, por boas razões, com a regulação jurídica do obsceno em casos residuais. A Constituição brasileira foi por aí sem economizar nas palavras.

Mas a confusão que o desembargador (junto com Crivella) induz é mais elementar. O obsceno, para ele, não é o beijo adolescente, mas o beijo homoafetivo. Assim, uma revista em que Mônica beija Cebolinha pode ser vendida sem tarja. Uma em que Cebolinha beija Cascão, não. A única forma lógica de fazer essa distinção é adotar o critério da orientação sexual.

O beijo homoafetivo mereceria maior restrição, menor liberdade. O problema é que não dá para professar essa ideia sem arcar com as consequências: qualquer um tem o direito de pensar que o beijo homoafetivo é obsceno, mas não poderá negar que esse pensamento é homofóbico. Quando o pensamento homofóbico se traduz num ato concreto de discriminação, ele se torna crime. Quando o ato é de uma autoridade estatal, interferindo unilateralmente em política pública, pratica também crime de responsabilidade. O ministro Dias Toffoli, presidente do STF, mais tarde cassou a liminar do tribunal carioca. Jair, o amigo, ainda vai mandar a conta.

A pornografia está onde vossa excelência não quer ver, desembargador. Basta olhar no armário do seu próprio tribunal. Comecemos pelos salários. Um tempo atrás, soube-se que mais de 90% dos magistrados rompiam o teto constitucional. Há quem tenha recebido, num mês eventual, mais de 500 mil reais. Não pegou bem, desembargador, na ocasião em que o estado do Rio de Janeiro deixou de pagar salários a professores e médicos, que o Judiciário não tenha deixado de receber sequer os penduricalhos. E nem começamos a falar sobre Marília de Castro Neves, a desembargadora extrovertida que disse o que disse sobre Marielle Franco ("cadáver como qualquer outro"), Guilherme Boulos ("recebido na bala") e Jean Wyllys ("execução profilática"). E mal começamos a conversa. Essa pornografia não o atiça, excelência?

13 de setembro de 2019

42.
STF: criticar para defender

O Supremo Tribunal Federal é a vitrine mais reluzente da irresponsabilidade judicial brasileira. Da arbitrariedade também. Irresponsabilidade e arbitrariedade marcam sua forma de se relacionar com o mundo.

Não me refiro aos resultados das decisões do STF. O tribunal pode errar e acertar como qualquer outro. Erros e acertos honestos decorrem de juízos longe de incontroversos. Mas muitos desses erros são trágicos. Lembra-se da revogação da cláusula de barreira? Surdo ao delicado debate legislativo que gerou a lei, embevecido numa retórica sobre pluralismo e minorias que ignorava todo o saber empírico sobre eleições, o STF facilitou a conversão do sistema partidário num pulverizado balcão de negócios.

Há uma enciclopédia de exemplos: a permissão para a polícia invadir domicílios quando houver "fundadas razões", cheque em branco para a violência (nas favelas); a autorização do ensino religioso confessional em escola pública, que libera o proselitismo escolar com recurso estatal. Silas Malafaia e Edir Macedo celebram a parceria público-privada.

Mas o trágico pode ficar para outro dia. Queria falar sobre o arbitrário e o irresponsável. É urgente observar *"como"* o STF decide, além de discutir *"o que"* decide. O *"como"* do STF é arbitrário porque o humor ou o interesse oculto de um ministro basta para obstruir, por anos a fio, o plenário e a esfera pública; porque qualquer frase de efeito ou anedota pode passar por "argumento jurídico" e "evidência".

É irresponsável porque não presta contas nem explica os critérios de suas escolhas e prioridades; porque viola regras da ética e do decoro judicial; porque faz da obscuridade seu manto de proteção contra o escrutínio público. Parece mera etiqueta, porém nada é mais importante para a sobrevivência do STF.

Os exemplos são infinitos: o caso sobre a Lei de Drogas, de 2011, que sofre seguidos adiamentos como se nada estivesse acontecendo (e a crise das prisões pudesse esperar); as liminares monocráticas que suspendem leis e voltam para a gaveta; os pedidos de vista que agridem o colegiado e postergam por tempo indefinido a solução do problema. O compasso do STF não está em sintonia com o interesse público. Tampouco com a virtude da espera.

Há também a lambança padrão ouro. Nunca esqueceremos o pagamento ilegal de auxílio-moradia a juízes. Por cinco anos, uma liminar precária de Fux garantiu que o *plus* de 5 bilhões de reais, não reembolsados, fosse gasto com a magistocracia. Só cancelou a mesada quando o aumento salarial concedido pelo Congresso caiu na conta bancária. Uma "permuta".

Há muito mais: as façanhas interpretativas e manipulações procedimentais no caso da execução provisória da pena tornaram qualquer resultado merecedor de justa desconfiança; o inquérito policial, com foco genérico e base legal extravagante, burlou sorteio entre ministros e fez do gabinete pré-selecionado uma delegacia contra os inimigos da corte.

O STF, em resumo, erra até quando acerta. É um erro de segunda ordem, que tem a ver com sua forma de agir, não com o conteúdo. Por trás da solenidade, há quase sempre um grau de lambança que infecta a autoridade de suas decisões. Boas ou más, tornam-se imprestáveis, indignas de respeito. Na sala de aula de faculdades de direito dos anos 2000, decisões do STF eram recebidas com deferência e curiosidade. Na década seguinte, passaram a ser lidas com incredulidade e escárnio.

Interpretação jurídica e jurisprudência podem ser o produto de um esforço intelectual sincero e sedimentar uma tradição. Ou podem ser uma farsa. Entre a farsa e a integridade judicial reside a possibilidade do estado de direito. Ministros não reconhecem a emboscada que armaram para o STF. Seu caricato apego à liturgia atrapalha a visão (a deles, não só a nossa). Podem entrar para a história como os que empurraram o STF ao baixo clero dos poderes. Ou podem fazer alguma coisa em nome das liberdades, mesmo que seja tarde demais.

Criticar a conduta de ministros é um dever. Defender um tribunal corajoso, também. Com a clareza e a sinceridade que pedimos deles, a clareza e a sinceridade que ainda nos sonegam.

27 de novembro de 2019

43.
A Lei de Toffoli revogou a Lei de Gérson

Dias Toffoli é um ministro de sacadas infelizes e palavreado oco. Chegou ao Supremo Tribunal Federal dez anos atrás cercado de desconfiança. Reprovado em dois concursos para a magistratura, sem nenhum curso de pós-graduação e com trajetória partidária, sofreu com a crítica de que não tinha estatura acadêmica e profissional para integrar o tribunal.

A crítica era tola e bacharelesca. Não o fazia inferior a qualquer outro ministro, mas ele mordeu a isca. Optou por construir sua respeitabilidade por meio da exibição afetada de polimento intelectual. Concebeu salada de conceitos e autores para anunciar sua visão sobre o papel do STF. Saiu por aí recitando o resgate da "separação clássica dos poderes".

Resumiu assim em discurso de posse: "Na falta de outros poderes, é o Judiciário chamado para agir de maneira extrajudicial, prevenindo o conflito que você sabe que vai acontecer, trabalhando com a conciliação, a mediação e a moderação". Aproveitou e sacou dois nomes para sustentar a tese extravagante — a historiadora Emilia Viotti e o jurista Raymundo Faoro —, que nunca disseram coisa parecida.

Seguiu seu método de inversão conceitual ao propor um "pacto republicano" entre os poderes, traduzido num compromisso com as reformas. Como se fosse dado ao tribunal fazer outra coisa que não um juízo independente de constitucionalidade quando for chamado. "Republicano" foi só o verniz.

Toffoli distorceu a ideia de diálogo institucional. Confundiu diálogo com conchavo entre autoridades públicas e com negociação de constitucionalidade, prática espúria que forjou em coautoria com Luiz Fux. Não há exemplo mais eloquente do que a troca do auxílio-moradia pelo aumento salarial. Mas há muitos outros.

O conchavo opera por meio das liturgias do patrimonialismo: o almoço com ministros de governo (Guedes, Lorenzoni etc.), a presença constante em solenidades de baixo calibre institucional para mostrar boa vontade com o governo, os elogios gratuitos a reformas que ainda não julgou etc. Não foi à toa que Bolsonaro agradeceu ao "nosso STF, que tem nos ajudado a garantir a governabilidade".

Toffoli cassa liminares de colegas ministros quando geram ruído (como a de Marco Aurélio); agenda e desagenda casos como quem escolhe o sabor do sorvete (a ação que trata de porte de drogas é dos exemplos mais dramáticos); interrompe julgamentos quase acabados sem data para voltar (como o que discute se o delatado tem direito de falar por último).

Basta o governo revogar um decreto e renová-lo, com conteúdo idêntico, horas depois, para que Toffoli arquive a ação que discutia o tema (o caso do decreto das armas). Na doutrina constitucional, isso se chama fraude à separação de poderes. Em toffolês, moderação republicana.

Há hoje duas maneiras de gerir a pauta do STF: da maneira obscura de sempre, como se nada estivesse acontecendo nessa primavera de normalidade democrática; de maneira ousada, com critérios públicos, "como se" vivêssemos o momento político mais ameaçador dos últimos 35 anos. Para quem interpretou golpe militar como um "movimento", com o orgulho da irresponsabilidade diletante, essa pode ser distinção dura de fazer.

Toffoli é gestor solitário da agenda constitucional do país. E o faz com disciplina colaboracionista. Traiu sua promessa de posse, de que cabe ao Judiciário "pacificar os conflitos em tempo socialmente tolerável, 'porque o tempo, o tempo não para', já dizia Cazuza". Traiu Cazuza também.

Na sua gestão, aprendemos que esse tempo deve ser mais tolerável para uns do que para outros. Ao justificar a demora do julgamento sobre execução da pena após segunda instância, revelou: "É uma sintonia muito fina".

O oposto do conchavo ("diálogo", em toffolês) não é a hostilidade entre os poderes, essa guerra imaginária que ele diz evitar. O oposto de conchavo é independência judicial, uma proteção que não se pode relativizar sem pôr tudo a perder.

18 de dezembro de 2019

44.
A corrupção do Judiciário

Magistocracia rima com pornografia. Não a pornografia que desperta fantasias do governo federal, tão comprometido com a inocência das crianças que tem combatido políticas de prevenção de gravidez precoce e abuso sexual. Nem com o sexo dos juízes. Rima com as práticas obscenas do Poder Judiciário mais caro do mundo num dos países mais desiguais do planeta.

Não há ano em que a orgia magistocrática decepcione. O Prêmio JusPorn precisa ser criado para agraciar os destaques de 2019. Como vinheta, proponho: "Nenhuma nudez judicial será castigada. Toda desfaçatez magistocrática será premiada".

Na categoria "salário-ostentação", venceu juíza pernambucana que recebeu cheque de 1 milhão e 290 mil reais em sua conta. A menção honrosa ficou para o juiz mineiro que levou 762 mil reais. Um recorde a ser superado em 2020. Numa carreira em que 70% dos membros violam o teto constitucional, quebrar recordes é motivação.

Na categoria "gaveta mais cara da República", o prêmio é repartido pela dupla Toffux. São diversos exemplos, mas gosto de lembrar a ação pendente desde 2010 que questiona lei estadual do Rio de Janeiro. A lei criou para juízes fluminenses toda sorte de penduricalhos ("fatos funcionais", em magistocratês).

Carlos Ayres Britto votou pela inconstitucionalidade da lei em 2012. Luiz Fux pediu vista. Devolveu o caso no apagar das luzes de 2017. Em dezembro de 2018, Toffoli resolveu pautá-lo para 2019. Dois dias depois, tirou de pauta. Ao longo de

2019, nenhum novo andamento. Há quase dez anos, o Rio de Janeiro paga os benefícios. Toffoli se rendeu. O próximo presidente é Fux.

Na categoria "caravana cosmopolita", as viagens de Toffoli a eventos institucionais em Buenos Aires e Tel Aviv ganharam destaque. Não pelas viagens em si, mas pela comitiva de assessores que o acompanharam e os gastos em que incorreram.

Na categoria "ninguém segura a mão de ninguém", ganhou a associação de juízes federais que produziu o detalhado estudo "Verbas conferidas à magistratura estadual". O objetivo não era denunciar a injustiça absoluta dos benefícios a juízes estaduais, mas a injustiça relativa: o juiz federal não ganha como o juiz estadual. Isso fere o orgulho de um magistocrata.

Essa competição pelo melhor salário atormenta todas as subcategorias da magistocracia: juiz federal, juiz estadual, advogado da União, procurador da República, promotor de justiça, procurador do Estado, defensor público. Uma dinâmica que incentiva a espiral de volúpia patrimonialista sob o escudo da autonomia financeira.

Na categoria "poesia magistocrática", o prêmio é repartido entre a juíza Renata Gil, presidente da Associação dos Magistrados Brasileiros, e Augusto Aras, procurador-geral da República. Conseguiram captar a distinção magistocrática em poucas palavras.

Ao defender que não é o momento de discutir salário de juiz, Gil confessou: "Nós queremos tratar os magistrados como um funcionário como outro qualquer?". E completou: "Se somos diferentes, não podemos entrar na formatação remuneratória do servidor comum".

Augusto Aras indignou-se com a ideia de se reduzir férias de dois meses da magistocracia. A carga de trabalho, afinal, seria "até certo ponto desumana". As "férias" são truque conhecido da magistocracia. Além do recesso, tem direito a dois meses de férias. Não costuma servir para descanso, mas para "vendê-las" e aumentar renda.

A corrupção do Judiciário não se confunde com a corrupção do juiz que vende sentença. Este costuma ser "punido" com aposentadoria compulsória. A corrupção do Judiciário é institucional. Está traduzida em leis, em barganhas fisiológicas e na cultura que a normaliza. Nenhum pacote anticorrupção trata dessa aberração.

Um juiz que estoura o teto ou recebe benefício indevido enriquece ilicitamente. Só de auxílio-moradia por cinco anos, foram mais de 250 mil reais cada um. Não seremos ressarcidos.

Essa é apenas a faceta rentista e perdulária da magistocracia. Ocupa o topo 0,1% da pirâmide social brasileira. E nem falamos das facetas autoritária, autárquica, autocrática e dinástica.

8 de janeiro de 2020

45.
O juiz virtuoso não sai eticamente ileso

Semana passada afirmei que a magistocracia age para a auto-preservação de uma instituição corrupta. Corrupção não é apenas categoria jurídica para criminalizar o indivíduo que surrupia, mas conceito sociológico e moral para se classificar e avaliar instituições. O Judiciário se corrompe quando usa de seu poder para favorecer a corporação em prejuízo do interesse público.

Afirmei também que pornografia é a palavra apropriada para sintetizar não só a remuneração da magistocracia no contexto da desigualdade brasileira, mas os métodos pelos quais produz o Judiciário mais caro do mundo. Se você acha os salários pornográficos, procure saber sobre os métodos.

Dei exemplos: a magistocracia rentista é capaz de negociar constitucionalidade em troca de aumento; capaz de dizer, sem corar, que juiz não é qualquer um, que merece férias e auxílios extraordinários porque seu trabalho tem tipo e intensidade únicos.

Recorre também a artifícios de linguagem: não recebe aumento, mas "reposição inflacionária"; benefícios não são remuneratórios, mas "indenizatórios" (por isso não são tributados nem se sujeitam ao teto); grita "equiparação" para denunciar a injustiça de não ter salário igual a outra carreira qualquer.

A magistocracia não costuma dialogar em público, mas age nos bastidores. De lá chegam críticas. Como aquela que me escreveu, tempos atrás, um desembargador. Manifestou "veemente repúdio". Afinal, entre milhares de juízes, a "grande maioria" seria "honesta, trabalhadora e dedicada".

Disse também: "Jogadores de futebol ganham bilhões e ninguém fala nada"; "Somos uma classe com baixo poder aquisitivo"; "O professor de Harvard, meu amigo Michael Sandel, ganha 50 mil dólares e ninguém diz nada por ser um talento"; "Há mais coisas entre o céu e a magistratura do que se imagina".

É uma resposta recorrente. O complexo do injustiçado aflige o juiz virtuoso.

Michael Sandel, quem diria, já palestrou no STF a respeito disso. E perguntou: "Qual das formas de corrupção é mais perniciosa à democracia, a explícita, como o recebimento de propinas, ou essa, na qual o dinheiro que corrompe a política é legal?".

Pediu a juízes brasileiros um desempenho ético especial: "Tornem-se inspiração para que cidadãos pensem em seu próprio papel na democracia e em sua responsabilidade de se engajar em discussões sobre justiça, o bem comum e o que significa ser um cidadão".

Sandel é especialista em justiça, não em sistema de justiça brasileiro. Se fosse, perceberia que o desafio de "inspirar pelo exemplo" é mais complexo do que pensava.

De um lado, há uma instituição que resiste a pressões de democratização interna e de controle externo, e se blinda por meio de práticas espúrias. De outro, há aquele juiz virtuoso e trabalhador que pergunta se há forma de se redimir eticamente dentro de instituição com vícios desse naipe.

A tensão entre ética individual e moralidade institucional ocupa pensadores há muito tempo. Ninguém sai eticamente ileso ao se beneficiar passivamente de um arranjo injusto. Essa máxima da filosofia moral vale para escolhas práticas em geral. Vale para mim e para você, conforme nossas circunstâncias e privilégios, poderes e atos. Vale também para a escolha de integrar qualquer instituição particular.

Enquanto o Judiciário brasileiro continuar a aplicar seu repertório da baixa política para perpetuar sua estrutura antirrepublicana, o juiz virtuoso terá de resolver esse ônus ético consigo mesmo. A virtude privada e silenciosa, por si só, não o libera da responsabilidade dessa escolha.

Trabalhar no seu canto enquanto penduricalhos ilegais caem na conta bancária e colegas da cúpula fazem o jogo sujo que favorece a todos (como a liminar monocrática do auxílio-moradia, que nunca foi ao plenário do STF e custou em torno de 5 bilhões de reais) não bastará. Dizer que penduricalhos são legais porque assim disse o Judiciário não bastará. Manuais chamam isso de enriquecimento ilícito.

Falta uma resposta digna do debate franco e horizontal. Com menos intimidação, mais respeito. Com mais informação, um pouco menos de barganha.

15 de janeiro de 2020

46.
Fux e as sereias

Uma suprema corte tem função indispensável na democracia. Impor contrapeso a eventuais arroubos de maiorias eleitorais e legislativas, preservar a institucionalidade e proteger valores constitucionais acima do conflito político cotidiano são papéis delicados. Para que sobreviva como instituição que se respeita e à qual se obedece, precisa investir na fina construção e manutenção de sua autoridade.

O STF se autoliberou desse penoso exercício.

Prefere um tribunal libertino, leve e solto. Presume que sua autoridade brota da natureza, ou das palavras da Constituição, pouco importa o que ministros fazem ou deixam de fazer dentro ou fora da corte. A libertinagem procedimental põe em risco a liberdade de todos, à esquerda e à direita. Não descobrimos isso em janeiro de 2020, mas o mês inovou.

A figura do "juiz das garantias", aprovada pelo Congresso um mês atrás, determina divisão de trabalho entre o juiz que conduz produção de provas e o juiz que toma a decisão final. Inspirado em outras cortes do mundo, o modelo tenta potencializar as condições não só para uma decisão imparcial, mas para a imagem de imparcialidade. Gerou gritaria pública, sobretudo em entusiastas do selo Lava Jato de combate à corrupção.

Você pode ser contra ou a favor do juiz das garantias. Há argumentos dignos do nome dos dois lados, ainda que uns sejam mais convincentes que outros. Mas você não pode apoiar a arbitrariedade judicial só porque ela atende a sua opinião hoje. Amanhã o afetado por manobra monocrática poderá ser você. Atenção aos métodos, não só aos resultados.

Liminar de Toffoli durante o recesso judicial ampliou prazo legal para implementação do juiz de garantias de trinta para 180 dias. Fux, outro plantonista do recesso, revogou a decisão de Toffoli e suspendeu, sem prazo definido, essa e diversas outras disposições do "pacote anticrime". Ressaltou que tomava essa decisão com "todas as vênias possíveis" a Toffoli.

É provável que esse caso não volte mais à pauta do tribunal nessa geração. Afinal, desde 2012 esperamos que a gaveta de Fux solte para plenário o julgamento dos penduricalhos de juízes fluminenses (que a lei chamou de "fatos funcionais"); desde 2014, sua gaveta sonega do plenário o caso do auxílio-moradia. Para ficar em dois exemplos. A história não tem registro de voto de Fux que contrarie a magistocracia.

Foi um "descalabro" que "desgasta barbaramente a imagem do STF", nas palavras do ministro Marco Aurélio. Para Gilmar Mendes, Fux "deveria entregar a chave do parlamento" à equipe da Lava Jato. Soa bem, mas sabemos o que Marco Aurélio e Gilmar Mendes fizeram em verões passados.

Liminar é decisão de urgência. Justifica-se à luz do risco de a demora judicial causar prejuízo irreversível.

Num tribunal, liminar deve ser concedida pelo colegiado. Apenas por razão excepcional, pode ser tomada de forma monocrática. Em controle de constitucionalidade, nem por razão excepcional (a lei 9868 não autoriza, mas o STF a ignora). Apenas por razão excepcionalíssima, pode ser tomada dentro do recesso judicial. Liminar monocrática em recesso, portanto, é decisão triplamente qualificada.

Fux rompeu a barreira. No glossário dos abusos judiciais, falta palavra para classificar liminar monocrática que passa por cima de outra liminar monocrática, ambas dentro do recesso.

O pensamento constitucional emprestou o mito de Ulisses para simbolizar a tarefa de cortes. Democracia que se sujeita a limites agiria como Ulisses. No mito, Ulisses se amarrou ao mastro para resistir ao canto das sereias. Na política moderna, democracias se amarraram às barreiras constitucionais. No STF, Fux não resistiu e se amarrou às sereias. "O mastro às favas", poderia ter dito.

Uma suprema corte também se diz "contramajoritária" porque busca represar impulsos de maiorias. O STF inventou o ministro contramajoritário: aquele que joga contra a maioria do tribunal. Isso só se conhece no STF. Não é jabuticaba, pois a saborosa fruta não merece ser metáfora de nossos vícios e patologias. É aberração mesmo.

29 de janeiro de 2020

47.
O arrivismo judicial perdeu a compostura

Se você temia os juízes ativistas, melhor prestar atenção nos arrivistas. "Ativismo judicial" é expressão que tenta detectar decisões judiciais que, para o bem ou para o mal, transbordam o domínio do Judiciário. Banalizou-se quando passou a ser usada para quase toda decisão que incomoda, ou para o erro judicial puro e simples.

"Arrivismo judicial", ao contrário, ainda não se popularizou no vocabulário de análise do comportamento de juízes. Indica um desvio ético e legal. O juiz arrivista faz da instituição instrumento de seus projetos políticos. Ignora regras e convenções. Calcula os riscos. A instituição submerge na ambição individual.

O arrivismo é prática espalhada por todos os níveis do Judiciário brasileiro, mas em nenhum lugar fica tão exposto quanto na campanha de juristas ao STF. Nas últimas décadas, poucos ministros lá chegaram sem o cortejo a presidentes e a senadores.

O juiz Marcelo Bretas inovou. Sua insubordinação ao Conselho Nacional de Justiça ficou conhecida em 2018 quando explicou, em rede social, por que acumulava dois auxílios-moradia (o dele e o da esposa juíza) mesmo tendo residência própria. Violou a regra e apelou ao cinismo: "Tenho esse 'estranho' hábito. Sempre que penso ter direito a algo eu vou à Justiça e peço".

Desde então, destacou-se em rede social (de novo, contra regulação do CNJ). Celebrou eleição do presidente, eleição do filho do presidente (o que empregou milicianos em seu gabinete), exibiu-se no voo em jato da FAB para a posse do presidente, posou com fuzil.

No último fim de semana, Bretas resolveu dar demonstração mais acabada de sua serventia. Aproveitou-se da condição inusitada de "principal autoridade fluminense", foi recepcionar o presidente na pista do aeroporto, juntou-se à comitiva com outras autoridades (os generais, o prefeito) e os acompanhou à cerimônia de inauguração de obra pública e ao showmício religioso. No palco, até dançar atrás do bispo e de Bolsonaro ele dançou.

Bretas cometeu ilegalidades bastante elementares: a Constituição veda a juízes "dedicar-se à atividade político-partidária" (artigo 95); a Lei Orgânica (artigo 26) e o Código de Ética da Magistratura (artigo 7º) fazem igual; a Resolução 305 do CNJ proíbe a autopromoção e exposição midiática; o Provimento 71 da Corregedoria Nacional proíbe "participação em situações que evidenciam apoio público a candidato ou partido político".

A reclamação disciplinar chegou ao CNJ, que já aplicou a "pena" de aposentadoria compulsória a juiz que se engajou em atividade política no município de Santa Quitéria, no interior do Maranhão. Se o CNJ entende que deve zelar pela ética judicial, que deve tomar decisões a tempo e que seus precedentes valem não apenas para a política local de Santa Quitéria, o destino de Bretas deveria ser simples.

Não é que Bretas desmoralize a magistratura, pois é próprio da magistocracia desmoralizar a magistratura. Bretas boicota a discrição magistocrática, método da baixa política que garante manutenção do status. Joga não só contra a instituição, mas contra os pares. É uma espécie de "homem-tocha", que põe o esquema em risco e nem percebe. Ou talvez tenha sido o primeiro a notar que a nova era pede um arrivismo mais barato e degradante.

Está acirrada, de todo modo, a luta por uma vaga no STF. Ives Gandra Filho, por exemplo, ministro do Tribunal Superior do Trabalho (TST) e adepto do arrivismo clássico de bastidores, decidiu sozinho que funcionários da Petrobras não têm direito à greve. Ou melhor, que apenas 10% o têm.

O número brotou de sua intuição, não da lei. A mesma intuição que o fez afirmar, em livro, que o "divórcio vai contra a lei natural" e que o "princípio da autoridade na família está ordenado de tal forma que os filhos obedeçam aos pais e a mulher ao marido".

Não há modelo de nomeação de ministros do STF blindado contra o arrivismo, mas há modelos melhores que outros. E não se esqueça de que o STF atual é consequência não só do modelo, mas dos presidentes e senadores que o operam.

9 de fevereiro de 2020

48.
Quem vai conter o medalhão do STF?

Nós nos acostumamos a pedir pouco do STF. O tempo passa e, dia após dia, aceitamos um grão a menos. Era pouco e não sobrou quase nada. Em termos de dignidade decisória, salvo lampejo eventual de boa elaboração jurídica, o STF tornou-se a instituição mais atordoada e atordoante da democracia brasileira. Uma obra de anos, não da pandemia.

Veio a emergência sanitária e sua pauta particular. A judicialização, desejável ou não, é inevitável. Se atrapalhará ou ajudará o esforço estatal vai depender do que o Judiciário, e o STF em especial, fizer com ela.

O que o STF faz com ela? Já decidiu corretamente pela proibição de campanha presidencial contra a quarentena, pela flexibilização do processo legislativo, pela ruptura do teto de gastos, exclusão de lotéricas e igrejas da categoria "serviços essenciais"; impediu flexibilização de direitos trabalhistas, afirmou competência concorrente de estados e municípios no combate à epidemia, preservou prazos da Lei de Acesso à Informação.

Essas decisões são necessárias e defensáveis. O estado de direito, contudo, pede mais. Pede fundamentação jurídica fina e transparente, que indique parâmetros para casos futuros e coerência com casos passados; e pede o carimbo do plenário. Até aqui, o STF está a dever nas duas frentes: prevaleceu a caneta monocrática e o palavreado genérico. Quem se arrisca a ler se perde nas inferências mágicas do legalismo fantástico.

185

Há também problema mais grave: a promiscuidade pública de alguns ministros. Continua fora do controle. O que ministros fazem fora dos autos, assim como juízes em geral, importa para sua autoridade. Alguns ministros do STF são indiferentes a esse cânone universal do bom juiz (que também é lei).

Fazem *lives* com bancos, reuniões com a Federação das Indústrias do Estado de São Paulo (Fiesp) (onde Toffoli ofereceu a empresários linha direta para acesso privilegiado), articulações políticas, ameaças a Bolsonaro pelo Twitter, provocações a Moro. O ministro medalhão recusa ao tribunal o benefício de sua contenção.

Se percebessem o desserviço de sua incontinência pública, medalhões do STF já teriam se calado e se recolhido a seus gabinetes. Teriam passado a estudar a gravidade do momento e, juntos, examinado a delicadeza jurídica e a octanagem política dos casos à frente.

Teriam assumido a responsabilidade de agir não só com presteza e consistência jurídica, mas de maneira colegiada. Sem negociações de bastidores com outros poderes. E estariam pensando nos efeitos futuros de suas decisões do presente. Mas nem a vergonha contém o medalhão.

Lembre-se de que "o STF" quase não existe. Quando dizemos "o STF decidiu", cometemos o pecado da metonímia institucional. Confundimos a parte pelo todo, a decisão monocrática pela decisão da instituição (que poderá vir num futuro qualquer, ou não, a depender da sorte e dos interesses, não de critério público). Ignoramos a precariedade desse produto. O tribunal acha que não nos deve explicação.

A única certeza é a arbitrariedade de sua agenda e a superficialidade de suas razões. E, para completar, a licenciosidade de ministros que se dispensaram das regras de ética judicial, dos rituais da imparcialidade e do decoro. Uma conclusão velha cuja validade continua intocada.

Acima das individualidades, um tribunal é sempre mais forte. Refém das individualidades, já não é tribunal. O STF desconhece esse lugar e não faz esforço para descobri-lo. Tem função importante demais na democracia para se deixar levar por tamanha leviandade.

Chegou uma nova crise, a maior delas, sem que a anterior tenha esmorecido. E o STF faz mais do mesmo, outra vez. Não tem ideia de como fazer diferente.

15 de abril de 2020

49.
Guia prático para defender o STF

Bolsonaro reitera toda semana a intenção de fechar o STF (e o Congresso, as investigações de corrupção, as liberdades civis etc.). Era o que pediam apoiadores que chutavam jornalistas e agrediam profissionais de saúde na frente do Palácio. Até profissionais de saúde. Numa pandemia.

"Fechar", você sabe, é uma metáfora. O novo AI-5 é uma metáfora. Os meios operam nas sombras enquanto o bufão nos ofende e nos furta a serenidade. A leitura do que se passa exige mais atenção. Os tempos são outros e nos porões já se veste terno e gravata.

O tribunal vai fechando enquanto ministros cantam suas virtudes e asseguram não haver risco de ruptura. O tribunal vai fechando enquanto esperamos o cabo e o soldado. A Polícia Federal acabou de fechar e poucos notaram. Rio das Pedras celebrou. Augusto Aras fechou a Procuradoria-Geral da República faz tempo. Ibama e Funai fecharam.

É preciso proteger o STF contra as ameaças de uma pessoa pública infame que há trinta anos viola a lei sem maiores consequências. Aprendeu tão bem que, na Presidência, comete crimes comuns e de responsabilidade. Mas também é urgente defender o STF de alguns dos ministros e seus maus costumes.

Bolsonaro não pode abrir mão de um tribunal, desde que fraco e servil. Um tribunal que Dias Toffoli se dispôs a entregar quando rabiscou em poucas linhas o retorno à "clássica separação dos poderes", uma teoria cheia de garranchos que o autoriza a frequentar bastidores do Planalto e negociar constitucionalidade. Resolver "pelo diálogo", como diz.

Um guia prático para defender o STF é, entre outras coisas, um guia de bom comportamento para ministros do STF. Bom comportamento não é só mandamento de ética judicial, é estratégia de sobrevivência. E sobreviver não é deferir à vontade dos outros, é reforçar cada vértebra do projeto constitucional.

Alguns ministros perdem a democracia, mas não perdem a chance de soltar uma decisão monocrática; de palestrar sobre segurança jurídica e contribuir para um tribunal promotor de insegurança; de palestrar em defesa das reformas quando lhes cabe apreciar a constitucionalidade das reformas; de oferecer opiniões privilegiadas em eventos com empresários interessados nas posições do STF; de confundir a instituição judiciária com a corporação magistocrática.

Fosse só violação da ética judicial, seria muito grave. Só que é também imprudência política. A promiscuidade e a vocação monocrática reduzem a capacidade de o tribunal se fazer respeitar, mesmo quando acerta.

O país precisa conhecer a opinião do STF, não do ministro fulano ou beltrano. Não são a mesma coisa. Essa contenção individual não se confunde com contenção do tribunal, que deve interferir o quanto for juridicamente exigível. E não banalizemos a expressão "ativismo judicial", um conceito vazio que mais atrapalha do que ajuda na análise do tribunal.

Entrar em modo emergência começa por aí: despersonalizar a corte. Isto é, tratar o colegiado como regra, não como exceção. E a agenda do colegiado não pode pertencer ao arbítrio do presidente da corte, mas a um procedimento também colegiado.

Errar e acertar é da vida das instituições. O boicote contumaz à autoridade do tribunal, não. Exceto das instituições suicidas. Difícil perdoar ministro que põe tudo a perder na tentativa de matar no peito e resolver sozinho, nessa lógica obtusa pela qual o STF vem funcionando.

Vão esperar o cabo para disparar o alarme? Ou só quando o soldado chegar para trancar a porta? "Cabo e soldado" é figura de linguagem que se refere a vocês mesmos, ministros. Aqui de fora, muitos tentam ajudar. Ajudar a corte é a parte que lhes cabe.

Nem sempre a força respeita o que a lei proíbe. Foi o que Bolsonaro quis dizer quando falou que vai "cumprir a Constituição a qualquer preço". Mais um aviso. "A Constituição sou eu." Precisa ser mais claro?

6 de maio de 2020

50.
Sabez avec quem tu parles, monsieur? O TJ-SP sabe

O desembargador que sabia francês andava sem máscara pelo calçadão. Exercia sua "liberdade" de infectar, teorizada por Paulo Guedes e praticada pelo presidente. Abordado por guarda municipal que, com base em lei e decreto, solicitou uso da proteção, o desembargador recitou as virtudes do perfeito idiota brasileiro, um idiota com distinção.

Chamou o guarda de analfabeto e rasgou a multa. O guarda replicou: "O senhor é muito mais esclarecido do que todos nós". O desembargador empoderado assentiu: "Óbvio!". E passou a expelir grunhidos para iniciados.

Escutei um *je donne des "aula"* e "Sorbonne". Luiz Felipe de Alencastro, ex-professor da Universidade de Paris-Sorbonne, também não soube traduzir. Classificou o ruído de "javanês-francês", língua arcaica que analfabetos não compreendemos.

Essa caricatura da persona odiosa, porém, ainda diz pouco sobre a magistocracia, fração do sistema de justiça que rejeita o estado de direito (aquele regime que tenta submeter autoridades públicas à lei). Para além do caso repulsivo, devemos enxergar a instituição repulsiva que o hospeda — o Tribunal de Justiça de São Paulo (TJ-SP).

O TJ-SP publicou comunicado em seu francês particular, um dialeto menos grosseiro. Disse que "não compactua com atitudes de desrespeito às leis" e "segue com rigor as orientações técnicas voltadas à preservação da saúde de todos".

Meses atrás, o dialeto foi empregado pelo presidente do TJ--SP numa resposta a esta coluna. O título exalava poesia: "Juiz paulista vive a virtude como dever legal". Explicava que o Judiciário é "função que procura reduzir as diferenças", poder "mais próximo ao necessitado".

Argumentava que a "magistratura bandeirante", na sua "trincheira diuturna", é "serva da Constituição e da lei"; que sua matéria-prima é "a fragilidade da espécie humana", que "igualdade de tratamento é sempre de rigor". Não admitia a "aniquilação moral de um poder legítimo e de profissionais sérios, probos, dignos".

A vida real, contudo, ignora abstrações. Por trás da jurispoética, o TJ-SP é um monumento de desrespeito à lei (não só contra vulneráveis, mas também contra juízes "sérios, probos e dignos").

O TJ-SP precisa se fazer respeitar pelo que faz, não pelo que fala de si. Porque o que fala, nesse linguajar cafona, faz corar até as fechaduras do tribunal. Listo alguns exemplos, mas há material para um tratado da infâmia judicial.

Começo pelo massacre do Carandiru. Já se passaram 28 anos, dez só de atrasos deliberados na tramitação do caso. Houve duas anulações de julgamento. Não violou só a Constituição e a lei, mas a sua própria jurisprudência. Cento e onze mortes, nenhum condenado.

Em casos de tráfico de drogas, o TJ-SP despreza literatura sociológica, ignora o STF e mantém classificação de crime hediondo para aprofundar o rigor da pena. É responsável pela maior taxa de encarceramento no terceiro país que mais encarcera no mundo.

A "perpetuação da espécie pode estar em risco", disse desembargador citando *The Walking Dead*. O TJ-SP afirma que só quer "proteger a sociedade e os cidadãos de bem". O crime organizado agradece a ajuda logística.

Por falar em ignorar órgãos do Estado, o TJ-SP não gostou da Recomendação 62 do Conselho Nacional de Justiça, que tenta mitigar impacto do coronavírus nas prisões. Rejeitou quase 90% dos habeas corpus de presos pertencentes a grupos de risco (idosos com hipertensão, portadores de HIV, tuberculose), em sistema prisional com taxa de ocupação de 150%. "Só astronautas estão livres do coronavírus", ponderou outro desembargador.

Podemos falar em parceria com a violência policial (e anulação de protocolos sobre bala de borracha). Podemos falar em encarceramento de mães e gestantes e da resistência a outra decisão do STF. Podemos falar em racismo e seletividade. E mal começamos.

Isso se chama corrupção magistocrática. A essa corrupção se responde com atos concretos e honestidade. Ou então com o francês grandiloquente da *corruption magistocratique*.

22 de julho de 2020

51.
STF, modos de fechar

É sinal dos tempos um presidente da República, ao dar comando de golpe, mirar o STF, não o Congresso. "Vou intervir", teria exclamado a três generais. Dois se excitaram e o terceiro os demoveu, conforme reportagem da revista *piauí*, construída a partir do relato de quatro fontes "em off".

Numa leitura apressada, parece ter faltado tirocínio ao autocrata. Possuído, agiu por impulso contra juiz que tomou medidas jurídicas de praxe contra interesse do filho. Por sorte da democracia, generais virtuosos traíram Bolsonaro e instaram jornalista a avisar o Brasil e o mundo do perigo que ele representa. Um ato heroico e republicano.

Numa leitura mais desconfiada, parece faltar tirocínio a nós mesmos. Bolsonaro não teria dado comando nenhum. Sentou-se com aliados de agulhas negras e rabiscou historinha com lápis de cor. Recorreram a jornalista para avisar o STF do perigo que eles mesmos representam.

Por que dar golpe "em on" se é possível testar golpe "em off" antes? Seja qual for a trama verdadeira — a inverossímil ou a malandra —, o presidente que comete crimes cometeu mais um.

Fosse verossímil, Bolsonaro não engoliria traição em seco. Mas do governo ninguém se manifestou, repercussão na esfera pública não houve, STF e Congresso calaram. O recado foi dado e o silêncio institucional indica sucesso.

Nessa onda de autocratização, clareza atrapalha, ambiguidade ajuda. O governo sabe que, para "fechar o STF", não precisa fechar o STF. Há formas de "fechá-lo" sem fechá-lo.

Tentou fechar "à toffolesa" ao namorar presidente colaboracionista do tribunal. Toffoli fez o que dava: beneficiou Flávio com decisões monocráticas, aliviou agenda do plenário, hospedou general no gabinete, articulou acordo para poupar presidente de processo, deu as mãos a Aras, recebeu Bolsonaro e comitiva teatral que singrou a praça dos Três Poderes para defender a inércia sanitária.

"Bom termos a justiça ao nosso lado", agradeceu-lhe o presidente. Mas a docilidade de Toffoli não bastou. Outros ministros ainda podem demais.

Ensaiou-se fechar "à polonesa", uma estratégia que aposenta juízes insubmissos e povoa a corte com apologistas. Revogar a emenda constitucional da bengala (que aumentou idade de aposentadoria) foi ideia marota nessa direção.

Se não tiver pressa, poderá fechar "à calabresa", modo mafioso pelo qual se compra a magistocracia rentista por meio de qualquer ampliação de "auxílios". Ou então, quando nomear novo ministro, mandá-lo fazer o mesmo que muitos ministros fazem a todo momento — pedir vista e deixar o caso na gaveta.

Bolsonaro e generais hoje tentam "fechar à francesa". Mandam recado e procuram na corte quem está disposto a ser corajoso.

Se nada der certo, resta fechar "à gandresa", uma opção clássica pelo ato de força com verniz jurídico encomendado ao pincel de Ives Gandra e dos gandretes.

Juristas que subscrevem Bolsonaro gozam de respeitabilidade similar à de Olavo de Carvalho na filosofia, na astrologia ou na proctologia. Gandra declarou que "Olavo é um mestre de todos nós". Gandretes, discípulos do discípulo de Olavo, são alunos da escola cínica da jurisprudência brasileira.

As proposições de Gandra e gandretes orbitavam a pré-constitucionalidade. Até ontem esposavam a tese pré-constitucional da intervenção militar. São adeptos do que Gilmar Mendes chamou de "tese de lunático" e Luís Roberto Barroso, de "terraplanismo jurídico".

Gandretes estão prontos a nos levar, sem escalas, à pós-constitucionalidade. André Mendonça, por exemplo, tirou da cartola a ideia de que relatórios sigilosos da polícia do pensamento não se submetem a controle judicial, mesmo quando violam direitos. Como se ação judicial significasse quebra de sigilo.

Para reforçar o clima de normalidade jurídica, o presidente pode ainda convidar os profetas da democracia "risco zero" a recauchutarem seus textos sobre normalidade política. Foram bastante vocais quando da eleição de Bolsonaro e desfilaram, em linguagem faceira, evidências de "risco zero". Olavo nenhum da ciência política botaria defeito.

12 de agosto de 2020

52.
Magistocrata não sai de férias, vende

Se crises são oportunidades, magistocratas as elevam à máxima potência. Mesmo durante a ruína econômica do país, seguem exigindo vantagens e bailando nos *salons* do 0,1% da pirâmide social brasileira. Aplicam uma demão de tinta jurídica à cara de pau e apelidam abuso de poder de "direito" — direito de enriquecer enquanto estratos inferiores empobrecem. Não faz sentido de justiça, mas a moralidade é zona desconhecida da condição magistocrática.

Reportagem da *Folha* noticiou que, por decisão do ministro Dias Toffoli, prestes a desocupar a presidência do STF e do CNJ, magistrados passam a ter direito a indenização se desejarem vender vinte dos seus sessenta dias de férias anuais. Para nosso alívio, assegurou que o impacto da medida no orçamento será "baixíssimo", algo em torno de 50 milhões de reais. No toffolês, o adjetivo hiperbólico ocupa o lugar do argumento.

Se juiz não quiser sessenta dias de férias, portanto, basta apresentar o MagistoCard. Terá não só a chance, mas direito à venda. Se vender 100% das férias, ainda sobra generoso período de recesso forense para descansar (vinte dias). Sobra também um número x de "faltas abonadas" e um número y de "faltas compensadas", conforme a criatividade do tribunal. Quase um trimestre.

Só um iniciado nos arcanos da magistocracia para explicar tudo o que resta. Dá bem mais que sessenta dias. Em dinheiro no bolso, dá bem mais do que a vista alcança.

O presidente da Associação dos Juízes Federais fez apelo antidiscriminatório: "A gente, para ter direitos iguais aos trabalhadores comuns, que todos têm, tem muita dificuldade". E concluiu: "A gente passa por uma situação muito difícil".

A ministra presidente do Tribunal Superior do Trabalho respondeu com clareza antimagistocrática: "A garantia de conversão de vinte dias de férias em dinheiro revela a desnecessidade de descanso por sessenta dias. E há outras prioridades para alocação do dinheiro público".

A magistocracia desenvolveu uma cínica tecnologia jurídica para disfarçar aumento salarial. Há dois dispositivos essenciais: as férias *fake* para vender e a multiplicação de auxílios "indenizatórios" (livres de tributos) para explodir o teto. Isso quando novos benefícios não caem na conta de maneira retroativa. Em defesa do ilícito, praticam a autolegalidade, o hábito de afirmar que tudo está dentro da lei, mesmo quando não está.

Magistocratas ignoram o lugar que ocupam na sociedade brasileira. Olham apenas para o lado e para cima.

Quando olham para o lado, denunciam outros cargos magistocráticos que gozam de privilégios exclusivos. Invocam argumento de justiça, não para denunciar vantagens indevidas dos outros, mas para reclamar equiparação. Juízes federais, por exemplo, costumam se comparar com juízes estaduais ou membros do Ministério Público. É a manobra da simetria: se outros ganham vantagens ilegais, por que não eles? "Uma situação muito difícil."

Quando olham para cima, apontam para a pequena fração de advogados muito ricos com os quais interagem no dia a dia forense. Aqui a manobra é contrafactual: se não se sacrificassem no serviço público, ganhariam fortuna no setor privado por força de sua inteligência. Precisariam ser recompensados pela abnegação.

Por último, incorrem no lapso freudiano: se não forem bem remunerados, alguns juízes não resistiriam à tentação da corrupção. Supõem noção bem alargada de "bem remunerados" e outra bastante inocente de "corrupção".

A sociologia chama o fenômeno magistocrático de "corrupção institucional". Não se confunde com caso individual de juiz que vende sentença, um problema criminal. Trata-se de sequestro corporativo do interesse público, um problema republicano.

Não é nada pessoal, apenas um modo de operar dessa instituição que, da boca para fora, zela pela "honorabilidade" da "família forense". Não faltam juízes honestos, mas alguém precisa fazer o serviço sujo da baixa política. No final, todo mundo ganha, todo mundo baila.

A magistocracia corrompe o Judiciário. A magistocracia de cúpula corrompe o Judiciário absolutamente.

2 de setembro de 2020

53.
Eu faço uma aposta com Fux

Perdemos a noção do que juízes podem fazer em público. Esse mérito cabe, sobretudo, à conduta de ministros do STF nos últimos vinte anos.

Chutaram cânones universais da ética e do decoro judicial: podem manter relações com as partes e empresas interessadas; podem ser empresários e palestrantes no mercado de lobby de bastidores; podem militar por reformas, antecipar opiniões jurídicas e se xingar; podem dar festas a políticos. Alguns gabaritaram na descompostura. O que a Constituição, a lei e o bom senso proíbem, foram lá e fizeram.

Desse caminho não há volta no horizonte.

A gestão de Dias Toffoli somou à libertinagem a covardia. Hospedou general em seu gabinete e disse que o golpe não foi golpe. Em contrapartida, recebeu dos generais ameaça de golpe. Prometeu resgatar a clássica separação de poderes, mas nunca explicou o que significa; anunciou pacto republicano e foi avisado de que nada seria menos republicano. O STF deve controlar, não negociar nem prometer constitucionalidade.

Toffoli brigou com outros conceitos. Empolgou-se com a ideia de "diálogo" entre poderes e do Judiciário como "editor" da sociedade, termos presentes na literatura. Praticou o contrário. Em nome do diálogo, passou a frequentar até festa da firma de cloroquineiros. Na condução da agenda, deixou a insígnia colaboracionista. Coerente com suas leituras, afirmou nunca ter visto ataque à democracia. Não se sabe se por malícia ou ignorância.

A dupla Toffux se dissolve e fica Luiz Fux. Lembre-se de quem estamos falando. Fux é expoente da magistocracia dinástica e trata o Judiciário como questão de família. Propiciou à filha de 35 anos cadeira vitalícia de desembargadora no Tribunal de Justiça do Estado do Rio de Janeiro (TJ-RJ) ("É o sonho dela", "É tudo o que posso deixar para ela", apelava a membros da OAB, como relatou Malu Gaspar em "Excelentíssima Fux", revista *piauí*). O amor paterno não vê limite.

Representa também a magistocracia rentista. Em 2014, sua caneta monocrática concedeu auxílio-moradia ilegal aos juízes do país. Em 2018, revogou a liminar porque o governo garantiu aumento. Só deixou que o auxílio fosse interrompido se ele caísse na conta. Escreveu isso na decisão. Cada juiz enriqueceu ilicitamente algo perto de 250 mil reais, quase 5 bilhões de reais dos cofres públicos. O caso ainda não saiu da gaveta para decisão final.

Deixa na gaveta também o caso dos "fatos funcionais" (penduricalhos que lei do TJ-RJ deu a juízes fluminenses). Em 2012, Ayres Britto votou pela inconstitucionalidade. Fux pediu vista. Toffoli colocou em pauta em dezembro de 2018 e tirou no dia seguinte. Já se vão dez anos e nada. Há tantos outros exemplos para discutir.

Fux anunciou que sua gestão terá quatro focos: proteção dos direitos fundamentais e do meio ambiente, combate à corrupção e a "pauta econômica". A ideia de que um tribunal escolha prioridades programáticas é alienígena à função judicial, mas deixemos isso para lá.

Listar focos genéricos é uma forma de desconversar. Indicar casos concretos testaria melhor a honestidade e firmeza do compromisso. Há casos em que o país não pode mais esperar.

Determinam vida ou morte, liberdade ou cárcere, proteção ou abandono, mais ou menos violência.

O índice mais significativo de uma gestão no STF não é formado pelos casos que decide, mas pelos que prefere não decidir. Faço uma aposta sobre os cinco casos que Fux não decidirá nem que a República tussa. Façam as suas.

São eles: porte de drogas (2011); estado de coisas inconstitucional nas prisões (2015); interrupção da gravidez (2017); juiz de garantias (2019); decreto das armas (2019). Integram o conjunto de casos em que o STF mais contribui para o crescimento do Produto Interno da Brutalidade Brasileira (PIBB). Não há pauta digna que deixe a tragédia humanitária para depois. Só precisa de coragem.

Se o STF decidir os cinco casos até 2022, deposito 4300 reais (valor do auxílio-moradia perdido), no último dia de seu mandato, no destino que Fux sugerir.

Como a aposta é impossível de perder, desejo mesmo que Fux não finja viver tempos normais e entenda a magnitude da corrosão constitucional. Se deixar para a política brasileira uma instituição judicial que ainda respire, terá superado todas as expectativas.

9 de setembro de 2020

54.
O Febejapá não entra em quarentena

O ridículo autoritário precisa de cronistas. Afinal, além do apreço pela tortura, figuras brutas esbanjam estupidez e mau gosto. Stanislaw Ponte Preta narrava o grotesco da ditadura na série *Febeapá: Festival de Besteira que Assola o País*. O *Febeapá* deu novas cores ao bestiário brasileiro.

A "redentora", como chamava o golpe, fez os "cocorocas", moralistas nascidos para policiar a minissaia, saírem do armário. Cocorocas gostam de "fazer democracia com as próprias mãos".

General Heleno, típico cocoroca, tem se revoltado com Leonardo DiCaprio. Do alto de sua carranca, desqualifica a ciência climática e toda objeção ao descalabro ambiental do governo. Exige "autoridade moral para criticar", como se sua missão no Haiti tivesse lhe dado credencial para qualquer coisa. O governo destrói a riqueza natural do país, seu maior trunfo na economia pós-carbono, para criar pasto. E "lesa-pátria" são os críticos.

Mas não é dos cocorocas clássicos que vim falar. Stanislaw deu pouca atenção à magistocracia. Subestimou matéria-prima preciosa para a galhofa. Juízes protagonizam o Febejapá — Festival de Barbaridades Judiciais que Assolam o País.

A história se repete, a primeira vez como besteira, a segunda vez como barbaridade. Barbaridades judiciais explodiram, e a dignidade do ridículo magistocrático merece reconhecimento.

Olhe para o Tribunal de Justiça de São Paulo. Sua honorabilidade é proporcional ao exemplo de seus presidentes recentes.

Para Ivan Sartori, dois meses de férias serviam para "preservar a sanidade mental de juízes"; auxílio-moradia, para Nalini, ajudava a comprar "ternos em Miami"; Pereira Calças esbravejou: "Tenho vários imóveis, mas acho muito pouco".

Pinheiro Franco, atual presidente do TJ-SP, premiou esta coluna com duas notas públicas. Na primeira, disse que "juiz paulista vive a virtude como dever legal" e dissertou sobre a tese. Na segunda, disse que tenho "entendimento vesgo" e quero "denegrir a imagem da corte". Quanto ao verbo "denegrir", sugiro evitar. Quanto ao estrabismo, tribunal que chama o massacre do Carandiru de "motim" e em vinte anos não puniu ninguém, dele também sofre.

O Febejapá vem aqui oferecer a medalha de mérito magistocrático da semana.

Poderia ir para João Otávio de Noronha, ex-presidente do STJ, que concedeu prisão domiciliar a Queiroz enquanto a negou a centenas. Nesses dias, Noronha solicitou a funcionários de gabinete ajuda na logística do casamento da filha (reportado pela *Crusoé*). Ao casamento compareceram filho de Bolsonaro e ex-esposa investigada.

Por falar em amor paterno, a medalha poderia ir para Luiz Fux, que já deixou legado de respeito para a tradição patrimonialista brasileira. Sua posse na presidência do STF e os rapapés de bastidores infectaram com coronavírus oito autoridades até aqui. A grandeza da ocasião não admitia a prudência de uma posse on-line, como foi a do TSE.

A medalha, contudo, vai para a juíza do trabalho Ana Fischer, "aquela que gosta do artigo 5º", como se apresenta no Twitter. Diante da política de contratação do Magazine Luiza, que adotou critério racial em programa de trainee, mostrou indignação e compartilhou pergunta de deputado: "E esse racismo, é do bem?". Aproveitou e emendou: "Discriminação na contratação em razão da cor da pele: inadmissível".

O problema não é sua predileção pelo artigo 5º, que contém a declaração de direitos individuais da Constituição de 1988; nem o silêncio sobre os artigos 6º (direitos sociais) e 7º (direitos dos trabalhadores), que informam ainda mais sua judicatura.

Poderia ser sua má compreensão do próprio artigo 5º, cuja ideia de igualdade impõe diferenciar tratamento para reparar desvantagens decorrentes de raça, gênero etc. Ou sua desconsideração da legislação e da jurisprudência que consolidaram esse entendimento da igualdade.

Mas a medalha lhe é concedida por violação de princípio elementar e universal da ética judicial. Diferentemente do cidadão comum, juiz deve, em nome da instituição, ter recato na exibição gratuita de opiniões com a profundidade de um tuíte. Se não suporta o peso desse dever ético especial, é livre para sair. Inadmissível é a vaidade boquirrota.

23 de setembro de 2020

55.
Ministros do STF são insuspeitos, dizem ministros do STF

O comportamento de ministros do STF tem lugar especial em manuais de ética judicial e etiqueta pública — o lugar do contraexemplo. Ensinar o que não fazer é vocação praticada com persistência por essa geração de ministros. Tirem as crianças da sala, tirem os bacharéis da sala de aula de direito, os ministros do STF vieram falar de honorabilidade institucional e imparcialidade. E de segurança jurídica.

O STF está acima de qualquer suspeita. Assim entendem os ministros do STF. Desde 1988, dos 111 casos de questionamento da suspeição de ministros, arquivaram-se todos. Em parte deles, o regimento foi desobedecido e a decisão monocrática do presidente sequer passou por plenário ("Fora dos holofotes: Estudo empírico sobre o controle da imparcialidade dos ministros do STF", de autoria de Rubens Glezer, Lívia Guimarães, Luíza Ferraro e Ana Laura Barbosa).

Se números sozinhos são insuficientes, vale citar condutas que seguem liberadas, a começar pela mais grotesca do tribunal.

Gilmar Mendes acusou Luiz Fux, dias atrás, de criar *eine grosse Konfusion*. Não sei você, mas aos meus ouvidos soa mais potente que "uma grande confusão". Eu diria o mesmo sobre a ideia de imparcialidade praticada por Gilmar. No seu modelo canastrão cosmopolita, *la garantía soy yo*: sou imparcial porque estou dizendo que sou imparcial, porque sou Gilmar.

Espera-se que juízes sejam imparciais, mas não há como assegurar imparcialidade subjetiva. Pode-se apenas zelar pela imagem de imparcialidade, a imparcialidade objetiva. Regras reguladoras de conflitos de interesse e suspeição buscam cumprir essa tarefa, não reformar o caráter de ninguém. Rituais de imparcialidade são tributos obrigatórios que se pagam à instituição, não importam honestidade ou estado de espírito do juiz. Gilmar Mendes induz sua *grosse Konfusion* sobre essa distinção elementar e ignora regras que protegem a imagem de imparcialidade. Mesmo quando mata na origem, por decisão monocrática, em desrespeito a precedente do colegiado do STF, investigações criminais contra os amigos José Serra e Aécio Neves, ou quando julga interesses do escritório da esposa, jura que é imparcial. Finge que a pergunta foi sobre qualidade de caráter, não sobre respeito a regras.

O STF ainda nos deve opinião sobre a imparcialidade de Sergio Moro. Tudo que Moro fez foi cooperar com o trabalho acusatório e midiático do Ministério Público e festejar a Lava Jato em eventos com Aécio, Alckmin, Doria, Serra e Temer. Aceitou virar ministro do governo que se elegeu na esteira de sua obra. Nada de mais, pois Moro sempre nos garantiu ser homem honrado. Por que um tribunal de insuspeitos demora tanto em julgar a sua insuspeição?

Luiz Fux assumiu presidência sob promessa de reformas. Disse que o STF será "desmonocratizado" para que "decisões sejam sempre colegiadas em voz uníssona". Já mudou regimento para prevenir a chicana da distribuição de processos a ministros específicos e assim neutralizar táticas dos amigos de ministro.

Por alguma razão, optou por não votar emenda que atacaria a patologia das liminares monocráticas por meio da exigência de referendo do colegiado. Seria um pequeno passo para o STF, mas um grande salto para sua dignidade. Em nome dessa dignidade, Fux impediu que Kassio Nunes herde relatoria da investigação sobre Jair Bolsonaro e mandou redistribuir o processo.

Kassio desafiou o requisito de "notório saber jurídico" pelo plágio acadêmico, e respondeu à exigência de "reputação ilibada" pela negação do plágio. Mas nem precisamos duvidar de suas capacidades intelectuais e morais para concluir que não deveria ser relator do caso que afeta interesses pessoais do presidente que o nomeou.

Hoje o Senado fará perguntas a Kassio. Estou menos curioso com o que pensa sobre questões constitucionais e mais interessado em escutar sua visão sobre suspeição e conflito de interesse, decoro e imparcialidade, pedido de vista e obstrução. Sobre as primeiras, não dirá mais que platitudes ensaiadas. Sobre ética judicial, senadores poderiam ao menos pedir compromissos concretos.

Não é muito, mas ajuda a colocar ética judicial na ordem das preocupações públicas.

21 de outubro de 2020

56.
Devo, não nego, julgo quando quiser

Hoje poderia ser dia de celebração de direitos indígenas no STF. O tribunal teria a chance de se corrigir e dizer que o direito indígena à terra não supõe presença física, nas respectivas áreas, em 5 de outubro de 1988, dia da promulgação da Constituição. A tese do "marco temporal" foi inventada pelo STF anos atrás e passou a integrar a jurisprudência constitucional da vergonha alheia.

A decisão infame inspirou parecer da Advocacia-Geral da União (AGU), que generalizou o critério do marco temporal para demarcação de terras. A partir daí, a omissão do Executivo, somada a decisões judiciais desencontradas, produziu notável prejuízo ao projeto constitucional. Recentes decisões monocráticas do STF já interromperam demarcações que tramitavam havia mais de três décadas.

Luiz Fux, porém, resolveu tirar o caso da agenda e deixá-lo para outra hora, para a hora que lhe der na telha. Numa frívola canetada, dias antes da sessão de julgamento, e sem qualquer explicação, limitou-se a registro burocrático: "excluído da sessão de 28/10". A vida institucional segue como se nada de extraordinariamente errado tivesse se passado.

A falta de decisão do STF, enquanto isso, só faz acirrar conflitos fundiários e violência.

Foi um gesto rotineiro de descaso, deslealdade e desrespeito a todos que levam o tribunal a sério e se mobilizam, na data marcada, para cada julgamento. Incorrem em custos para ir até

Brasília, publicam artigos, reaquecem argumentos, promovem reuniões e debates. Os juristas Oscar Vilhena Vieira e Fábio Comparato, por exemplo, aproveitaram a ocasião para publicar na *Folha de S.Paulo* textos sobre o tema. Foram deixados no vácuo, como tantos outros.

Presidentes do STF tratam pauta do tribunal como rascunho de seus caprichos, não como roteiro dramático das urgências constitucionais do país. Mais do que agredir a democracia e a esfera pública, violam regra constitucional que obriga motivação de atos judiciais, tanto processuais quanto administrativos (artigo 93, X, da Constituição). Não há poder de decidir sem fundamentar. Essa vacina contra o autoritarismo vale até para presidente do STF. Até para uma mudança de pauta.

A maior semelhança entre o STF e o Congresso Nacional não é o hábito da corte de "legislar". O exercício da interpretação constitucional, ao contrário do que se pensa, supõe o poder de colegislar. O STF não usurpa função de ninguém quando o faz. É da sua própria natureza. Pode cometer erros grotescos, claro, mas não porque "legislou", foi "ativista" ou "usurpador".

Se quiser traçar a linha entre "aplicar" a Constituição e "legislar", e daí definir se o STF é ativista, boa sorte, o caminho não tem volta. Quem imagina uma fronteira fixa reservada à função judicial na separação de poderes está mal informado na teoria, na prática e na história.

Mais produtivo perguntar como, quando, quanto e por que um tribunal constitucional pode colegislar. A análise fica mais afiada, ganha contexto, presta atenção no procedimento e na qualidade dos argumentos. Escapa, enfim, do slogan impressionista, preguiçoso e sumário.

Mas o STF perigosamente se assemelha, sim, ao Congresso Nacional quando rompe com a obrigação de decidir, premissa exclusiva da função judicial. O STF não tem poder de não decidir ou de manipular sua própria pauta com o objetivo de evitar casos incômodos. Não tem o poder de escolher, entre os milhares de casos em suas gavetas, quais levar adiante e quais deixar apodrecer. Luiz Fux não é Rodrigo Maia no contrato constitucional.

O poder de julgar o que quiser, quando quiser, foi construído pelo STF à margem da Constituição e da lei. E assim nos obrigou a conviver com uma incerteza jurídica de segunda ordem: em cada caso, não perguntamos apenas "qual" será a decisão do STF (se vai respeitar precedente, se vai inovar etc.), mas "se" haverá decisão.

A próxima vez que vir um ministro do STF se reunir com executivos para uma palestra fechada sobre segurança jurídica, saiba do que estão falando. Tanto a "palestra" quanto a ideia de "segurança jurídica" são eufemismos para outra coisa. Algo que o Judiciário diz combater.

28 de outubro de 2020

57.
JusPorn Awards 2020: votação aberta

Da pornografia nas profissões jurídicas fez-se o JusPorn Awards. A premiação com maior octanagem do ano não veio para ofender orgulho concurseiro dos bacharéis em direito. Quer apenas lhes apresentar o DNA da magistocracia, a fração hegemônica que governa as instituições de justiça desde o Big Bang.

Se a magistocracia pré-bolsonara já era um monumento antirrepublicano, a magistocracia bolsonarista saiu do armário, tomou banho de loja e já pode curtir seu dia do orgulho magistocrata em paz. As categorias do prêmio refletem a mistura de corrupção institucional, autoritarismo e aberração ética que permeiam carreiras da justiça.

O ano de 2020 foi uma orgia, se me permitem emprestar termo de Luiz Fux. Foram muitos episódios.

Na categoria "faço barba, cabelo e bigode", o indicado é o ex-juiz *la garantía soy yo*. Sergio Moro acusou, prendeu, julgou, palestrou, posou, elegeu, governou e foi advogar para quem condenou. O polímata fez tanto que a esposa desabafou: "Agora a gente pode, finalmente, ter a nossa vida". O livro de Rosangela virou clássico instantâneo da ética judicial.

Na categoria "dança dos querendo-ficar-famosos por uma cadeira no STF", o rebolado de Marcelo Bretas no palco com Crivella e Bolsonaro nos fez suplicar por sua nomeação. Na corrida dos rastejantes, disputa entre Augusto Aras, André Mendonça e João Noronha pede menção honrosa. Não sabiam que Bolsonaro faz promessas para colher vassalagem no presente, não para pagá-las no futuro. Kassio Nunes, nomeado, comprovou.

A categoria "liberdade, liberdade, abre as asas só pra nós" seleciona serviços de intimidação prestados por soldados da autocratização. Ailton Benedito, procurador da República, não só processou agência de checagem de notícias como estimulou milhares de seguidores a imitá-lo; também interpelou sociedade de infectologia que contraindicou certo tratamento de covid-19.

Augusto Aras representou contra advogado que abusou do direito de solicitar investigações contra o governo. Promotor de Porto Alegre denunciou rádio gaúcha por fazer críticas à polícia, pois lei antirracismo também protegeria a honra da instituição policial. Advocacia-Geral da União interpelou críticos de Ricardo Salles, senhor do colapso ambiental. Não esqueçamos do fetiche por dossiês de André Mendonça, ministro antiantifascista.

Na categoria "somos todos contra viés ideológico", juíza trabalhista de Minas Gerais, daltônica como o presidente, tuitou: "Discriminação na contratação em razão da cor da pele: inadmissível". Juíza criminal do Paraná, nada daltônica, ensinou que existe criminoso "em razão de sua raça". Juízes pernambucanos, indignados com curso antirracismo oferecido no Judiciário, deixaram claro que rechaçam ideologia da obediência à lei, esse viés do estado de direito.

Na categoria "magistocracia muito engraçada, não tinha teto, não tinha nada", destaca-se o TJ-SP, que assegurou auxílio-saúde para juízes gozarem de hotelaria hospitalar. O STF aproveitou e concedeu a desembargadores equiparação do teto constitucional do STF. Ministério Público do Mato Grosso criou "auxílio iPhone" para promotores.

Na categoria "tarô constitucional", quatro ministros do STF asseguraram que a frase "vedada a reeleição" significa, recombinando as letras, "liberada a reeleição". Perderam e se sentem traídos pelos outros ministros. Ameaçam retaliação.

Na categoria "encontros noturnos da República", jantares na casa de Gilmar Mendes, onde se movem placas tectônicas do Planalto, reconquistaram prestígio. Lá Jair chancelou nomeação de Kassio Nunes para o STF. Na categoria "bobo da Corte Suprema", os abraços gratuitos e as recepções de gala de Toffoli às visitas-surpresa do presidente não têm par.

Na categoria "meritocracia dos bem-nascidos", o CNJ mostra que combate nepotismo em família. Terá como novo membro, por indicação da Câmara, filho do ministro do STJ Napoleão Maia. Está nesse páreo o desembargador que falava francês sem máscara na orla de Santos.

Na categoria "arrojo", o TSE contratou os bravos da argumentação, Alexandre Garcia e Caio Copolla, para campanha contra fake news. Há que ouvir os cloroquinistas.

Perdão por não tratar da "magistocracia home office" nem da "jurisprudência do vírus". Resultados sairão durante recesso judicial, período em que descansam. Seus sessenta dias de férias, afinal, são para vender. Monetizar privilégio não faz mal a ninguém.

16 de dezembro de 2020

58.
E o JusPorn Awards 2020 vai para…

A abertura do JusPorn Awards 2020 assanhou as salas de justiça do país. Magistocratas esquecidos na lista inicial de indicados correram para entrar na disputa. Houve também reação de leitores diante de prêmio tão indecoroso.

Um disse que enxergo o "copo meio vazio", não o "copo meio cheio". Para funcionar, a metáfora pede que o copo tenha líquido perto da metade. O otimismo pode ajudar a viver, mas não é virtude analítica. Chico Buarque consola: "É sempre bom lembrar que um copo vazio está cheio de ar". O copo da magistocracia está cheio de férias e auxílio-autoestima também.

Outro leitor, mais aborrecido, perguntou por que nunca trato da "magisteriocracia". Foi um revés inesperado e desconcertante. Os manuais de interpretação do Brasil ainda se omitem sobre esse ator influente nos conflitos distributivos do país, o "professor". Nada como um vigilante da magistocracia para jogar luz nas surpresas sociológicas do país.

A hora esperada chegou. O TJ-SP, pelo conjunto da obra, estava com as mãos na taça. Teve desembargador descamisado violando a lei em francês, outro negando habeas corpus a presidiários para "prender o vírus", teve juiz punido por viés ideológico e juiz "nem aí com a Lei Maria da Penha". Mas não foi dessa vez. Ao solicitarem vacina *express*, STF e STJ chutaram a porta para mostrar quem manda nesta esbórnia pandêmica.

A Fiocruz rejeitou o pedido, mas a cúpula da justiça ainda inventará outra saída. Luiz Fux explicou, "com ética e delicadeza", que a "preocupação com a sociedade já foi demonstrada em 8 mil ações". Queira saber o que há entre essas 8 mil ações. Foi um sopro de hálito magistocrático: continuarão "trabalhando em prol da sociedade" se vacinados antes da sociedade. "Sou contra privilégios", Fux disse depois. Sua biografia confirma a autenticidade.

Fux é uma espécie de Romero Britto dos tribunais. Lembra um Rolando Lero, mas lhe falta a consciência do tanto que ignora. Rolando Lero não se levava a sério. Dotado de noção do ridículo, sua pompa exalava autoironia. A pompa de Fux é sincera. Se você disser que "pompa sincera" não existe, recomendo uma tarde de TV Justiça.

Um tal de Drummond convidou Fux a recomeçar: "Você é o que você fizer de você. Busque um lugar calmo e leve a Deus uma prece. Recomeçar é só uma questão de querer". Não confessou em que anais da poesia nacional encontrou esse furo literário que usou em seu discurso. E agora, Luiz?

Alô, alô, juiz, promotor e procurador honesto e trabalhador que não participa da pornografia, mas se deixou enfezar pelo Jus-Porn Awards: o prêmio não é sobre você. Essa identificação carnal com a instituição é sintoma do que essa corporação pode fazer contigo. Moralmente e cognitivamente. Abraçar e defender a magistocracia é parte opção, parte resignação, parte sacanagem.

Resistir à tentação magistocrática tem custos e benefícios. Se os custos lhe parecem maiores que os benefícios, bem-vindo à confraria, você tem espinha e musculatura ética para o trabalho. A fraternidade precisa de você nessa luta por distinção e luxúria. Fique a postos para furar a fila do pão ou de qualquer outro bem coletivo. Aos poucos você vai assimilando esse currículo oculto. Logo receberá sua primeira comenda por bom comportamento.

A dedicação do indivíduo ético a uma instituição corrupta e autoritária é problema filosófico incontornável dos séculos XX e XXI. Não se sai eticamente ileso após carreira profissional em instituição tão estragada. Assim como nenhum cidadão privilegiado sai eticamente ileso de uma sociedade tão desigual e brutalizada como a brasileira. Em parte, estamos no mesmo barco da responsabilidade.

Mas tome cuidado, magistocrata, para não anestesiar a consciência. Não é tudo a mesma coisa. Dentro dessa sociedade desigual e brutalizada, as instituições de justiça operam a máquina mais voluptuosa de reprodução de privilégio e violência. E operam nos porões como ninguém. A face hard-core-plus da pornografia brasileira está nos espaços que a magistocracia governa. Uma aberração específica pede tratamento específico.

O JusPorn Awards tem grandes expectativas para 2021, ano com potencial juspornográfico incomum. O pecado mora ao lado da toga. Anote: "Nenhuma nudez judicial será castigada. Toda desfaçatez magistocrática será premiada".

30 de dezembro de 2020

59.
Vivendo como se não houvesse Bolsonaro

Nunca diga que a democracia e a liberdade não correm risco se um defensor da ditadura, da tortura e da morte de dissidentes for eleito presidente. Soou inapropriado e mal informado em 2018. Soou mais inusitado no final de 2020. Melhor teria sido suspender o juízo por um tempo e esperar os fatos. Ou desconversar se, por princípio ou prudência, sua condição institucional recomenda discrição.

Entre os profetas da democracia risco zero, aqueles comentaristas políticos que correram para nos acalmar diante da chegada de Jair Bolsonaro à Presidência, Luís Roberto Barroso é o mais curioso.

Fala de dentro das instituições e, desse lugar, não se considera comentarista. "Sou um juiz, e por dever de ofício sou juiz imparcial. Minha lógica não é de apoiador ou opositor. Minha lógica é de certo ou errado, justo ou injusto, legítimo ou ilegítimo". Para dar conta desse ônus ético, riscou uma linha na areia para medir o que falar: "Não falo do varejo político, minha análise é puramente institucional".

Barroso, também professor, transita com desenvoltura pelo meio acadêmico nacional e internacional. No começo de 2019, por exemplo, numa universidade em Nova York, disse que Bolsonaro era um conservador, não autoritário, e críticas eram "choro de perdedor" que desconhece o jogo da alternância democrática.

Nesses dois anos, Barroso distribuiu gratuitamente pílulas tranquilizantes: "Na objetividade da vida, não há abalo às instituições. É preciso distinguir crise institucional de insatisfação política". "Para além da retórica, não aconteceu nada que comprometesse a democracia." "Não vejo qualquer germe golpista em parte alguma. A fricção entre os poderes é própria da democracia."

Foi assim, desqualificando críticos como ignorantes ou maus perdedores, que confundem "risco democrático com déficit das instituições", e fazendo pouco-caso da ciência política, que desfilou seu impressionismo ilustrado. Continuou vivendo e respirando "como se" Bolsonaro fosse a mistura de Sarney com Temer e pitadas de Collor. Desbolsonariza Bolsonaro o quanto pode.

Semanas atrás, em evento da Universidade Livre de Berlim, insistiu que seu negócio não é o varejo. Da pureza de sua câmara hiperbárica de análise de instituições, constatou que "até aqui elas funcionaram de maneira irrepreensível". Ao elogiar as Forças Armadas como instituição de Estado que não se suja com política, chocou: "Se alguém pagou caro pelo regime militar foram os próprios militares". E você pensava que, com a anistia, tinha ficado barato.

E continuou: "O Congresso combateu medidas provisórias. Não me sinto ameaçado na capacidade de fazer cumprir as minhas decisões. Quando o STF decidiu, as decisões foram cumpridas". Sim, decisões do STF foram cumpridas. Exceto aquelas que não foram cumpridas. Ou exceto quando o STF, preventivamente, engavetou. Ou nem tirou da gaveta para não acirrar os ânimos.

O STF tomou decisões relevantes que desagradaram a Bolsonaro. Tanto que o presidente tentou intervir na corte com parecer de Ives Gandra. Não ignoremos essas decisões, muitas do próprio Barroso. Mas o STF também deixou de tomar outras tantas decisões. Omissões agradam a Bolsonaro. A leniência com os decretos que desregulamentam, contra a lei, a compra e o porte de armas no Brasil é um exemplo.

Outro exemplo é o descaso governamental com os indígenas durante a pandemia. Barroso mandou o governo apresentar um plano de assistência integral. O governo apresenta rascunhos precários ao STF e segue tratando indígenas com a violência de sempre. Barroso, compreensivo, pede outro e dá prazo. E outro. E outro. Até aqui, nenhuma sanção. Esse pingue-pongue inconsequente Barroso chama de "diálogo institucional", ou "intercultural".

A distinção entre o varejo e o atacado da análise política, obviamente, é artificial. Serve para esconder a sujeira. Quando trata de instituições, pinta de rosa o Congresso e o STF, mas não só isso. Deixa de fora o que acontece com outras instituições de Estado, como a polícia e o edifício da proteção ambiental. Para não falar da incitação do ódio, "mera retórica".

A democracia brasileira, até aqui, conteve a quebra, mas a erosão está em curso. A ciência política diria que, na melhor das hipóteses, vamos nos aproximando de um "autoritarismo eleitoral" (Andreas Schedler) ou de um "autoritarismo competitivo" (Steven Levitsky e Lucan Way). Instituições de controle (de *accountability* horizontal, como diz Guillermo O'Donnell) vão ruindo. Restarão eleições, cada vez mais vulneráveis.

12 de janeiro de 2021

60.
O centrão magistocrático
se vende por menos

Para um estado de direito funcionar, não basta recrutar bacharéis que recitam leis e jargões, atribuir-lhes as funções de juízes e promotores, conferir-lhes garantias de independência e apertar o play. É recomendável saber quem são, de onde vêm, como pensam e por quanto se vendem. E deixar claro o que deles se espera ética e intelectualmente. E controlá-los.

Entre os obstáculos que emperram o estado de direito no Brasil, a hegemonia da magistocracia no sistema de justiça é dos mais ignorados. A magistocracia corresponde à fração de juízes e promotores que parasitam o interesse público e alimentam a corrupção institucional. Sua faceta rentista é só a mais visível.

A magistocracia rifa a legalidade e perde a dignidade, mas não perde a pecúnia. Vive e pratica o lema "Crises econômicas são oportunidades, férias para vender, recessos para descansar e leis moralizadoras para retorcer". Se o teto salarial limita a remuneração, que a corporação enriqueça por meio de "verbas indenizatórias", mesmo que a distinção seja espúria.

Sabe-se que em torno de 35% da renda da magistocracia é composta por "extras", em geral isentos de impostos, e que algo próximo de 70% recebe acima do teto. Na pandemia, buscou ser vacinada primeiro. Como o trabalho remoto trouxe economia, aproveitou para quitar passivos acumulados com o dinheiro poupado. Procure saber que "passivos".

Em 2020, só com férias vendidas, o Judiciário gastou pelo menos 423 milhões de reais (revista *piauí*). O "pelo menos" se deve à falta de transparência de alguns tribunais, como o TJ-RJ. O TJ-SP gastou 116 milhões para "comprar" férias. O TJ-MG gastou 326 milhões em auxílios.

Sobreviver no centrão magistocrático é mais fácil que no centrão partidário, pois não depende de voto nem de eleitor. Precisa ter amigos na política, fazer permutas de legalidade e negociações de constitucionalidade. Centrão partidário e centrão magistocrático se ajudam.

Vejam Arthur Lira. Nesta semana, visitou o TJ de Alagoas. O mesmo tribunal que julga sérias acusações contra ele, de corrupção a violência doméstica. Seu presidente, Klever Loureiro, investigado pelo CNJ, é defendido pela dupla de advogados de Lira. Klever Júnior, que disputou a prefeitura de Japaratinga, recebeu apoio público de Lira. "Demandas do Judiciário serão bem recebidas na Câmara", disse Lira, como noticiou site do próprio TJ.

Mas a magistocracia não é só rentista — é também autoritária e colaboracionista. Isso soa como hino militar nos ouvidos de Jair Bolsonaro. A acusação de crime tem pairado sobre si e sua família, e o risco de proteção judicial de liberdades constitucionais afronta seu governo. O processo de cooptação desse outro centrão está inconcluso, mas em disputa.

Augusto Aras tem feito sua parte. Para disfarçar seu passivo colaboracionista, depois de jogar o desastre de Manaus nas costas de prefeito e governador, abriu inquérito contra Pazuello e procedimento preliminar, que nem inquérito é, contra Bolsonaro. Iniciativas bem recortadas juridicamente para desconversar sobre os fatos e crimes mais graves e arquivar o mais rápido possível. Se a gratidão fosse a virtude de Jair, a vaga no STF já teria dono.

O cordão obstrucionista que a magistocracia armou para postergar ao infinito os casos criminais de Flávio Bolsonaro perpassa a gaveta de Gilmar Mendes no STF, algumas gavetas do STJ e do TJ-RJ.

No STF, três inquéritos afetam interesses imediatos de Bolsonaro: investigam bolsonaristas por fake news, atos pelo golpe militar encorajados por Bolsonaro e intervenção do presidente na Polícia Federal. São administrados como bombas de contenção, com resultados ainda incertos.

Também vêm do STF demoras úteis ao projeto bolsonarista, como proteção de indígenas e presidiários na pandemia, ou mesmo casos antigos que pisam na veia bolsonarista, como do tráfico de drogas, que dormita em gaveta esplêndida há seis anos, ou dos direitos de mulheres.

Para a violência bolsonarista, tempo é tudo. Tempo a magistocracia sabe entregar.

10 de fevereiro de 2021

61.
Quando juiz foge da lei, vai para onde?

Estado de direito sob domínio de operadores ineptos ou inaptos vira uma farsa. Não há Judiciário ou Ministério Público respeitáveis sob liderança e hegemonia de maus juízes e promotores. As causas da farsa variam: fraqueza ética e de vontade, covardia política, má formação e preguiça intelectual. Todas elas conduzem o "governo das leis" ao precipício.

Nosso vocabulário político já adotou expressões de origem acadêmica para falar de juízes e tribunais. "Ativismo judicial" e "judicialização", por exemplo, tentam dizer algo sobre a expansão do Poder Judiciário por novos terrenos da separação de poderes. Mas dizem nada sobre hermenêutica jurídica e integridade judicial, ou o que explica a decisão x não ter nada a ver com a lei nem com a decisão y em caso semelhante.

Fugas da lei e da jurisprudência não se confundem com eventual decisão controversa ou errada. Indicam pulada de cerca ou rendição a alguma força externa. Essa "caixa-branca" do comportamento judicial brasileiro está aberta, só precisa ser mais bem tratada pela análise. Há pelo menos cinco fugas visíveis.

A primeira é a "populisprudência", populismo judicial sob o manto da jurisprudência. Quando juízes apelam ao "sentimento social", a uma ideia etérea de "povo", a uma "missão" ou "causa", como o combate à corrupção ou a regeneração moral do país, o direito perdeu protagonismo para o cínico. Não há exemplos mais evidentes do que o julgamento do Mensalão no STF, da chapa Dilma-Temer no TSE e as táticas de alto contágio da Lava Jato de Curitiba.

A segunda é a "factionisprudência", juiz que foge da lei e vai comungar com os companheiros. Interesses do partido e de seus correligionários pesam nas suas decisões e atitudes. A sugestão de que juiz pode ser "opositor, não inimigo" de partido político resume bem a perversão.

A terceira é a "amicusprudência", uma inclinação cordial e nepotista. Juiz a pratica quando se rende aos laços privados e pessoais, ignora suspeição e conflito de interesse, flerta com tráfico de influência, facilita a vida da família e dos amigos, julga em causa própria. Foge da lei e abraça a jurisprudência dos afetos e do coração.

A quarta é a "milicusprudência", aquela dos juízes que vieram ao mundo para servir ao regime. Tremem diante de tuíte de general que comete crime. Juízes colaboracionistas hospedam general em seu gabinete, chamam golpe militar de "movimento", fazem reuniões privadas na caserna e prometem que, sob sua gestão, nenhum comunista sai da cadeia.

A quinta é a "cleptusprudência", composta por juízes que entraram no Judiciário a negócios. Rendem-se ao dinheiro não só quando vendem sentença ou produzem generosa pauta corporativa e antirrepublicana que ignora teto constitucional. Inclui a curiosa figura do juiz-empreendedor, proprietário de empresa de educação ou palestrante empresário de si mesmo, atividades vedadas pela Constituição e incentivadas pela magistocracia.

Essas fugas denotam corrupção, não corruptela, da função judicial e do direito. Se quiser exemplos concretos, sugiro começar por juízes do STF, que nos são mais familiares, mas não deixe de passear por todos os tribunais do país.

Na máxima do governo das leis, "casos iguais se decidem igualmente". Juízes em fuga do direito decidem casos iguais de maneira diferente, conforme a vontade do "povo" que ouvem de suas janelas, do partido, do milico, do afeto ou do bolso. Casos com os nomes Bolsonaro ou Lula da Silva na capa, juridicamente, são iguais a quaisquer outros, mas fazem o chão tremer. Pedem prudência e coragem, não fuga disfarçada.

As cinco fugas vêm acompanhadas, claro, da linguagem pomposa do jurista. Não se deixe impressionar por esse jogo de aparências, técnica antiga do esoterismo. Costuma ser artifício para confundir e se autoempoderar. O autoritarismo discursivo e epistêmico tem inibido avaliação fria do que se passa, por exemplo, com os casos da Lava Jato no STF.

É o que parece. O direito tem sido coadjuvante nessa história, como em outros episódios do Brasil recente. A responsabilidade é de juízes que não sabem como sair do labirinto que teceram nem têm antídoto contra o veneno messiânico que venderam. Não vão sair desse precipício com decisões corretas avulsas. Devem nos convencer de que merecem respeito como indivíduos e como instituição. Na melhor das hipóteses, demora. Melhor começar.

17 de março de 2021

62.
O que o STF pode fazer hoje contra o morticínio?

O STF faz seu próprio tempo. Toma decisões oportunas, em geral, quando seu tempo coincide com o interesse público ou quando, por autoproteção, atende a pressões. Seu senso de urgência não costuma estar em sintonia com urgências do país. Nossa pauta constitucional depende dos caprichos de cada ministro. São intérpretes das nossas urgências e não consideram dever explicação a ninguém.

Regras elásticas permitem que qualquer caso seja decidido hoje, na próxima hora, ou nunca. O país que espere ou se adapte a esse compasso lotérico. Exemplos estão nas gavetas do presente e na duração das decisões do tribunal.

A lógica do "Devo, não nego, julgo quando quiser" não conseguiu, porém, governar a agenda do STF na pandemia. O Supremo foi instado a assumir responsabilidades no manejo jurídico da emergência sanitária e tomou decisões importantes.

Afirmou competência concorrente de estados e municípios no combate à covid, decisão que Bolsonaro falseia para dizer que o STF o proíbe de agir. Disciplinou operações policiais no Rio de Janeiro, exigiu do governo divulgação de dados de saúde e invalidou iniciativa do governo de limitar Lei de Acesso à Informação. Flexibilizou Lei de Responsabilidade Fiscal e atestou a legalidade de vacinação compulsória.

Mas há os casos em que ainda opta pela espera da covid. São casos que podem conter o morticínio em curso e o estado de intimidação. Podem decidir hoje, ou podem decidir nunca. Cinco casos merecem especial atenção.

O primeiro caso trata da tentativa do Senado de mostrar que se incomoda com as 300 mil mortes no país e instalar CPI da política sanitária. Do Congresso não tem saído sequer convocação de ministro para explicação. Surgiu uma luz quando 31 senadores, há dois meses, assinaram requerimento de CPI.

Rodrigo Pacheco se omite e prevarica. Viola o artigo 58, §3º da Constituição, que prescreve a instalação de CPI a partir da assinatura de um terço dos membros da casa, e desafia precedente do STF da CPI do Apagão Aéreo. O Brasil é epicentro mundial da pandemia por seus próprios méritos, mas o presidente do Senado não deseja CPI. Ação sob relatoria do ministro Barroso aguarda o ar de seu tirocínio jurídico (MS [Mandado de Segurança] 37760).

O segundo caso diz respeito ao agravamento do estado de intimidação por meio da Lei de Segurança Nacional (LSN). O ministro da Justiça e a Polícia Federal assediam ilegalmente qualquer cidadão que grite "genocida". Um conjunto de ações questiona a constitucionalidade de artigos mais graves da LSN (como a ADPF 799). Há também habeas corpus coletivo pedindo a proteção desse direito elementar. Estão todos na mesa de Gilmar Mendes.

O terceiro caso envolve a irresignada tentativa de Bolsonaro de desmantelar o marco regulatório de armas de fogo no país, assunto da mais grave leniência do STF desde antes da pandemia. Sabe-se que não há país do mundo que tenha se tornado mais seguro por meio da distribuição de armas de fogo; sabe-se que a liberação de armas serve à violência geral e em especial ao crime organizado.

O governo tem usado de chicana para fraudar controle. De decreto ilegal em decreto ilegal, antes de Congresso ou STF invalidarem, janelas se abrem ao armamento. Augusto Aras pediu audiência pública ao STF para ampliar ainda mais a janela. Esse conjunto de ações está na mesa da ministra Rosa Weber (ADI 6119). A milícia agradece a demora.

O quarto caso é peculiar. Em 1º de julho de 2020, o STF recebeu ação para atenção especial a povos indígenas, de grande vulnerabilidade ao vírus (ADPF 709). O relator, ministro Barroso, ordenou criação de "sala de situação" para que generais elaborassem plano, desde que ouvidos os próprios indígenas. Ao longo dos meses, reuniões fracassaram, indígenas eram verbalmente agredidos por militares e planos precários foram apresentados.

Barroso indeferia o plano da vez e pedia outro. Chamou de "diálogo institucional". Em março de 2021, diante do quarto plano, resolveu aceitá-lo parcialmente. Esse plano carece de qualquer medida eficaz de proteção das áreas indígenas contra ocupações do crime organizado. Nove meses depois, chama a atenção não só a falta de solução respeitável, mas a leniência.

E se quiserem proteger a vida, não se esqueçam da pandemia nas prisões, que duplica a tragédia humanitária já contratada antes (ADPF 684, com Kassio Nunes, sem qualquer decisão).

24 de março de 2021

63.
O STF come o pão que o STF amassou, de novo

O diabo não tem nada a ver com isso. Apenas agradeceu ao STF e comemorou os templos cheios de gente nos cultos virulentos do Domingo de Páscoa. O desprezo aos protocolos sanitários foi a requintada homenagem anticristã ao tribunal.

A decisão do ministro Kassio Nunes, tomada na noite de sábado, não foi improviso. O episódio não se resume a juiz mal-intencionado que, num gesto calculado para consumar efeitos irreversíveis, driblou o plenário e encomendou milhares de mortes.

Optou por resolver, sozinho, na véspera da missa, com base na cínica alegação de "urgência" e "perigo da demora", caso dormente em sua mesa havia cinco meses. Logo ele, como lembrou Felipe Recondo, que no Senado assegurou: "Sempre prestigio o colegiado".

Essa arquitetura de baixa institucionalidade e alta libertinagem é produto de desconstrução meticulosa ao longo dos anos. Num tribunal ingovernável, a instituição desaparece e chicaneiros se lambuzam. Prevalecem o arbítrio e o interesse. O argumento jurídico vira verniz grotesco que nada disfarça.

O STF segue sequestrado por poderes de obstrução distribuídos a ministros. A chicana pode ser ativa, quando ministro toma decisão monocrática, evita plenário e produz efeitos concretos quase sempre irreversíveis; ou passiva, quando deixa na gaveta (como relator, presidente, ou por pedido de vista) e joga o caso para um futuro de sua escolha. Ambas as forças centrífugas boicotam o colegiado.

Autocratas precisam de tribunais servis. Há técnica para isso: aposentar juízes, aumentar o número de cadeiras e ocupá-las com apologistas ou comprá-los. O STF oferece ao autocrata a alternativa peculiar do "basta um": basta um Kassio Nunes para paralisar o tribunal. Se completar com um André Mendonça ou Augusto Aras, melhor ainda. O "soldado e o cabo" não vestem farda.

O texto da decisão de Kassio Nunes é pura confusão gramatical de alguém não familiarizado com interpretação constitucional. Ou pura desfaçatez. Nem os precedentes citados se aplicam. Mas, no fundo, esgotar nossa energia discutindo se a decisão foi equivocada é a isca diversionista que mordemos por conta própria. Levamos a sério argumentos do STF quando nem ministros os levam.

Mais urgente perguntar o que permite essa aberração institucional. Não há conversa honesta sobre segurança jurídica sem tocar na arbitrariedade procedimental. Não surpreende que ministros ignorem o assunto quando palestram em bancos e empresas. Palestra judicial para atores privados desse tipo, a propósito, é outra aberração ética e jurídica.

Criticar decisão disparatada e apelar por outra decisão que a corrija é o luxo intelectual dos juristas. Mas ofusca falhas das engrenagens. O tribunal não padece só da indigência do ministro A ou B, nem da infeliz decisão C ou D. O edifício está corrompido. Tudo depende do acaso, da pressão externa e do capricho individual.

Kassio sujou as mãos do STF na cadeia causal do morticínio. Mas as mãos do STF não estavam limpas. A chicana é hábito compartilhado. Rosa continua em silêncio sobre decreto de armas enquanto o país compra fuzis e munições; Gilmar acha que política de intimidação por meio da Lei de

Segurança Nacional merece exame "nem tão devagar, nem tão depressa".

São casos juridicamente elementares. Até a acusação vulgar de "ativismo" seria forçada. Mas são casos politicamente incômodos. Não é para isso que deve servir tribunal constitucional?

Na segunda-feira, Gilmar Mendes soltou liminar na direção oposta e entrou na pauta de plenário de hoje, quarta-feira. Gilmar, curiosamente, tinha em mãos outro caso sobre o tema dos cultos. Devia estar com Kassio, pelo mecanismo da prevenção. O serviço do tribunal errou e Gilmar fez que não viu. A Páscoa passou, o vírus já circulou e Kassio deve "perder" (apesar de já ter ganho).

Mas podemos respirar aliviados. Segundo notícia, Bolsonaro mandou Braga Netto procurar o STF para "estancar a crise militar" e formar uma "coalizão anti-impeachment". Fux e Toffoli o receberão com chá de ervas e bolinho de laranja. Toffoli chama isso de "diálogo institucional". Fux adotou o eufemismo.

Se tudo sair como planejado, poderemos em breve ver Bolsonaro pacificar o "meu tribunal" e juntá-lo ao "meu Exército", "minha polícia", "minha PGR" e "minha AGU".

7 de abril de 2021

64.
Agora, agora e mais agora, STF

A urgência do STF do presente não é mais decidir casos conforme critério transparente e previsível de prioridade. O STF tem urgência em sobreviver como instituição relevante. Submetidos a assédio permanente, em público e nos porões, de presidente da República que comete crimes comuns e de responsabilidade em série, ministros não dispõem de equipamentos potentes de autodefesa. Um inquérito heterodoxo foi tudo o que puderam tirar da cartola. Não bastassem inimigos externos, apoiados pelo gangsterismo militar e falanges robotizadas, o STF tem que neutralizar inimigos internos, seus cabos e soldados íntimos.

Agora, agora e mais agora? Essa pergunta dá título a um dos grandes podcasts da pandemia, narrado pelo historiador Rui Tavares. Ele relata "histórias da história", episódios do último milênio em que pessoas viviam um presente tomado por fanatismo, ódio e intolerância.

"Agora, agora e mais agora" serve também para expressar o senso de urgência em grau máximo que deveria nortear o comportamento do tribunal diante do precipício. Mais do mesmo deixará o STF ao sabor do acaso. Manter a liturgia da normalidade não disfarça mais nada. Melhor perceber o que o enfraquece e investir no que lhe dá força.

A característica determinante da fragilidade do tribunal está na constatação de que o "STF", como instituição colegiada, quase não existe. O que chamamos de STF, boa parte do tempo, não passa de um agregado lotérico de ações ou omissões individuais. Isso fragiliza o tribunal não só pela irracionalidade burocrática, mas pela excessiva personalização de cada gesto.

O tribunal é cobrado não por obediência a precedente, à jurisprudência ou a argumento constitucional qualquer, mas pelas afinidades de Luís Roberto Barroso, Gilmar Mendes, Rosa Weber, Cármen Lúcia etc. Cada decisão ganha uma cara, um temperamento, um endereço.

Tribunais não precisam funcionar assim. Converter as partes num todo, ou onze ministros num STF, é mágica institucional decisiva para a reputação e a autoridade de uma corte. Mais do que qualquer outra instituição democrática, um tribunal deve adotar métodos que façam o todo ser mais respeitável que as partes e também a soma das partes.

Registros da história do heroísmo judicial destacam juízes que conseguiram liderar colegiados em situações de risco, imprevisibilidade e mudança. Nunca o que fizeram sozinhos.

Os exemplos clássicos de John Marshall e Earl Warren, da Suprema Corte estadunidense, não são maiores do que as experiências de Aharon Barak, na Suprema Corte israelense; de Carlos Gaviria, na Corte Constitucional colombiana; de Albie Sachs e Arthur Chaskalson, da Corte Constitucional sul-africana; de Rosalie Abella, na Suprema Corte canadense.

Tampouco são maiores do que Pedro Lessa, Victor Nunes Leal e Sepúlveda Pertence na história do STF, ou mesmo Ribeiro da Costa, que teria prometido fechar o tribunal e entregar a chave ao ditador Castello Branco se decisão do STF não fosse cumprida.

Há reformas que o STF poderia fazer já, por sua conta. Depende de desapego e liderança para republicanizar a agenda, reprimir a obstrução do cabo e do soldado e tomar decisões corajosas com sofisticação jurídica e o selo do colegiado. A angústia de olhar para o tribunal em busca de arrojo e liderança e lá encontrar Luiz Fux, Dias Toffoli e Gilmar Mendes não é razão para desistir.

Hoje o colegiado do STF decide se mantém a decisão monocrática de Barroso que reconhece direito de minoria do Senado de abrir CPI e o dever de Rodrigo Pacheco de abri-la. Rumores dizem que o STF vai "modular" essa decisão elementar e dar ao Senado a liberdade para ampliar o objeto da investigação e postergar a CPI.

Seria um "caminho do meio" para atender Bolsonaro, que prometeu dar porrada em senador e induziu falsa equivalência entre os deveres de abrir CPI e abrir impeachment (não os III pedidos de impeachment contra ele, mas os pedidos contra ministros do STF). Com base na fórmula "ou bota tudo ou zero a zero", mandou o recado.

Cair na arapuca juvenil tramada por senador e presidente da estatura de um Kajuru e um Bolsonaro é melancólico demais para qualquer biografia. Melancólico sobretudo para um tribunal que, se não tem das histórias mais admiráveis nos anais da justiça, exibe um orgulho espalhafatoso em cada cerimônia, um êxtase da autoimportância em cada discurso. É cafona e arcaico, mas não precisaria ser covarde.

14 de abril de 2021

65.
Quando o STF finge que manda, o governo finge que obedece

Luís Roberto Barroso constatou, semana passada, que o governo federal não o respeita. Nem militares, a quem sempre teve em alta conta, parecem obedecer a ele. Mas preferiu contemporizar: "Registro com desalento o fato de que as Forças Armadas brasileiras não tenham recursos para apoiar uma operação determinada pelo Poder Judiciário para impedir o massacre de populações indígenas".

A frase choca por muitas razões. Não só pela complacência gravada em decisão judicial, mas por vir da pena de quem veio. Barroso passou os últimos dois anos circulando em palcos domésticos e estrangeiros defendendo a tese de que a democracia brasileira não corria riscos. Oferecia um punhado de exemplos anedóticos de "instituições funcionando". De maneira deselegante, dizia que a visão oposta era "choro de perdedor".

Levava uma vida pública como se não houvesse Bolsonaro. Completava sua visão de conjuntura com elogios gratuitos a militares. Como ex-professor na Escola Superior de Guerra, dizia que militares "pagaram preço muito alto pela ditadura", não há "razão para temê-los", só "querem mudar as coisas para melhor". Não via que o "gueto pré-iluminista", como diz, estava exatamente onde enxergou nada mais que "patriotismo e dedicação".

Aquela imaginação teórica impetuosa, que via no tribunal uma potência para "empurrar a história", agora se curva à alegação da "falta de recursos", carimbo burocrático sem maiores explicações da instituição mais beneficiada com aumentos orçamentários.

A frase choca pela resignação diante de mais uma desobediência militar a ordem sua. Em face do risco de "massacre de populações", só fez registrar seu desalento. Não é uma saída redentora.

Há de reconhecer que esse é um dos casos mais complexos da história do STF (ADPF 709). Terras indígenas foram invadidas por milhares de garimpeiros que praticam crimes ambientais e crimes contra a vida desses povos. Na pandemia, são também vetores de disseminação do vírus.

O STF está há um ano expedindo ordens para que o governo ofereça um plano de proteção sanitária das terras indígenas. Há um ano tenta envolver o governo num "diálogo institucional" com o STF e num "diálogo intercultural" com os povos indígenas. Há um ano recebe do governo planos precários até que o quarto plano foi aprovado, em parte.

Na semana passada, às vésperas de uma operação no Pará, coordenada entre a Polícia Federal e o Exército, pactuada com antecedência, militares pularam fora na última hora e causaram riscos desnecessários a policiais e indígenas.

Não pode haver prova mais contundente de que "diálogo institucional", de boa-fé, não funciona com governo de má-fé. Um governo que toda semana sinaliza, do alto do palácio, autorização para invasão de terra indígena, e ainda promete leniência fiscalizatória e anistia futura, não está interessado no diálogo. Mas está muito interessado nesse ingênuo pingue-pongue do STF, na inocência cor-de-rosa do ministro.

Por quase trinta anos, o STF entoava orgulhoso o grito da "última trincheira do cidadão" e do "guardião da Constituição". Esbanjou heroísmo nas palavras e nas promessas salvacionistas, mas economizou em rituais básicos de construção do capital político, de respeitabilidade, de manutenção da autoridade jurídica acima de qualquer suspeita.

A não promiscuidade é beabá da ética judicial. Muitos ministros do STF rejeitaram o princípio e se presumiram insuspeitos nas situações mais escandalosas de conflito de interesse. Maximizaram poder individual de chicana e naturalizaram tribunal anômalo (segundo qualquer parâmetro de anomalia). E os anos foram passando.

Consideram normal ministro votar em caso sobre delação que afeta a si próprio, para citar exemplo recente. Alguns advogados defenderam o desvio, pois o voto sozinho não definiu resultado do colegiado. Então tudo certo. Outro ministro mantém em sua gaveta há quase dez anos caso sobre auxílio ilegal a juízes do TJ-RJ, seu estado. Uma autodegradação voluntária que continua a assombrar.

O STF brincou no bosque magistocrático enquanto o autocrata não vinha. No ápice da desmoralização, o autocrata chegou. Não foi só infeliz coincidência. Um tribunal enfraquecido pode ser desobedecido sem custos, exceto para a democracia. "Diálogo institucional" pode significar exatamente isso. Um finge que manda, o outro finge que obedece.

10 de junho de 2021

66.
O que a Constituição queria do STF era coragem

A democracia brasileira precisa de um marco temporal. Não a tese jurídica que estabeleceu dia certo para atribuir direito territorial de povos originários, tese estranha à Constituição de 1988 e aos debates constituintes.

Falta à democracia brasileira um marco temporal para o STF tomar decisões. Não só um prazo razoável, mas a certeza de que, anunciada a pauta, não promoverá adiamentos contados em números de meses ou anos. O STF não pode dizer que aprecia segurança jurídica se não oferece nem isso e se acomoda ao "Devo, não nego, julgo quando quiser".

Ontem a corte começou a julgar mais um de seus casos históricos. Terá a chance de orientar a promessa constitucional de demarcação de terras indígenas, que acumula 28 anos de atraso (a Constituição pedia que se encerrasse em cinco anos).

O caso chegou ao STF em 2016 e questiona aplicação, a outras demarcações territoriais, de critério construído no caso Raposa Serra do Sol, de 2009. Pautado para 2020, foi adiado sem maiores explicações. Agora, corre risco de novo adiamento em função das ameaças de um presidente que comete crimes comuns e de responsabilidade. Basta um pedido de vista e o tribunal jogará o tema para um futuro incerto enquanto a violência aumenta no campo.

A Constituição pede ao STF muitas virtudes institucionais. Duas para começar: primeira, a coragem de decidir; segunda, a coragem de decidir certo.

Precisa saber que sua demora tem custos altos. Em torno de 1 milhão de pessoas estão hoje enredadas em conflitos por terra, invasões de territórios e assassinatos (relatório "Conflitos no Campo Brasil — 2020", da Comissão Pastoral da Terra). A incerteza jurídica e um Congresso que busca legislar a toque de caixa contra direitos indígenas e socioambientais gera expectativa de leniência à delinquência e incentivos para desmatamentos e invasões.

Adiar e "deixar para o Congresso", como se ouviu, trairia a missão de uma corte constitucional, cuja razão de existir é impedir que o legislador viole a Constituição. Essa divisão de funções está presente em quase todas as democracias do mundo. Não significa usurpar, esvaziar ou se sobrepor ao Congresso, apenas lhe fazer contrapeso e proteger a ordem constitucional.

Em outros tempos, quando não havia presidente apontando canhão para o tribunal e ameaçando fechá-lo, o STF repetia essa ideia com muito orgulho e altivez retórica. Tempos sem riscos. A coragem de um tribunal constitucional se mede em tempos como hoje.

O STF também precisa saber que a decisão errada, sucumbindo às pressões do agronegócio (que investiu alto na desinformação e na compra de pareceres jurídicos), perpetuará efeitos dramáticos, tanto nos outros processos sobre o tema que hoje tramitam na corte quanto nos processos administrativos parados no Executivo.

E a generalização da tese do marco temporal é errada por muitas razões.

Ignora a literalidade do artigo 231 da Constituição (e o critério de "terras tradicionalmente ocupadas"). Ignora também a própria jurisprudência do STF sobre direitos dos povos indígenas. Em sucessivos casos, o tribunal estabeleceu que a "tradicionalidade" está relacionada ao modo de ocupação da terra, não ao tempo. A data marcada para reconhecimento de terra indígena é exigência desprovida, ironicamente, de "tradicionalidade jurisprudencial". Arbitrária, portanto.

Afirmar que a decisão do caso Raposa Serra do Sol firmou um precedente que deveria ser seguido esconde muita coisa: primeiro, a jurisprudência anterior; segundo, que esse caso isolado deixava explícito que sua tese não se aplicava a quaisquer outros; terceiro, que mesmo precedentes sólidos, mesmo em tradições jurídicas que se apegam a precedentes, devem ser revogados quando o erro para a situação presente se tornar evidente.

Pedimos ao STF, além de coragem, a dignidade do bom argumento e inteligência jurídica. Que seja um agente do rigor analítico, não da desinformação e do teatro retórico. Que não invoque números ou previsões sem citar fonte respeitável. Que não use analogias baratas ("Copacabana terá que voltar aos índios") ou dados espúrios, porque o assunto é sério demais.

2 de setembro de 2021

67.
Como o STF resiste, ou não

A relação entre Jair Bolsonaro e STF tem história. Quando era só deputado polêmico, porém delinquente, foi protegido por interpretação camarada do STF sobre liberdade de expressão e imunidade parlamentar. Conforme a ambição pela Presidência emergia, crescia a ingratidão pela leniência judicial que catapultou sua carreira (desde a absolvição no caso do plano de atentado a bomba, apesar da expulsão do Exército).

Na campanha, seu filho sugeriu "um soldado e um cabo" para fechar o tribunal e Jair defendeu ampliar cadeiras para ocupá-las com apologistas. O discurso se inflamou e passou a mirar não apenas o quilombola, a mulher, a "mulher negra devassa", o gay, o indígena, o fiscal ambiental, o "professor pedófilo", a oposição e os militantes de esquerda, mas o próprio STF.

No governo, rotinizou discurso de "intervenção militar constitucional" e atiçou ódio contra esse inimigo. Chamou ministros de "canalha", "idiota", "imbecil" e "filho da puta". Ameaçou desobedecer ("Podemos jogar fora das quatro linhas", "aquilo que não queremos"). Seu governo já desobedece de forma furtiva (como o orçamento secreto). Chamou Kassio Nunes de "10% de mim lá dentro". Não para perder por 10 a 1, mas para "empatar" e obstruir.

A última investida é de sua deputada Bia Kicis. Quer mudar a Constituição para revogar a "PEC da bengala", que buscou impedir Dilma Rousseff de nomear mais ministros. Assim

Bolsonaro pode nomear mais ministros (como se atuais ministros não tivessem direito de ficar até os 75 anos).

Nessa guerra de posição e de permanente animosidade, o STF tem sido visto como dique de contenção e resistência. Afinal, algumas de suas decisões chatearam Bolsonaro, o governo bolsonarista e o bolsonarismo. O senso comum alimenta as emoções dos dois lados do espectro: quem agradece ao STF pela luta e quem segue ameaçando o tribunal.

Esse senso comum precisa de teste, se não para rejeitá-lo, no mínimo para entender o tipo e tamanho da "resistência". Isso nos permite conversar para além dos palpites e detectar se e quanto o STF falha ou acerta, colabora ou resiste. Só assim podemos evitar que o elogio da "resistência" se torne condescendência diante de suas notáveis falhas e omissões.

Resistência é conceito da física tomado de empréstimo pela análise política. Ajuda a descrever o esforço de atores políticos e movimentos sociais contra retrocessos.

Foi adaptado para descrever o comportamento de tribunais que, apesar de supostamente estarem restritos à língua do legal e ilegal, também oscilam entre coragem e covardia moral, perspicácia e ingenuidade política. Quando essas forças se chocam, a covardia vence o dever jurídico e pratica colaboracionismo. Coragem e o juridicamente correto às vezes se unem. Nesse caso, o tribunal exerce "resistência" contra a ameaça.

De que forma o STF tem tido a coragem de resistir (a Bolsonaro, ao governo bolsonarista e ao bolsonarismo)? O senso comum lista diversas decisões. Cito algumas principais: as que permitiram articulação federativa para conter a pandemia apesar do negacionismo federal; a que regulou intervenção policial em favelas e reduziu mortes; a que tentou proibir orçamento secreto para compra e venda de deputados.

E, claro, o inquérito sigiloso das fake news, instalado de maneira heterodoxa, sob comando de um ministro. Espécie de dispositivo de sobrevivência, o inquérito virou instituição à parte, uma ferramenta de gestão e contenção do ataque bolsonarista à democracia. Sua eficácia está em aberto.

Por trás da "resistência", há muita hesitação e refugo. Aquilo que o STF resolve adiar. Alguns deles, por covardia, obstrução ou tirocínio político.

Há muitos exemplos de hesitação que causam prejuízos sociais e humanitários imensuráveis: decretos que liberam armamento; sujeição de civis à justiça militar; porte de drogas; omissão governamental diante da fome. Outros tantos exemplos de refugo: adiamento dos casos sobre marco temporal e o poder de requisição da defensoria.

Podíamos falar de casos que o STF inscreve na rubrica "resistência" para ficar de bem com a história, mas nos quais tomou decisões inócuas: proteção de quilombolas e indígenas na pandemia; contingenciamento de recursos a universidades públicas, invalidado quando não dava mais tempo de executar. O STF ainda impediu o Conselho Superior do Ministério Público Federal de controlar Aras, que bloqueou múltiplas representações criminais contra si.

Há dois tipos de argumento em defesa do STF. Um de realpolitik: "STF não pode entrar em tantas guerras ao mesmo tempo". Outro, logístico: "STF está no limite de sua capacidade de trabalho". Importantes, mas nem sempre convencem. Exigem, no mínimo, boa justificativa das escolhas sobre o que adiar e critérios de prioridade.

Ao lado do cálculo pragmático de realpolitik e logística, sugiro que ponham na balança um terceiro critério de prioridade: sofrimento humano.

18 de novembro de 2021

68.
JusPorn Awards 2021: votação aberta

O JusPorn Awards chega à terceira edição ainda fascinado com a devassidão da magistocracia. Esse estrato mais privilegiado do Estado, nunca incomodado por reformas administrativas e sacrifícios fiscais, nunca responsabilizado por suas orgias e sacanagens, merecia prêmio que fizesse jus à sua lascívia. Essa classe de epiderme delicada e elevado senso de autoimportância esbanja mérito.

Luiz Gama, advogado abolicionista, diria que o prêmio cumpre papel de "despertador moral", como ele chamava alguns de seus textos. Mas talvez os milico-machos que classificaram canções de Caetano como "desvirilizantes" o definissem como "desvirilizante moral". Virilizante mesmo, só enfrentar o corona sem máscara. "Coisa de viado", diz Bolsonaro.

O JusPorn Awards Committee criou novas categorias para 2021 e aceita candidatos.

Na categoria "ilarilarilariê", dedicada ao xaxado público--privado da magistocracia, o encontro de praticamente todas as autoridades viris de Brasília em Lisboa, aos cuidados da empresa de ministro do STF, ao custo de pelo menos 500 mil reais em dinheiro público, sob o rótulo de "congresso acadêmico", já é tradição dessa *res*-privada.

Há também a subcategoria mais hedonística "relaxa, descansa e ainda cuida da saúde", simbolizada pelo encontro do Ministério Público do Estado de Minas Gerais em Araxá com sessão de axé no final. Um espetáculo da magistocracia desnuda usufruindo de águas termais e de chiclete com banana. Ao custo de pelo menos 500 mil reais em dinheiro público.

Na categoria "encontros sem decoro" dessa *res*-pouco-pública, despontam a reunião entre Fux e Lira para questionar decisão liminar de Rosa Weber que exigiu quebra de sigilo da compra do centrão (mas depois se rendeu às pressões indecorosas e voltou atrás). Também a cerimônia de entrega da cidadania piauiense ao presidente do STJ Humberto Martins, na presença de Ciro Nogueira e Kassio Nunes.

Na subcategoria "João Doria já foi a Dubai, você também?", aparece o desembargador fluminense Marcelo Buhatem, presidente da Associação Nacional de Desembargadores, que integrou a comitiva bolsonarista da Expo Dubai na companhia dos filhos do presidente, ministro do Turismo, secretário da Cultura, general Heleno etc.

Na categoria "não posso mais nesse miserê", nada parece bater esse obelisco da criatividade magistocrática chamado "programa de aposentadoria incentivada", que dribla a Constituição e antecipa aposentadoria numa pedalada contábil. Também a retirada de pauta da PEC que reduz férias magistocráticas de sessenta para trinta dias. Usam férias como negócio. Servem para vender, não dá para abrir mão. Ou o juiz alagoano cuja empresa recebeu 17 milhões de reais de verba emergencial do Ministério do Turismo para a pandemia e construiu resort.

Na categoria "esse livro já tá qualquer coisa", livro de homenagem a Augusto Aras editado por outro astro na história das ideias, Dias Toffoli, já homenageado, contou com artigos de seis ministros do STF e de parte do ilarilarilariê de Lisboa. O que seria da magistocracia não houvesse advocacia que a corteje?

Uma espécie de avacalhação do ritual acadêmico do *Festschrift*, livro que analisa obra de autor no auge da carreira. Confundiram com "Festa escrita" e homenagearam autor sem obra, porém com a gaveta mais letal da República. Melhor não avaliar a correlação entre atuação da Procuradoria-Geral da República e a tragédia da pandemia. Esta mereceria categoria própria, mas o comitê não quer cutucar com vara curta e permanece pornograficamente "a postes" para outras sugestões.

Leitoras e leitores, podem enviar indicações por rede social, comentário de assinante ou pelas cartinhas juspornográficas que a magistocracia bolsonarista, sensível como dândis de pelica, tem preferido: mandado de intimação, inquérito policial, ação criminal e telefonema milicartista à chefia para alertar que "liberdade de expressão tem limites".

Pois limites a liberdade de expressão tem mesmo, só que em nenhum estágio da vida jurídica inteligente eles correspondem à autoestima do magistocrata. Nem à galhofa contra a covardia autoritária. Muito menos à crítica fundada em fatos e argumentos.

Jogar fumaça nesses limites, convertê-los em buzina retórica e poupar o trabalho suado de parametrização jurídica são hábitos da preguiça intelectual incrustada no gene da magistocracia. O significado da liberdade de expressão varia conforme uma noite bem ou maldormida, uma dor de dente, uma ressaca. Mandar prender e mandar soltar viram espasmos do livre arbítrio magistocrático. E "governo das leis" vira governo de Baco, um bacanal.

Assim o autoritarismo vive, com muito dedo em riste, muita palavra de ordem e de ódio, pouca palavra de explicação e respeito, de atenção e cuidado. A magistocracia de pouco estudo vende a dignidade, mas não perde a solenidade. A solenidade de entrega do JusPorn Awards ocorrerá daqui a duas semanas. E teremos categorias-surpresa. Não deixe de votar.

9 de dezembro de 2021

69.
A justiça tarda, mas não salva

"A interpretação jurídica ocorre num campo de dor e morte." Essa deve ser a abertura mais desconcertante na história da literatura jurídica. Robert Cover segue: "Interpretações jurídicas ocasionam violência sobre outros: um juiz articula sua compreensão de um texto e alguém perde sua liberdade, seus bens, seus filhos, até a vida" ("Violência e a palavra", 1986).

Em texto anterior, o autor já iluminava a intimidade entre instituições jurídicas e a violência: "Juízes são pessoas de violência. [...] Mas juízes também são pessoas de paz. A extensão da violência que eles poderiam ordenar (mas não o fazem) equivale à medida da paz e do direito que constituem". A violência da coerção, que distinguiria o direito da literatura, opera em silêncio ("Nomos e narração", 1982).

O alerta serve para qualquer sistema jurídico, mas fica pontiagudo num dos países mais desiguais e letais do mundo. A razão limpa e inodora impressa no texto da decisão judicial ofusca a desumanidade que o direito e o jurista, com técnica e método, ajudam a legitimar.

Operadores do direito cravam suas digitais na alta taxa de crescimento do Produto Interno da Brutalidade Brasileira (PIBB), no envernizamento das mortes de crianças negras na periferia por operações policiais, na prisão sem condenação de um terço da população carcerária, na absolvição de policial por estupro de menina que "não resistiu ao sexo", ou de soldado que, por "legítima defesa imaginária", deixou jovem paraplégico.

A desorganização estatal da violência no país ganha abrigo em doutrinas jurídicas declamadas em sentenças. Mas também é impulsionada por simples atraso e indiferença. "A justiça tarda, mas não falha" se converteu em máxima autocomplacente sobre o tempo judicial: diversionista e autoritária, a pompa oracular presume infalibilidade e esconde irresponsabilidade por trás da demora sem causa.

Há que calcular o custo do atraso judicial não só em prejuízo econômico, mas em mortes e doenças, em destruição de vidas e famílias. E podemos começar pelo custo do atraso do STF. Se a medida do sofrimento humano fosse um critério da pauta de julgamento dos milhares de casos que dormitam na gaveta, o STF mereceria mais respeito.

A justiça tarda e mata. Podem-se correlacionar muitos atrasos do STF (ou de outros tribunais) com número de mortes. Mortes evitáveis pela diligência judicial.

Exemplos de demora sem causa que produz morte: ações por medidas de segurança alimentar enquanto crianças desmaiam de fome em escolas (ADPF 831, na gaveta de Rosa Weber desde abril, e ADPF 885, na gaveta de Dias Toffoli desde setembro de 2021); ações que pedem controle de armas enquanto armamento se expande (como a ADI 6675, que ficou quatro meses na gaveta de Moraes, e pedido de vista de Kassio Nunes já extrapolou prazo).

Outro: ação que busca descriminalizar porte de drogas, lei obtusa que alimenta a política de encarceramento mais grave do país (RE 635659, tramitando há dez anos em meio a obstruções e sem voto novo desde 2015). Um contraexemplo a comemorar: a ação que tenta, sob resistência da polícia fluminense, disciplinar operações em favelas (por mérito de Edson Fachin).

Além de matar, justiça tardia fabrica impunidade. A advocacia garantista por autodeclaração entrou numa onda celebratória pelas nulidades de muitas condenações associadas à Lava

Jato, declaradas no atacado. Enquanto manchete sensacionalista salientou que tribunais revogaram 277 anos de penas, advogados reagiram para mostrar que grave mesmo foi a aplicação de 277 anos de penas ilegais.

O reducionismo do embate sectário entre garantistas (por autodeclaração) e lavajatistas tem emburrecido o balanço da história.

Não se preocuparam em perguntar quando tais nulidades foram declaradas pelo STF, por exemplo. O controle tardio de nulidades é tão sério quanto a produção de nulidades. Ainda mais grave se a própria nulidade foi forjada por mudança da regra do jogo no meio do jogo. Alguns atos que, quando praticados, não eram nulos tornaram-se nulos porque, anos mais tarde, o STF mudou de ideia sobre a regra válida. A prescrição espera logo na esquina.

O "tempo judicial" pode e deve ser diferente do tempo da política, mas essa distinção não libera tribunais para decidirem quando lhes for mais confortável. E a ordem constitucional de razoável duração do processo (artigo 5º) não serve como canção de ninar. Porque a covardia de não julgar, ou de julgar quando mais à vontade com seus pares, com opinião pública ou com impacto em sua reputação, também mata. E absolve, sem julgar, o colarinho branco.

Não é garantismo, mas ilusionismo. Tarde demais para o estado de direito.

16 de dezembro de 2021

70.
E o JusPorn Awards 2021 vai para...

O Judiciário entrou em recesso, mas no JusPorn Awards o dia é de festa. A edição 2021 da homenagem à violência masturbatória e narcísica da magistocracia excitou público e candidatos. As categorias e indicações anunciadas há duas semanas não deram conta dos acontecimentos juspornográficos do ano.

E por falar em narcisismo, nesse país se respeitam liberdades desde que não se critiquem suas autoridades de cetim. Acham que sua autoestima tem valor público e merece proteção da lei. Não de qualquer lei, mas do Código Penal, aquele que carimba "criminoso" e dá cadeia.

Se Caetano definiu seu período na cadeia militar como "Narciso em férias", críticos da magistocracia, na cadeia, geram "Narcisos em êxtase". Como também devem ter ficado Augusto Aras e Kassio Nunes pelo destaque de seus nomes no relatório global de 2021 da organização Scholars at Risk, que oferece apoio a acadêmicos sob ameaça no mundo.

Antes de divulgar vencedores, algumas menções honrosas que apontam tendências para o futuro. Está em estudo a criação da categoria "tenha piedade de nós". Dependerá muito do desempenho de André Mendonça no STF, de suas orações e almoços com o presidente. Mas já merece menção honrosa o desembargador de Goiás que assina suas decisões como "Diácono". Isso não fere a "laicidade colaborativa" prevista na Constituição, diz ele.

Outra vai para Tribunal do Trabalho da 2ª Região. Seus 68 membros deliberaram sobre quebra de decoro de juiz que teria escrito "desembargadora mais foda do mundo" em rede social. Um desembargador não viu grosseria. Citou música "É foda", de MC Alysson, e alerta de Bolsonaro: "Não vou esperar foder a minha família toda". Outro discordou: "Daqui a pouco o juiz vai na rede social e escreve 'caralho'. E a gente vai deixando".

Assim o JusPorn enrubesce. Quando Richard Posner sugeriu que um dos critérios de grandeza judicial é o "dom da facilidade verbal, que permite uma proposição familiar ser expressa de forma memorável e cativante", não era bem isso que ele queria dizer, desembargadores.

O JusPorn Awards costuma dedicar especial atenção à magistocracia bandeirante e seu "maior tribunal do mundo", o TJ-SP. Essa máquina encarceradora, custosa e alérgica ao estado de direito venceu na categoria "pessoa de bem não sente fome". Desembargador cujo salário ronda os 60 mil reais afirmou ter "caráter nocivo" mãe faminta de cinco crianças que furtou miojo e refrigerante. Foi para a cadeia com toda facilidade verbal. As cinco crianças? Para a rua.

O TJ-SP encarcera mãe com fome, mas absolve, por exemplo, deputado bolsonarista que divulgou informações pessoais de cidadãos no seu "dossiê antifascista". Afirmou que o dossiê teria causado a seus alvos "mero e passageiro aborrecimento". O mesmo tribunal considerou que cirurgia de redesignação sexual de mulher trans é procedimento "meramente estético". Essa vence na categoria "conhecimento jurídico meramente estético".

Mas a taça principal do JusPorn Awards 2021 vai para quem contribuiu para o empoderamento da magistocracia, em suas múltiplas vertentes.

Na vertente "empoderamento feminino", o ministro do STJ que se referiu à ministra sua colega como "essa velha" não pode ser esquecido. Tampouco juiz de Goiás, ao lamentar que "um homem se relacionar com 'putas'" não seja mais "fato de boa reputação". Mas o diálogo entre dois desembargadores do Paraná não deixou para ninguém: "Vou levar as duas lá para você ver. A loira é do Xisto". Combinavam festa durante sessão da Câmara Criminal.

Na vertente "empoderamento masculino", noção prima do "dia do orgulho hétero", irmã do "racismo reverso", vizinha da "cristofobia", o TJ-SP voltou à cena. Absolveu o apresentador Sikêra Júnior, que se referiu a homossexuais como "raça desgraçada" por estar "arruinando a família brasileira". Não reconheceu danos morais à modelo trans ofendida porque a "crítica" teria sido "genérica", dirigida a "toda a comunidade LGBTQIAP+".

Na vertente "empoderamento da hierarquia judicial", que pratica o vigiar e punir contra juízes inferiores, o TJ-SP mantém tradição recente de intimidar magistrados. O juiz Marcílio Moreira de Castro, de Araçatuba, sofreu processo disciplinar por ter anulado prova ilícita. Foi absolvido, mas o tribunal sabe a mensagem que isso passa para todos os seus juízes e como a patrulha faz crescer sua população carcerária.

Finalmente, a dupla Toffux, um pouco apagada nos últimos tempos. Na categoria "empoderamento da razão jurídica *freestyle*", aplicável ao populismo judicial que prefere arreglar a pacificação entre os mais fortes em vez de aplicar o direito, converteram habeas corpus em *habeas prisionis* contra réus condenados no caso da boate Kiss. Fux revogou, Toffoli confirmou. Foi contra a lei, mas não contra a opinião pública.

Assim terminamos 2021. Lembre-se: "Nenhuma nudez judicial será castigada. Toda desfaçatez magistocrática será premiada".

23 de dezembro de 2021

71.
Fux está perdendo a aposta

Uma solenidade do STF deve oficializar o retorno das férias na terça-feira, 1º de fevereiro. Luiz Fux vai nos apresentar o que viu de positivo em sua gestão, "marcas retumbantes" do STF, e desafios que enfrentará "com altivez e vigilância" em 2022.

As pelo menos sete falas oficiais do ministro presidente permitem antecipar o teor e o tom do que virá. Celebrará "capacidade de resiliência do Judiciário", essa "porta última dos aflitos"; avisará que, "após um ano desafiador, a democracia venceu"; ressaltará "dever contas à sociedade" e ao "sentimento constitucional do povo", entidade que garante não se confundir com opinião pública.

Exaltará a defesa da "dignidade da jurisdição constitucional", o "caráter colegiado" de uma corte "mais democrática, humanizada e eficiente", com "precedentes estáveis, íntegros e coerentes"; assegurará que atenta aos direitos fundamentais, que bom juiz cultiva "prudência de ânimos e silêncio na língua"; defenderá a "esperança sem ingenuidade". Prometerá um "mínimo de segurança jurídica e coordenação social nesse caos insondável".

Difícil exagerar a distância entre palavras e ações de Fux. "Segurança jurídica" virou seu fetiche verbal. Não sabemos se por sonambulismo judicial (termo usado pelo filósofo Jerome Frank para notar a falsa, porém sincera, consciência de juízes sobre o que fazem) ou por ilusionismo deliberado.

Seguro é tribunal que toma decisões coerentes, mas não só. Absoluta previsibilidade na interpretação constitucional, num mundo de desacordos radicais e conjunturas que se transformam com rapidez, não há. Tão ou mais importante do que saber o que o STF decidirá é saber quando. Uma segurança jurídica de segunda ordem. Para isso, Fux deu grandiosas contribuições negativas.

Não temos ideia de quando o STF decidirá qualquer coisa. Pode ser hoje à tarde, pode ser às vésperas da eleição ou em 2034. Chamam esse descalabro de "tempo da justiça", outro slogan diversionista. Já vimos o baixo valor de mercado da pauta de julgamentos do STF. A pauta anunciada de 2022, se levarmos em conta as pautas de anos anteriores, indica pouco.

Entre o discurso otimista de Fux no encerramento de 2021 e a abertura do ano judicial de 2022, a pandemia recrudesceu. Bolsonaro voltou a ameaçar o STF e ministros do STF, a prever fraude nas eleições e afirmar que ganhou no primeiro turno em 2018; voltou a minimizar mortes de crianças, espalhar desinformação sobre criança internada, questionar eficácia da vacina e atrasar vacinação; a defender tratamento que mata e contestar a Organização Mundial da Saúde.

Fux sinaliza não ter repertório para lidar com a Blitzkrieg autoritária contra instituições. Já avisou, num exercício de anacronismo do futuro, que o "Brasil não aguenta três impeachments". Diante de seguidas ameaças de golpe em 2021, marcou reunião com presidentes dos Três Poderes para "combinarmos balizas sólidas para a democracia". Depois da festa cívica de Sete de Setembro, desmarcou: "Ninguém, ninguém fechará esta corte!".

Fux sabe ser possível fechar o STF sem fechar o STF: "Se abrir a brecha da violação da Constituição, nós perdemos todos os critérios". Essa brecha está aberta. Não é mais brecha, mas avenida.

Em 2020, por ocasião de sua posse, apostei com Fux. Listei cinco casos que ele jamais colocaria na mesa para decisão:

porte de drogas (2011); estado de coisas inconstitucional nas prisões (2015); interrupção da gravidez (2017); juiz de garantias (2019); decreto de liberação das armas (2019). Era aposta fácil, pela qual ofereci o valor de um auxílio-moradia de 4300 reais. Nada se decidiu, mas Fux tem oito meses até o fim de seu mandato. Dobro a oferta e somo quatro casos à lista. Começo pelo caso do orçamento secreto, maior esquema de compra ilegal de apoio parlamentar da história democrática. O STF liberou por liminar e exigiu transparência, requisito mínimo que, em gesto de desobediência, o Congresso ainda ignora.

Incluo três casos cariocas: operações policiais em favelas do Rio (2019); auxílios extras à magistratura do estado do Rio de Janeiro (desde 2012, enquanto juízes seguem usufruindo de "fatos funcionais"); royalties do petróleo (desde 2013). Demorando assim, Fux dá gratuitamente a advogados o argumento desconfiado de que aplicaria regime diferenciado a interesses do governo e da magistratura de seu estado, o Rio de Janeiro.

Quando tomou posse, Fux agradeceu "à comunidade do jiu-jítsu" e à "família Gracie" pelas "lições de coragem, disciplina e saúde". Se pelo menos coragem.

27 de janeiro de 2022

72.
A arte de desobedecer ao STF

Um balanço honesto sobre desempenho do STF precisa, em qualquer tempo, levar em conta o que a corte decidiu e não decidiu (agendas ativa e passiva), e salientar não só os acertos, mas os erros crassos (o cânone e o anticânone jurídico). Da mesma forma, a conclusão de que o STF tem resistido ao assalto bolsonarista deve vir junto da observação do quanto também colabora (a flutuação entre coragem e covardia política).

Não vale contar o lado A e esconder o lado B, superestimar um e subestimar o outro ao modo triunfalista do orgulho judicial. Assim se interdita o diálogo sobre falhas da instituição.

A prática colaboracionista varia. Acontece no processo judicial, tanto nas decisões desidratadas por intuição de que, se seguissem a Constituição, gerariam reações destrutivas quanto nas obstruções procedimentais que jogam o caso para futuro incerto. E acontece fora do processo, em rituais e gestos constrangedores de deferência.

Tribunais às vezes fazem isso, sem confessar, por estratégia de sobrevivência e para tentar proteger valores mais caros à ordem constitucional. Atentos à conjuntura, cientes de seus limites concretos, escolheriam onde e quando morder e assoprar, avançar e voltar. O bom estrategista, no agregado, traria saldo positivo, mesmo que imperfeito.

Vale perguntar se estamos diante de STF dotado de inteligência estratégica ou de covardia colaboracionista. E saber que a resposta não será simples, pois tribunal que toma decisões monocráticas boa parte do tempo pede exame de cada ministro.

Indício de que o faro estratégico está desregulado é o número crescente de decisões do STF desobedecidas. Pois a desobediência desmoraliza qualquer estratégia. E a desobediência ao STF está custando pechincha no mercado da delinquência.

A desobediência à decisão judicial é o lugar onde o discurso normativo do jurista encontra o mundo real, sem anestesia ou firula verbal. Na realpolitik, a linguagem do "dever ser" escrito na lei se esfarela. Doutrina jurídica e jurisprudência viram canção de ninar.

Ao jurista desprovido de outra ferramenta analítica que não o "dever ser" resta constatar o não cumprimento da decisão judicial e se recolher à angústia do silêncio. Ou então responder com o "dever ser" que lhe resta e acusar crime de desobediência. E torcer.

Essa resposta ajuda pouco quando tratamos de uma corte suprema e o desobediente é presidente da República, da Câmara ou do Senado, ministra, general ou polícia sem controle. Cabe, no mínimo, melhorar a estratégia, pois hermenêutica jurídica esotérica não vai bastar.

Casos de desobediência se multiplicam e sua gravidade tem aumentado. Nem precisa incluir a recusa de Bolsonaro em depor à polícia porque suscita divergências sobre direito ao silêncio. Tampouco gestos de afronta à independência judicial, como o general que se hospedou no gabinete de Toffoli, depois celebrou golpe quando ministro da Defesa e agora virou fiador das eleições de 2022. Um "golpe de mestre", mas não do TSE.

Cinco exemplos de desobediência:

1) Governo revogou decreto armamentista no dia em que o STF julgaria sua constitucionalidade, depois o fatiou em três

e republicou; Toffoli aceitou o passa-moleque, cancelou o julgamento e o tema permanece em aberto;

2) Forças Armadas se recusam a proteger terras indígenas e mantêm um insólito pingue-pongue com Barroso, que há quase dois anos espera, lívido, por um plano;

3) Damares, esgrimista na arte da desobediência, mantém na lista de seu disque-denúncia, contrariando o STF, a reclamação contra passaporte vacinal e "ideologia de gênero";

4) Telegram ignora há seis meses ordem de Alexandre de Moraes, mantém informação falsa sobre eleições disseminada pelo presidente, e o período eleitoral nem começou;

5) Congresso continua a desrespeitar a ordem do STF para que o orçamento secreto deixe de ser secreto (como mostra Breno Pires, dos 4,3 bilhões de reais, metade ainda está oculta).

Para Bolsonaro, é útil que se celebre a "resistência" do STF enquanto ele o agride, o ignora ou, mais grave, seu governo abertamente lhe desobedece. De um lado, dá comida ao bolsonarista da esquina com fome de ódio contra ministros; de outro, barateia sua desobediência e a varre para debaixo do tapete. Mata dois coelhos com uma cloroquina só: excita o militante e segue ileso diante de juízes que não o machucam.

Assim vai se criando, passo a passo, uma democracia imunossuprimida. Ao que parece, com alto grau de imunossupressão.

O expert em política, enquanto isso, vem avisar os alarmistas que o "risco" já passou. Ou provar que vivemos sob "risco zero", como previa. Um tiro de imodéstia intelectual e volúpia retórica que nem observadores da democracia islandesa foram capazes de dar.

Vacinas e eleições, sozinhas, não vão nos salvar.

10 de fevereiro de 2022

73.
Se o STF capitular

Juiz morre pela boca. E o Judiciário morre pela boca do juiz. Seria bom para a democracia brasileira se ministros do STF não saíssem por aí tecendo avaliações de conjuntura aos microfones de jornalistas, em salas de conferência ou eventos privados em bancos e resorts. Antecipando juízos, louvando reformas, criticando colegas, mandando recados, fazendo previsões, passando vergonha.

Não só porque as avaliações se mostram, em geral, diletantes e autointeressadas. Mas porque não cabem no compromisso institucional que assumiram. Nem nos rituais de preservação dessa matéria-prima delicada da qual se constitui a autoridade do juiz. São falas anti-institucionais que configuram conduta judicial imprópria.

Juízes constitucionais de democracias pelo mundo praticam essa máxima universal da ética judicial. As cortes ganham. Da Alemanha aos Estados Unidos, da Índia à África do Sul. No STF, Rosa Weber e Edson Fachin dão exemplo, mas são vencidos pelos contraexemplos.

Gilmar Mendes concedeu fascinante entrevista à jornalista Daniela Pinheiro, dias atrás. Disse que não vai ter golpe. Porque não. Explicou que os problemas do Brasil se devem à Lava Jato, chamada de "totalitária". Já Bolsonaro "beira o autoritarismo". Teria restado a ele, Gilmar, beirar o super-heroísmo que fulminou a Lava Jato quando não mais lhe servia, pariu Augusto Aras e o lavajatismo invertido apoiado pela advocacia progressista (por autodeclaração).

Logo ele, lavajatista raiz de primeira e segunda hora, autor do ato mais lavajatista da história por liminar monocrática pré-feriado usufruído em Lisboa, onde coordenou conferência lavajatista organizada por sua empresa educacional na presença de lideranças partidárias do país. O ato mais lavajatista da história (a invalidação-relâmpago da nomeação de Lula como ministro de Estado, com base em doutrina jurídica de um caso só) nunca foi revisto pelo STF.

Luís Roberto Barroso deixou escorregar declaração desabonadora sobre militares numa conferência de universidade alemã. Disse que militares estão "orientados a atacar as eleições". Sequer admitiu a vocação autoritária de milicos. Foram "orientados" por um mandante, não por agência própria. O lapso bem-comportado bastou para o contra-ataque. Barroso está sendo acusado de crime militar.

Logo ele, que há anos os elogia. Já afirmou que militares, apesar de nunca punidos por crimes contra a humanidade, pagaram preço alto demais pela ditadura. Num governo ocupado por mais de 6 mil militares, recusou-se a enxergá-los no "varejo da política". Colocou militar no TSE, pois, apesar de sua fé na resiliência democrática, não quis pagar para ver. Deu a militares outra arma para provocar desconfiança nas eleições.

A reação de militares integra a coreografia ensaiada do palco bolsonarista, universo onde a "ditadura do STF" (assim como a "ditadura gay") já é fato inconteste. Ali também se ordenou a infantaria digital a afirmar equivalência entre a graça concedida a Silveira por Bolsonaro e o refúgio concedido a Battisti por Lula. Criar equivalência onde há diferença, e vice-versa, é método do qual emergem muitas teses do ilegalismo autoritário.

Há muitas maneiras de "fechar" o STF sem fechar o STF. Não é preciso um soldado e um cabo, nem invocar o artigo 142 da Constituição, em que milicos decodificaram autorização para golpe (ou "intervenção militar constitucional"). Mais fácil é tornar a instituição inócua e indigna de respeito. Ou fazê-la renunciar, voluntariamente, a sua autoridade.

A verborragia incontida de ministros colabora nessa renúncia. Ainda que se deva falar de forma contundente dos riscos que corre o tribunal, a cacofonia individualista não ajuda. Não se joga esse jogo sem coordenação entre ministros.

Enquanto o presidente da República, além de mandar ministros calarem a boca, avisa outra vez que não vai obedecer a decisão que o contrarie (como no caso do "marco temporal" de terras indígenas ou da graça concedida a Silveira), cresce a pressão sobre o STF para reabrir "vias de comunicação com o Planalto", ou, no glossário de Toffoli, por "diálogo".

O STF tem flertado, desde a presidência de Toffoli, seguida por Fux, com a prática do entreguismo constitucional e da negociação de constitucionalidade. A atitude talvez salve a própria cabeça de ministros, mas não salva a biografia nem a democracia, nem as vidas à margem que estão na mira da violência bolsonarista. Comecemos por usar as palavras certas, não as diversionistas, para descrever o que vemos.

O STF precisa de apoio, cautela e clarividência, não de capitulação. De colegialidade contra o individualismo obstrucionista e boquirroto. A capitulação, afinal, libera de vez o bolsonarista da esquina. Ele não só ameaça. Ele estupra e mata criança ianomâmi, por exemplo.

28 de abril de 2022

74.
Cala a boca não morreu no STF

"A liberdade de expressão não é absoluta." Essa premissa se tornou o mantra de decisões judiciais sobre abusos da palavra. Incontestável em abstrato, serve como ponto de partida, não ponto de chegada, de raciocínio jurídico. Não é algoritmo hermenêutico. Exige critérios estáveis e longo caminho de análise de cada caso. Se reduzida a slogan retórico, que tira da cartola soluções abracadabra, vira arbitrariedade judicial.

Com base na premissa "liberdade de expressão tem limites", Daniel Silveira, que ameaçou a vida de ministros e incitou violência contra o tribunal, foi condenado por crime. A mesma premissa orientou condenação, por dano moral, do jornalista Rubens Valente, autor de livro-reportagem lateralmente desabonador para reputação de ministro. Decisão unânime de Moraes, Toffoli, Marco Aurélio e Rosa Weber.

Os quatro ministros abandonaram a "cláusula da modicidade" para cálculo do dano. Adotaram a "cláusula da maldade" e atenderam a pleito do colega decano. Indenização incomum que não serve para ressarcir qualquer coisa. Serve para calar e falir.

Jornalista não está isento de responsabilidade pelo que escreve, mas a decisão não demonstrou nem impropriedades factuais, nem juízos ofensivos do livro. Parece ter inventado direito especial para ministro do STF: o direito de não se sentir ofendido.

O STF tem desfilado como mui amigo da liberdade de expressão e recitado decisões recentes: liberação da marcha da maconha, revogação da Lei de Imprensa, liberação de biografias não autorizadas e do debate político em universidade. Cármen Lúcia até escolheu a marchinha: "Cala a boca já morreu, quem manda na minha boca sou eu".

Tome cuidado com o autoelogio judicial. Na areia movediça de argumentos moldados pelo acho que sim, acho que não, mesmo quando concordamos com o resultado, segue difícil o tribunal convencer de que uma decisão não foi casuística.

O STF é menos amigo da liberdade do que quer fazer parecer porque mesmo seus acertos exalam a fumaça de voluntarismo populista. A proteção da liberdade pede mais que acertos avulsos. Pede transparência, coerência e alguma previsibilidade, três bens jurídicos que o STF se recusa a produzir. Acertos avulsos não fazem jurisprudência se ministros não têm compromisso com suas declarações de princípio.

O tribunal não desconhece a diferença entre delinquência e jornalismo, nem entre Daniel Silveira e Rubens Valente. Mas se você procurar, nas decisões, explicação da diferença, não vai achar três gotas de suor descritivo e analítico.

Frustrou, mas não chocou, o silêncio da advocacia progressista (por autodeclaração) no episódio. Ela transformou debate jurídico entre garantistas e punitivistas num embate sectário, mal disfarçado de jurídico, entre antilavajatistas e lavajatistas. O sectarismo esmagou o grão de direito que restava. Os dois lados exibem hoje mais equivalências que diferenças.

Antilavajatismo se fez lavajatismo com sinal trocado. No jargão preguiçoso, comprado pelo jornalismo a preço de osso para faminto comer, garantista virou o juiz que manda soltar, punitivista o juiz que manda prender, independentemente da legalidade da prisão ou da soltura. E ilegalidades vão passando despercebidas de um lado e de outro.

Só nesse universo alucinógeno e pouco sincero é possível enxergar Gilmar Mendes e, claro, Augusto Aras como restauradores do estado de direito e homenageá-los em eventos laudatórios. Diante do imenso atentado à liberdade de imprensa praticado pelo mais poderoso dos magistocratas, melhor sair de fininho. Pau que bate em Moro não bate em Gilmar.

Arruinar a vida do repórter que manchou sua reputação não é o principal objetivo de empresário-censor, político-censor ou juiz-censor. Sua maior vitória, sempre, é deixar todos os outros jornalistas com medo da próxima reportagem. Pode custar 1 milhão de reais. Ou mais, ou menos, ninguém sabe.

Valente, repórter respeitado, contou com onda de solidariedade que lhe poupou endividamento vitalício. Outros não têm essa sorte. Sem estruturas de apoio, jornalismo vira assessoria da corte.

Quando o exercício da liberdade depende de heroísmo e conta bancária, o cala a boca continua firme. No STF, o cala a boca morreu só da boca pra fora. Flutua conforme a razão e sensibilidade de cada ministro. O tribunal não nos ajuda a ajudá-lo nem quando mais precisa.

19 de maio de 2022

75.
Promiscuidade judicial em Nova York

Durante a última década se firmou na cultura do Brasil Colônia uma prática cuja jequice vem pronta: encontros da elite econômica e magistocrática, em cidade estrangeira glamourosa, na presença somente de brasileiros, sob o pretexto de se discutir tema nacional. Fora do país fica suspensa a noção republicana de "conflito de interesses", que busca regular interações entre Estado, mercado e funções institucionais.

Para celebrar a proclamação da República, seis ministros do STF (além de um ex-ministro e um ministro do TCU cotado para cadeira no STF) participarão da LIDE Brazil Conference, em Nova York. Como se sabe, o LIDE — Grupo de Líderes Empresariais, integrante do Grupo Doria — é empresa de João Doria dedicada a "fazer pontes" entre o mundo corporativo e o mundo público. Não precisa chamar de lobby se tiver apego ao eufemismo.

Alexandre de Moraes, Cármen Lúcia, Dias Toffoli, Gilmar Mendes, Luís Roberto Barroso, Ricardo Lewandowski, além de Carlos Ayres Britto e Bruno Dantas, sob a moderação de Merval Pereira, antecedidos pelo *opening speaker* Michel Temer, irão falar sobre o tema "O Brasil e o respeito à liberdade e à democracia". Para que não falte verniz acadêmico nem estrangeirismo, o meeting ocorre no Harvard Club, espaço ligado à comunidade Harvard.

Tudo bem que a proclamação da República, como evento histórico, não foi das coisas mais republicanas. Mas a data ao menos ecoa um ideal, entre outras coisas, da separação entre o público e o privado, do decoro, da imparcialidade, do combate à falta de noção. Podiam pelo menos combinar data menos irônica.

A LIDE Brazil Conference, com a presença de ministros, é um obelisco do éthos antirrepublicano da magistocracia. Por múltiplas razões. Enumero seis para começar.

Primeiro, é evento empresarial. Patrocinado por gigantes das finanças, da construção civil e da celulose: Banco Master, Acciona, Binance, Bracell, CNseg, Cosan, Eletra, J&F, Febraban, JHSF, Bradesco, Coelho da Fonseca, Grupo Safra. Um *branding* plural.

Pesquise conexões dessas empresas com Bolsonaro, com o PT, com o centrão, com valores constitucionais, com o STF, com ministros do STF. Tem muita coisa. Cada patrocinador tem interesses presentes e futuros no Supremo. Mas não é só isso. O evento emite sinal grave sobre indiferença ética.

Segundo, supondo que presença de um ministro já não ferisse princípios da ética judicial, não pega mal ter a presença de seis? Da maioria do colegiado? Um não era suficiente para falar "em nome" do STF? Há limite na Disneylândia do patrimonialismo magistocrático?

Terceiro, escancara como a riqueza tem absoluto privilégio sobre a pobreza na pauta do STF. Se quiser entender como o tribunal trata a pobreza, conte as rejeições de habeas corpus em defesa de miseráveis. Ou como julga políticas públicas que atendem aos vulneráveis. Não houve ministro em encontro nacional da população de rua, semanas atrás em Maceió. Nem no da defensoria, nessa semana em Goiânia. A riqueza o STF encontra em jantares em Nova York.

Quarto, juízes precisam proteger a corte, não jogar contra ela. Quanto mais permitem individualizar o tribunal, desinstitucionalizá-lo e identificá-lo a pessoas particulares, mais abrem espaço para o tipo de ataque desferido por Bolsonaro. Crise de legitimidade passa a depender de um peteleco. Fazem o jogo de Bolsonaro.

Quinto, quem paga as despesas? Se for o LIDE, está errado. Se for o orçamento do STF, mais errado. Pagam do próprio bolso? Não resolveria. São remunerados? Se sim, temos um problema enorme. Se não, o problema enorme continua.

Sexto, uma dica: o *all-white-male panel* já não pega bem nem no Harvard Club nem na Harvard University. Nove homens brancos e uma mulher não fazem um ambiente inclusivo. Ideologia de gênero?

Não há corte constitucional respeitável no mundo que aceite conduta similar. Se quiserem um modelo, basta olhar para Edson Fachin e Rosa Weber, os que mais bem praticam esses parâmetros universais de ética judicial. Se a "fumaça do bom direito" depende da "fumaça do bom juiz", a presença na LIDE Conference produz fumaça tóxica.

Na semana passada descrevi formas de Bolsonaro sair vitorioso após derrota eleitoral. Naturalizar a promiscuidade é uma dessas formas. Quem prefere ser chaveirinho do poder econômico se deslegitima perante os que questionam sua imparcialidade e sua autoridade.

LIDE com isso.

10 de novembro de 2022

76.
Luiz Fux não foi a Nova York, mas perdeu a aposta

Esperei dois meses para que o ministro Luiz Fux descansasse depois do fim de sua gestão na presidência do STF. Disse que estava "moído". Chegou a hora de cobrar a aposta que lhe propus em 2020 e dobrei em 2021.

Apostei que Fux não teria coragem de encaminhar as maiores urgências constitucionais do país para decisão. Não teve. Listei nove casos exemplificativos. Numa presidência de muita parolagem, a "porta última dos aflitos", sua alucinada imagem do Judiciário brasileiro, continuou a ignorar a aflição última dos miseráveis.

Dos nove casos, apenas um foi decidido pelo plenário, que ratificou decisão liminar de Edson Fachin para controlar operações policiais em favelas (ADPF 635, que reduziu letalidade policial). Não foi capaz de pautar julgamento do porte de drogas para consumo pessoal, sem solução desde 2011 e que provoca imenso encarceramento fútil (RE 635659).

Aguardou o país formar exército civil armado e não pautou ação contra decretos armamentistas de Bolsonaro, finalmente pautado por Rosa Weber e julgado (ADI 6139). Curvou-se a Arthur Lira e assistiu ao orçamento secreto estruturar aparato inédito de corrupção eleitoral (ADPF 874).

Defendeu redução de decisões monocráticas e quis aprovar regra para disciplinar pedidos de vista. O plano emperrou porque não abriu mão de manter na sua gaveta dois casos de seu coração corporativo: a suspensão da criação do "juiz de garantias" (ADI 6298, no seu gabinete desde 2019) e seu esforço obstrucionista para perpetuar "penduricalhos" (ou "fatos funcionais") de juízes fluminenses (ADI 4393, que segura sozinho desde 2012!).

Foi um guerreiro contra a audiência de custódia presencial, mecanismo de prevenção da tortura policial. Ao liberar audiência por videoconferência no Conselho Nacional de Justiça, sob pretexto da pandemia, ignorou estudos que mostraram sua incompatibilidade com os requisitos da audiência.

Por último, não se pode deixar de avaliar a presidência de Fux diante do programa bolsonarista permanente de ataque ao tribunal. Fux também abraçou, de modo menos escancarado que seu antecessor, Dias Toffoli, a filosofia da colaboração disfarçada pelas expressões "equilíbrio entre os poderes" e "diálogo".

De um lado, o presidente da República se movimentava por intervenção militar, intimidava o STF e incitava ódio contra ministros; de outro, Fux tentava organizar chá da tarde entre os presidentes dos poderes para garantir eleições pacíficas que jamais teríamos.

Fux perdeu a aposta e agora me deve dois auxílios-moradia. Mas não custa perguntar se sua ausência na micareta cinco estrelas de Nova York, organizada pela agência de intercâmbio político de João Doria nesse feriado de Quinze de Novembro, que recebeu comitiva de seis ministros, foi por zelo republicano ou senso do ridículo. Ou por revolta contra a depravação corporativa.

Tudo nesse grotesco evento da antiética judicial suscita conflito de interesses. E oferece boas razões para se desconfiar da imparcialidade de ministros no julgamento de interesses de seus anfitriões. Justo quando mais precisamos da autoridade do Judiciário e de juízes respeitáveis em cortes superiores. O Código de Ética de juízes manda evitar condutas que possam "refletir favoritismo e predisposição". Como interpretam essa regra?

O evento empresarial cobrava 10 mil dólares o convite. Seus colegas não pagaram ingresso, pois palestraram. As despesas foram custeadas não se sabe por quem. As palestras foram remuneradas não se sabe por quanto. Se pelo menos tivessem clarividência para evitar o malfeito na hora errada: a delinquência verde-amarela babava nas ruas à espera.

O JusPorn Awards 2022 esperava um ano com mais transparências e menos recato. O valor da aposta será investido na criação do "Fundo Depravare", que dará sustentabilidade à celebração da pornografia judicial.

No discurso de despedida da presidência, Fux postulou que "juiz compromissado com a Constituição" deve "tratar indigentes com caridade, e opulentos com altivez". Caridade com os indigentes lhe faltou, mas lhe sobrou caridade com a magistocracia. O patrimonialismo refinado de Nova York mostra o tratamento que o tribunal dispensa aos opulentos. E mostra, indiretamente, a consideração que reserva aos indigentes.

O STF contribuiu na contenção da ameaça bolsonarista, ainda longe de terminar, por meio de atos de coragem individual e algumas decisões oportunas do plenário. Só não se perca de vista o quanto o STF também deixou Bolsonaro barbarizar. E o quanto superestima a própria capacidade de se fazer respeitar. Em Brasília ou em Nova York.

17 de novembro de 2022

77.
JusPorn Awards 2022: votação aberta

O pecado mora ao lado da toga, conta a história brasileira da devassidão. O cabaré juspornográfico de 2022 teve luz própria, apesar da orgia patriótica nos quartéis em protesto contra fiasco eleitoral bolsonarista. A pornografia milico-fundamentalista de Jair não tem o charme e a graça daquela que se passa nas alcovas forenses.

A terceira edição da festa do striptease magistocrático ocorrerá em inferninho nova-iorquino. Medida de discrição pela família. Recato e dignidade ficam de fora. Patriotas gritando de frio e de raiva da democracia, também. A lei seca dá lugar à jurisprudência lubrificada. Sabemos que em Nova York juízes se sentem à vontade para o desbunde. Está na hora de internacionalizar a falta de noção.

As candidaturas exalam muita libertinagem. Na categoria "crônicas da vida promíscua", um excesso de candidatos acirrou a disputa. Primeiro, o Fórum Jurídico de Lisboa, organizado por empresa educacional de ministro do STF, o IDP, apesar de a Constituição proibir juiz-empreendedor. Reúne todo ano autoridades políticas do país.

Segundo, evento da empresa de João Doria em Nova York, patrocinado por grandes grupos econômicos interessados no STF, contou com presença de seis ministros. Seis. Se você não conhecia juiz de corte suprema que se presta a bibelô de magnatas, só olhar ali. Terceiro, alguns dos mesmos ministros foram ao Fórum Brasil 2023-26, em resort no Guarujá, dias mais tarde. Devidamente patrocinado pelo grande capital. Aqui não tem soft-porn.

Quarto, juízes e promotores foram a Washington para misteriosa reunião de trabalho na Organização dos Estados Americanos (OEA). Viagem no escuro, descoberta depois. O objetivo era firmar acordo educacional. Não explicaram por que o formato presencial e custoso. Não explicaram por que Augusto Aras.

A mesma turma de ministros do STF participou de festa na casa do advogado de Ciro Nogueira para celebrar diplomação de Lula. Erro grosseiro de Lula em estar presente. Erro lascivo dos ministros. É como se a Copa do Mundo terminasse, torcedores derrotados queimassem carros na rua e os árbitros da final festejassem com os campeões na casa do lobista da Fifa. É descompostura de quem organiza, completa falta de noção de quem aceita o convite.

A categoria "enriquecimento quase lícito" observa a arte e o engenho de forjar salário que estoure o teto, feito de verbas indenizatórias (não remuneratórias) e livres de imposto. Teve 5 bilhões de reais em verba retroativa aprovada pelo TJ-MG. Tem tentativa de juízes federais de resgatar penduricalho por tempo de serviço. Teve o TJ-SP buscando bônus por "excesso de trabalho".

A magistocracia não é só rentista, é também dinástica. A categoria "laços de família" trouxe filho de desembargador, genro de Roseana Sarney, aos 35 anos, ganhando cadeira vitalícia no TRF-I na vaga de Kassio Nunes. A família magistocrática se ama. Fux que o diga.

Na categoria "Black Friday do decoro judicial", que observa leilões do centrão magistocrático para indicações de juízes a tribunais superiores, teve destaque a competição entre indicados de Gilmar e de Kassio para o STJ. Bolsonaro deu vitória a Kassio. Também teve a indicação ao TST de juíza cuja família deve a Kassio honorários advocatícios.

Na categoria "há coisas que a toga não pode comprar, para todas as outras existe MagistoCard", novamente desponta Kassio Nunes. O ministro aceitou mimo de advogado que lhe pagou jato para acompanhar um nobre combo esportivo no verão europeu: a final da Champions League de futebol, o Grande Prêmio de Mônaco de Fórmula 1 e a final de tênis em Roland Garros.

Finalmente, a categoria "caça aos comunistas" contempla a magistocracia que geme de ódio da democracia e goza quando Bolsonaro ameaça golpe. Desembargador mineiro declarou que tratados de direitos humanos têm "lado esquerdo e de bandido".

Desembargador do TJ-GO atacou a Globo por "enaltecer homossexuais". O Tribunal Regional do Trabalho de Santa Catarina anunciou plano de construir estande de tiro. Desembargadora da capital, amiga de Flávio Bolsonaro, declarou que "a verdadeira seleção brasileira está na frente dos quartéis" pedindo fim da democracia.

Bolsonaristas foram ensinados a gritar contra a "ditadura judicial", que reprimiria seu desejo vital de violar a lei. Para nomear essa pulsão primal e pré-civil, inspirada na melhor tradição escravocrata, a nova delinquência política nacional contrabandeou a palavra "liberdade". Por meio dela pede licença para matar, aterrorizar e planejar golpe.

Quando patriotas notarem que, por trás da fantasia da ditadura judicial, o que rola mesmo é pornografia, poderão se libertar da masturbação alienatória, superar a miséria existencial e barbarizar na festa do JusPorn Awards, o baile da decrepitude transviada.

Vote. O JusPorn Committee quer saber tua opinião. Entrega na semana que vem.

15 de dezembro de 2022

78.
E o JusPorn Awards 2022 vai para...

Os maus costumes magistocráticos podem ser objeto de indignação ou de gozação. O JusPorn Awards optou pela gozação. E pela sacanagem. Houve muita em 2022. Bolsonaro barbarizou, mas não conseguiu ofuscar a juspornografia.

Houve desembargador paranaense que publicou "As dez tentações na vida profissional de um juiz". Nasceu clássico. Entre outras, o artigo enumerou as tentações da vaidade, da inveja, do sexo com "belas moradoras locais". E se rendeu à tentação da sinceridade.

Houve juiz mineiro que levou oito minutos para suspender proteção ambiental da serra do Curral, mas obstruiu medidas contra mineração no local por meses. Houve juiz catarinense que condenou advogada por publicar os *Causos da comarca de São Barnabé*. Na ficção, o personagem Floribaldo Mussolini era juiz do "Tribunal de Justiça de Santa Ignorância". O juiz real Rafael Rabaldo achou que era com ele e processou.

O STF enfim decidiu um dos casos juridicamente mais fáceis do ano e invalidou o orçamento secreto. Chamou a atenção a tentativa do centrão de fazer concessões para manter o esquema, numa negociação de constitucionalidade ao gosto de ministros do tribunal. No dialeto juspornográfico, essa indecência se chama "jurisprudência lubrificada".

Curiosa foi a revelação de Augusto Aras. Alegou "cognição incompleta" e retirou parecer favorável ao orçamento secreto.

Confessar sua incompletude foi um bonito ato pornoexistencial. No juridiquês da alcova, chama-se servidão passiva.

Leitor me alertou faltarem ao JusPorn as categorias "desumanidade magistral" e "decisão descabida e sem conhecimento". Ele se referia à juíza catarinense que impediu uma menina estuprada de onze anos de obter aborto legal. A juíza perguntou a ela se esperaria "três semanas" e se o estuprador estaria de acordo. Retirou a menina da família e a mandou para um abrigo. Foi promovida pelo TJ-SC. E ainda ganha um JusPorn 2022.

Por falar em "desumanidade magistral" e em "decisão sem conhecimento", o JusPorn Awards não se esquece do conjunto da obra de Dias Toffoli de 2022 (nem de 2021, 2020, 2019). Leva outra estatueta.

Toffoli foi pedir desculpas a Lula por ter proibido o presidente eleito, quando na prisão, de ir ao velório de seu irmão. Escusas, na magistocracia camarada, costumam funcionar como excludente de ilicitude. Toffoli tenta convertê-las em excludente de peso na consciência e includente de interesse de conveniência.

Toffoli passeou na casa de veraneio de Fábio Faria. Não fosse suficiente ser ministro do governo, Faria é filho de ex-governador acusado de corrupção. Robinson Faria pede habeas corpus ao STF. O relator? Dias Toffoli (HC 202522). Toffoli ainda foi visto na comitiva de Bolsonaro, Faria e empresários para a cerimônia de saudação nonsense a Elon Musk, recebido como chefe de Estado.

Toffoli, em palestra a empresários em Nova York, opinou que o maior livro do século XX é *Entre o passado e o presente*, de Hannah Arendt. Errou o título do livro que admira [*Entre o passado e o futuro*], mas seu mérito maior foi causar incidente diplomático ao falar que o Brasil deve evitar o extremismo argentino que ele viu num filme de Ricardo Darín.

A Argentina puniu delinquência militar da ditadura. O Brasil se ajoelha à delinquência militar na democracia. Quem não prende os seus Videlas convive com herdeiros de Ustra. Outro dia Toffoli disse que o país não teve "golpe", mas "movimento". Aos empresários, afirmou que Bolsonaro vem "enfrentando as corporações". Frustrou quem esperava mais brilho analítico: "Não tenho tempo para desenvolver o que quero dizer com isso". Alívio na plateia.

O Código de Ética da Magistratura tem regras. Manda magistrado evitar "comportamento que possa refletir favoritismo". Ensina a juízes que estão sujeitos a "restrições e exigências pessoais distintas das acometidas aos cidadãos em geral". O Código de Processo Civil diz que será suspeito o juiz "amigo íntimo" ou "inimigo" das partes. Regras que magistocratas não cumprem. Ainda menos o STF.

O JusPorn festeja a desobediência e a depravação. Não surgiu para iluminar o erro e a barbeiragem, o abuso e a desmedida, a cafonice e o mau gosto judiciais. Veio para celebrar a lascívia magistocrática contra o bem público e a instituição da justiça. Serve para apreciarmos os homens e as mulheres da lei contra a lei. Incentiva o voyeurismo da libertinagem togada.

O evento é financiado pelo Fundo Depravare, constituído por dois auxílios-moradia ainda não pagos (de aposta unilateral feita com Fux) e por *grant* do LIDE, a agência de entretenimento jeca-judicial de propriedade de João Doria. O troca-troca entre políticos e empresários dá as boas-vindas à magistocracia.

Lembre-se: "Nenhuma nudez judicial será castigada. Toda desfaçatez magistocrática será premiada".

22 de dezembro de 2022

79.
Por coerência, Lula deve nomear juízas

Collor nomeou o seu primo ao STF. Fernando Henrique nomeou Gilmar Mendes. Lula nomeou Dias Toffoli. Dilma nomeou Luiz Fux. Fux ajudou na nomeação de mulher de 35 anos a desembargadora do TJ-RJ. Sua filha. O primo de Collor deu telefonemas a desembargadores para que votassem numa mulher para o TRF. Sua filha.

Esse apanhado de nomeações pouco inspiradas dá o tom branco e masculino, dinástico e nepotista de nossa tradição judicial. E ressalta o papel de presidentes da República e governadores em fomentá-la. Assembleias legislativas e tribunais sustentam a vocação identitária do Estado brasileiro. Um identitarismo não declarado que se reproduz por inércia nessa meritocracia dos bem-nascidos e bem relacionados.

Lula convocou "mutirão pela igualdade" em sua posse. Não poderia, por coerência a esse compromisso, nomear símbolos de privilégio aos tribunais. Nem conservar STF, STJ e TRFs tão pouco brasileiros. O fisiologismo do centrão magistocrático e advocatício corrói as instâncias superiores. Contê-lo daria contribuição superlativa à democratização da justiça.

A falta de diversidade de gênero e raça em cargos de poder no Brasil é um vexame global. Apesar da exigência de número mínimo de candidaturas femininas e negras, e de recursos de campanha, a Câmara dos Deputados de 2023 terá 17% de mulheres (aumento de 77 para 91) e o Senado, 13% (queda de onze para dez).

Em 2022, 517 parlamentares eleitos (senadores, deputados federais e estaduais) se declararam negros. Conforme banca de heteroidentificação racial, metade mentiu. Só 16% do total é negra.

Nos tribunais, o desequilíbrio afronta. O STF tem duas mulheres entre onze ministros. O STJ tem seis mulheres entre 33 ministros. Proporção idêntica. Nenhuma mulher negra. Mulheres representam 38% da magistratura, 23% dos desembargadores.

São menos de 18% os magistrados negros, 8% os desembargadores. Dados raciais são imperfeitos pela negligência de tribunais em registrá-los (*Pesquisa sobre negros e negras no Poder Judiciário*, CNJ, 2021, e "Perfil sociodemográfico dos magistrados brasileiros", CNJ, 2018).

A branquitude masculina dos tribunais do país dá vergonha à justiça, se já não bastasse vergonha à história e a qualquer ideal de progresso. Mas não é só vergonha. Ao suprimir diversidade e reproduzir hierarquias sociais discriminatórias, instituições nacionais perdem em legitimidade e representatividade. Grupos vulneráveis ali não se enxergam.

Um critério de prioridade orientado por gênero e raça não abre mão de competência intelectual, experiência profissional, coragem, dignidade, compostura e decoro. Qualidades que, diga-se de passagem, rareiam nos plenários masculinos de hoje. Obviamente que uma Damares Alves ou um Sérgio Camargo não passam no teste.

Quem afirma que "não basta ser mulher, é preciso ser competente", e daí justifica a média de 80% da branquitude masculina em posições de poder, leu pouco. As "amebas identitárias", como disse deputado dia desses, não têm sido nem as mulheres, nem os negros. Tem sido gente como o deputado mesmo.

Difícil acreditar que Lula não aprendeu com seus erros brutos. Que, tendo lá atrás nomeado ex-advogado do PT ao STF, cujo desempenho não vem ao caso, possa agravar o erro e agora nomear advogado pessoal, tido como certo na bolsa de apostas. Não seria só deslize ético.

Lula deve saber que gratidão política a Tebet e Marina (nomeadas a ministérios, pois, além da competência, foram aliadas na campanha) é diferente da gratidão privada a advogado que prestou serviços à pessoa Lula. Uma é republicana, a outra não. Nomeação de ministro do STF é questão de Estado. De interesse público, não de coração.

Bastidores também contam que ministro do STF prestes a se aposentar tenta fazer seu sucessor e se engaja em campanha por funcionário da corte. Em vez de valorizar seu legado jurisprudencial e respeitar ritual da aposentadoria, teria optado por jogar seu capital num legado senhorial: um assessor sentado em sua capitania magistocrática. A degeneração do tribunal vai se naturalizando e aprofunda feridas patrimonialistas. A confusão do público com o privado não tem limite.

Lula terá oportunidade de nomear dois ministros ao STF. Se alguém quiser antecipar aposentadoria, talvez três. A fofoca jornalística anuncia que ele deve nomear uma mulher para o lugar de Rosa Weber e um homem para o de Lewandowski. Como se a proporção de nove homens para duas mulheres bastasse. Lula poderia alterar essa proporção para oito a três. Na melhor das hipóteses, sete a quatro. Ainda será pouco, mas é o que está ao alcance.

Lula, nomeie professoras, advogadas, defensoras, procuradoras, magistradas. A prometida "frente ampla contra a desigualdade" passa por aí. Não é difícil fazer história no Judiciário brasileiro. Ela está piscando para Lula. De novo.

26 de janeiro de 2023

80.
Tribunais superiores têm o seu centrão

Todos os réus são iguais, mas alguns réus são mais iguais do que outros. Em *A revolução dos bichos*, os porcos se declaram "mais iguais do que outros" para demarcar sua distinção na comunidade. Na bruta vida brasileira, poderosos podem contar com o Judiciário para se fazerem mais iguais como os porcos da fábula de George Orwell.

Daniel Dantas, Jacob Barata, Edemar Cid Ferreira, Salvatore Cacciola, políticos de todo espectro e outros sócios eméritos da confraria dos habeas corpus a jato no STF demonstraram o caminho. Enquanto miseráveis dos furtos de miojo e xampu, do "gato" para ter luz no barraco ou do porte de gramas de maconha esperam meses na fila do habeas corpus, outros têm entrada na via do HC *express*. A fila vip nem fila é. Costuma levar horas, a depender do ministro.

A distribuição desigual do direito de defesa é lei sociológica tão mais infalível quanto mais desigual e institucionalmente precária a sociedade. Onde o estado de direito não consegue mais do que administrar vantagens e injustiças, conforme a capacidade de pagar por serviço legal, tribunais viram casas de leilão de direitos.

Pensava-se, no passado, que o problema estava no fato de pessoas pobres não terem advogado. Mais tarde, quando programas de assistência jurídica gratuita se expandiram, dizia--se que a diferença de tratamento estava na má qualidade do serviço jurídico.

A defensoria pública, apesar da sobrecarga e do déficit de infraestrutura, passa a prestar serviço de excelência. Por que a desigualdade indisfarçada continua? Entre outras razões, porque defensores não participam do círculo da advocacia lobista. Seus clientes, habitantes da periferia social, ainda tentam sobreviver à fome, à violência policial e ao preconceito.

No meio da depravação, que constitui e contamina parcela do campo advocatício e judicial, sobretudo em tribunais superiores, não só o ritual da imparcialidade se corrói. Ali nunca haverá direito de defesa equitativo. Mais do que isso: raras vezes haverá defesa propriamente jurídica. Esse tipo de "defesa" depende menos do brilhantismo do advogado e mais da disposição para violar a ética advocatícia e judicial.

Sem exatamente praticar o direito, mas o lobby, o advogado garimpa uma nulidade criativa e ganha a causa. O juiz, em contrapartida, ganha prêmios materiais ou simbólicos. De viagem a Lisbon a jatinho para Roland Garros e GP de Mônaco. Ou agrados mais modestos, vinhos aqui, estadias ali, palestras remuneradas em bancos acolá. Juntos se locupletam.

Quando juízes se deixam cortejar por advogados promoters, cuja arte bebe mais na tradição de Amaury Jr. e João Doria do que na de José Carlos Dias e Sobral Pinto, mais na paparicação do que na argumentação jurídica, quando o encontro se dá mais ao pé do ouvido do que em público, menos nos salões da justiça e mais nos jardins do Lago Sul, o estado de direito se torna um teatro burlesco.

O código muda: no lugar de discutir a interpretação das leis, dos fatos e das provas, o juiz calcula o que ganha com isso. Advogados discretos e não festivos ou defensores públicos têm pouca chance nessa farsa. Uma forma de corrupção da prática judicial e advocatícia.

O time do centrão magistocrático, numeroso nos tribunais de cúpula, participa de eventos com políticos e empresários, de festas em casa de advogados com quem despacha no cotidiano. Também se articula com o centrão parlamentar para empregar filhos em cargos diversos, como o CNJ. Ou para influenciar as nomeações dos próprios cargos de ministros. Sabemos quem são e de onde vêm.

Há muito a fazer contra isso. Primeiro, observar se a mobilização pública de certa advocacia pela causa abstrata do estado de direito não se resume, na prática, no interesse menos republicano por nulidade processual inusual e malandra que libere seu cliente. Segundo, ajudar a combater, em vez de alimentar, a degradação ética normalizada nas cortes. Terceiro, monitorar como e com quem ministros alocam seus recursos escassos de tempo e atenção.

O presidente da República pode enfrentar a tradição corrupta se nomear juristas que nunca compactuaram com ela. Lula trairá seu compromisso se indicar ministro que promove a desigualdade na distribuição da justiça, em vez de optar por quem tenta revertê-la.

O centrão magistocrático e a advocacia fisiológica parasitam tribunais superiores e os corrompem. O estado de direito está na fila de espera. Junto com pobres presos (geralmente pretos) na fila do HC.

No mutirão pela igualdade, a igualdade do direito de defesa deveria caber.

9 de fevereiro de 2023

81.
A corrida dos "cotados ao STF" tem mais fofoca que jornalismo

O mundo do direito traz desafios próprios para a cobertura jornalística. Em qualquer lugar. Se avançaram nas tarefas de decifrar decisões judiciais e teias jurisprudenciais, de apontar incoerências e arbitrariedades, e de indagar sobre limites éticos das diferentes profissões jurídicas, jornais brasileiros ainda se deparam com muita armadilha. Neutralizá-las requer, primeiro, conhecimento; segundo, vontade.

A confraria magistocrática, esse "salon" que nada tem de república das letras, onde se trocam abraços interessados entre juízes, advogados e ministros, adota uma série de técnicas para colocar jornalistas a serviço de suas ambições. Mesmo que não seja exclusividade do mundo do direito, seus disfarces peculiares enganam mais.

Uma das cascas de banana em que muito se escorrega é a dos rótulos classificatórios de juízes. Sob a pele de ciência do direito, por exemplo, passou-se a chamar posições jurídicas de punitivistas ou garantistas: mandou prender, mesmo que por exigência legal, é punitivista; mandou soltar, mesmo que contra a lei, é garantista. Variações incluem rótulos como lavajatistas e antilavajatistas, ativistas e conservadores, políticos e técnicos etc.

Nas entrelinhas, esses slogans desqualificam um dos lados da divergência e escondem conflitos sectários e corporativos. O debate jurídico relevante evapora. Uma consequência dessa confusão manipulativa, por exemplo, foi o apoio de certa advocacia à nomeação e recondução de procurador-geral da República que vendeu "descriminalização da política" e entregou liberação do crime (junto com assédio criminal dos críticos internos e externos).

Jornais podem servir à antiética judicial quando, por exemplo, repercutem declarações de ministros revelando, em off, para testar a reação pública, decisão que dizem pretender tomar; quando descrevem, sem levantar indagação legal, promiscuidades e conflitos de interesse que violam rituais de imparcialidade; quando ajudam a normalizar, enfim, um tipo de corrupção à qual damos pouca atenção, apesar de mais cara que qualquer Petrobras.

Não confunda com quebra da etiqueta e dos bons modos, muito menos com liberdade de expressão. É violação da lei.

Por ser um campo que sempre se fez obscuro e esotérico, mais por estratégia de poder e legitimação do que pela complexidade da técnica jurídica, seus enigmas só seriam explicáveis por insiders que ali trabalham e dali sobrevivem.

Jornais às vezes entregam a advogados influentes, com acesso cativo à cúpula do poder, o privilégio de falarem sozinhos. Uma permuta não gratuita: eles oferecem informações, anedotas e contatos; recebem, em troca, espaço público para divulgar o nome, defender interesse de clientes sob o manto do interesse público e mandar recados por meio do jornal. Uma fonte cara, que cobra contrapartidas autopromocionais.

Se não querem abrir mão de fontes assim, jornais podiam ao menos pluralizá-las e traçar uma linha na areia para demarcar o aceitável. E dar transparência aos interesses envolvidos. De outro modo, advogados de sempre seguirão alimentando a câmara de eco da opinião jurídica parcial e remunerada.

O processo de nomeação de novo ministro ao STF, iniciado de forma precoce, tem sido vitrine multicolorida de vícios jornalísticos. A corrida se converteu na produção artificial de uma lista de "cotados" conforme a apuração de fofocas plantadas, não raro, pelos próprios pretendentes. O simples status de "cotado" virou prêmio simbólico (e alguns autocandidatos se ofendem quando jornalista lhe sonega essa honraria).

E essa não é só uma lista de nomes plausíveis que orbitam o presidente. Existe também requinte quantitativo: os "mais prováveis", os com "mais força", os que "correm na frente". Parece campeonato de pontos corridos, mas os pontos não são aferidos por aquele com poder de determinar o vencedor, e sim pela capacidade de o jornalista farejar fontes que, muitas vezes, também participam da competição. Parece matemática, mas é impressionismo.

O custo jornalístico de se sujeitar a essa série de arapucas é a renúncia da independência analítica e da autonomia crítica. Perde-se com isso a oportunidade de fazer um debate substantivo sobre perfis de juristas que o STF precisa para atenuar suas enormes disfuncionalidades. Promove a mesma elite jurídica que reproduz esse tipo de STF. Apaga alternativas.

Parece realismo mágico, mas é alpinismo sem noção com pitadas de narcisismo magistocrático. Um festival de frivolidades repercutido pelos jornais.

2 de março de 2023

82.
Uma justiça para a riqueza, outra para a pobreza

O estado de direito fez a proposta imodesta de nos submeter ao "governo das leis, não dos homens". Prometeu aplicar regras sem personalismos e caprichos, seguir a máxima "Casos iguais se decidem igualmente", rejeitar o particularismo do "Cada caso é um caso".

A promessa é moderna, mas tem toda uma população de diabos morando nos detalhes. Um deles é que a diversidade social pede soluções diferentes para situações parecidas pela lente da regra abstrata, a lente que não vê cor, gênero, lugar social do indivíduo ou história. Não percebe vulnerabilidades que tornam o ideal da "justiça cega" em justiça burra e cruel. Demanda inteligência jurídica e atenção moral. Demanda bom operador do direito.

Reconhecer que pessoas vulneráveis merecem tratamento diferenciado, por exemplo, foi ajuste que demandou tempo, conflito e muita reivindicação. A vulnerabilidade especial de crianças, idosos, mulheres, negros, pessoas com deficiência, ou de consumidores diante da empresa e de trabalhadores diante do empregador, recebeu do sistema jurídico brasileiro proteções diversas, imperfeitas ou não. Tem muito ainda por fazer.

Mas o estado de direito brasileiro falha mais dramaticamente na tarefa de lidar com a pobreza, em especial da população pobre e negra. Aqui, a exclusão diz respeito a expectativas vitais de comer, morar, dormir e não morrer. Quando muito, de existir socialmente.

Para isso, nosso sistema de justiça tem instituições como a Defensoria Pública, que presta assistência gratuita e defende direitos coletivos (função também do Ministério Público); adota regras de acesso à justiça, como a gratuidade do processo; e tem à disposição doutrinas sobre a particularidade jurídica da pobreza (como o princípio da insignificância, que manda não punir o faminto que furta salsicha).

Apesar dessa tentativa de atenuar a injustiça na entrada e na saída, o Estado brasileiro se supera mesmo nas formas de maltratar e distribuir violência ao miserável. Em vez de atenuar as desvantagens incomensuráveis do pobre, o Estado censitário as magnifica.

Uma cartilha não escrita desse Estado sem lei ensina como tratar pobres e negros. Passa por abordagem policial nas ruas pela cor da pele; intervenções policiais com tiro livre em favelas; ingresso violento em domicílio sem mandado judicial; reconhecimento de suspeitos a partir de estereótipo; presunção de culpa, não de inocência; presunção de ausência de prejuízo na defesa, mesmo quando o suspeito mantido na prisão sofre múltiplas arbitrariedades estatais.

Passa também por teses espúrias como "Estava num ponto de tráfico", que pode coincidir com rua do domicílio de pessoa pobre; exigência de endereço e expropriação de pertences de pessoas em situação de rua; execução sumária disfarçada de legítima defesa da polícia (entre outras formas de irresponsabilização do Estado e de agentes estatais por crimes).

Por aí reza a magistocracia autoritária, parcela dos agentes da justiça que recusa os valores políticos da Constituição de 1988. Subletrada em direitos fundamentais, convive pacificamente com o abuso de poder e a violação da lei.

O STF tem a oportunidade de anular um ingrediente importante da política do Preto Pobre Preso, nosso PPP criminal.

O tribunal julga a constitucionalidade da abordagem policial de pessoa suspeita por ser negra, sentada no meio-fio.

O Código de Processo Penal autoriza busca pessoal sem ordem judicial quando a polícia tem elementos objetivos para verificar "fundada suspeita" (artigo 244). Um poder concedido ao policial e sujeito a controle judicial.

Por "elementos objetivos" não se entende a cor da pele, mas o conjunto de características concretas que indiquem prática de crime. Tampouco, nos termos do auto de flagrante, "indivíduo de cor negra que estava em cena típica do tráfico de drogas". A polícia não pode revistar tua mochila porque não foi com a tua cara ou com a tua cor.

Pessoas negras, além de serem mais encarceradas, condenadas e assassinadas pela polícia, são também, sem surpresa, mais presas em flagrante. Estudos demonstram que cidades como Belo Horizonte já chegaram a ter mais de quatro pessoas negras presas em flagrante para cada pessoa branca presa em flagrante. A desproporção é consistente em todo o país.

A cumplicidade magistocrática com a violência racial é informada por profunda ignorância de evidências empíricas e por preconceitos inconfessos. Ou por ignorância e preconceito nem tão inconfessos assim. A fala de Lindôra Araújo, que disse sofrer racismo em Portugal, está aí para demonstrar.

Não tem como a Procuradoria-Geral da República piorar. Mas tem como o STF se afastar de sua desinteligência e perversidade.

9 de março de 2023

83.
Se você disser que eu generalizo, excelência

A magistocracia corresponde a uma linhagem do estamento burocrático brasileiro. Possui tradições e poderes que fazem dela uma das mais parasitárias do interesse público (e não nos faltam parasitas). Tem hegemonia e governa o sistema de justiça, mas não corresponde à totalidade dos seus membros. Normalizar depravação ética e corrupção institucional e conquistar nossa complacência é seu foco.

Quando se critica a magistocracia, escutam-se ecos defensivos daqueles que sentem ferida sua integridade. Acusam de "generalização". Mas a confusão da parte com o todo está mais na leitura desatenta que na crítica. Ou na má vontade.

Recapitulei nas últimas semanas teses elementares: há uma justiça para a pobreza, outra para a riqueza; a distribuição desigual do direito de defesa faz alguns réus mais iguais do que outros; a riqueza muitas vezes ainda se beneficia de defesa não exatamente jurídica, mas lobística em jardins babilônicos do Lago Sul. Ali se frequentam a advocacia lobista e a magistocracia. Uma não vive sem a outra.

São retratos bastante banais de um colapso ético que já não machuca ninguém. Nem costuma chamar a atenção de jornalistas. Alguns até participam. Difícil defender o projeto de estado de direito e, ao mesmo tempo, fazer vista grossa para o descalabro das práticas de seus operadores.

A magistocracia tem cinco atributos: autoritária, porque viola direitos (e turbina encarceramento em massa, por exemplo);

autárquica, porque luta para se desviar de controle; autocrática, porque combate independência de juízes que pensam diferente; rentista, pois recorre a estratagemas jurídicos para benefícios patrimoniais irregulares; dinástica, bom, você sabe por quê.

Nem todo magistocrata terá pontuação máxima nos cinco atributos. Alguns gabaritam. Mas democratizar a justiça significa enfrentar cada atributo. O magistrado não magistocrata deveria se incomodar menos com a crítica que não se dirige a ele. Mais justo e produtivo se indignar com o objeto da crítica, a magistocracia.

Ela povoa os tribunais do país e inferniza sua carreira. É inimiga de sua independência, inteligência e dignidade. Boicota seu autorrespeito e autoestima, afeta sua reputação, desafia sua vocação republicana e esgarça seus limites morais. E tenta comprar seu silêncio com benefícios pecuniários e simbólicos ilegais, e algumas pitadas de intimidação.

Há avanços modestos e esporádicos, apesar da magistocracia. Um juiz não pode, hoje, como antes, dar liberação genérica para a polícia invadir domicílios pobres. Uma conquista civilizada do STJ. Se a polícia pode prender preto suspeito por ser preto, está na mesa do STF para decidir. Mas quem disse que um tribunal soberano como o TJ-SP se subordina a tribunais superiores?

Recentemente, atleta negro e paraplégico, que sofre com dores agudas na coluna e recebeu salvo-conduto para plantar maconha com fins medicinais, foi preso em flagrante por suspeita de tráfico de drogas. Diante do abuso compartilhado por polícia, promotor e juiz, desembargador do TJ-SP mandou soltar. Não sem antes dizer: "Por mais que ele tenha sido encontrado em situação típica de tráfico", "não expressa ofensividade em grau suficiente".

O problema não foi só o abuso rotinizado. E a liberação do desembargador tampouco foi solução. Pergunte se ele tomou alguma providência contra os agentes da grosseira ilegalidade. Onde desfila orgulhosa a magistocracia bandeirante a violência estatal recebe carta branca.

Podemos também citar furo mais recente. Luiz Vassallo, de *O Estado de S. Paulo*, descreveu como "Empresas com causas de 158 bilhões de reais patrocinam eventos para magistrados". Descobriu também que o CNJ afrouxou regras contra promiscuidade.

Um furo tão grande quanto o orçamento secreto. Um assunto tão perene que entra no campo das irrelevâncias. Amolecer nosso compasso moral é da magistocracia sua arte maior. Cidadãos resignados e jornalismo servil são o terreno onde magistocratas sapateiam.

O centrão partidário não consegue essa façanha. O centrão magistocrático, feito do mesmo material genético, mas munido da carteira de autoridade jurídica, consegue. Se você se preocupa com o centrão partidário, massa corrupta e amorfa que nada tem de centro democrático, deveria se preocupar ainda mais com o centrão magistocrático.

Porque entre Gilmar Mendes e Toffoli, passando por desembargador que se insubordina a guarda falando um francês subculto para impressionar a si mesmo, ou ministro que aceita mimos de luxo de advogado lobista, ao desembargador que processa jornalista por falar a verdade, há um sistema de Justiça a ser democratizado. Ou pelo menos posto sob a autoridade do direito. Porque a desobediência à lei sob a capa da legalidade é parte essencial do éthos magistocrático.

A magistocracia é ridícula, promíscua, pornográfica. Mas é também corrupta e perigosa. O magistrado não magistocrata pode lutar contra isso. Tirando a advocacia lobista e seus clientes, aqui fora só tem aliado.

16 de março de 2023

84.
"Lula tem direito de escolher ministro do STF"

Quem tirou Lula da prisão não foi o arrojo de um Rui Barbosa do milênio. Nem uma tese jurídica formidável, um recurso processual inovador. As revelações da Vaza Jato, a mudança de conjuntura, a confirmação dos abusos da Lava Jato, a volatilidade magistocrática, a repugnância crescente de Moro e Dallagnol, reduzidos a bolsonaristas de esquina, fizeram sua parte. Foi mobilização que desnudou o descalabro lavajatista, não o engenho de um advogado.

Mas o mito da sagacidade jurídica de um advogado, junto com o mito de seu compromisso com a causa, que não se sabe qual seria, levou a esfera pública a dar como certa a indicação do criminalista de Lula ao STF. Serviria como espécie de seguro contra novo surto salvacionista que derrube o governo.

Certa militância partidária está firme nessa patrulha do cala a boca. "Lula tem direito de decidir", "O povo o legitimou para fazer suas escolhas".

O argumento servil e clubístico confunde "ter poder jurídico" com "exercer esse poder sem justificativa republicana". Parece o humorista preguiçoso que, diante da crítica pela piada que faz sofrer os que a sociedade brasileira já se encarrega de oprimir, afirma ter liberdade de expressão. O direito brasileiro pode até dar liberdade para a piada de mau gosto, mas o humorista nunca esteve livre da interpelação.

Uma presidência democrática tem responsabilidade de responder ao escrutínio público por meio do argumento e da decisão. Cada cargo tem seus ônus. Lula tem direito de errar, mas não imunidade a crítica pelo erro grosseiro. Afinal, a legitimação eleitoral nunca significou cheque em branco. Voto não é delegação incondicional, nem aclamação.

Para quem afirma que Lula não pode correr riscos, um aviso: nenhum democrata na história universal da democracia pôde prever o que juiz indicado a tribunal decidiria no futuro. Chávez, Putin, Orbán, Erdoğan, Trump e Menem, sim, esses conseguiram. Não tinham juízes, mas agentes. Lula não conseguiu antes, não conseguirá agora. Pode minimizar riscos, mas o caminho não é o do senso comum partidário em favor de um companheiro.

Visão apressada. A pressa é amiga da ingenuidade.

Lula já nomeou companheiro no passado. Veio dele, por ironia, a pior traição. A traição que importa não foi à sua pessoa, mas ao direito constitucional. Dias Toffoli nunca prestou contas a virtudes judiciais, como coerência e decoro. Nem a virtudes intelectuais, como atenção analítica e apuro argumentativo. De onde não se podia esperar nada, veio o que veio.

Frequenta, como tantos ministros, rodas advocatícias e magistocráticas do Lago Sul. Está sempre presente nos festivais da promiscuidade. Eufemista, chama golpe militar de "movimento" e deferência à violência bolsonarista de "diálogo". Empregou general em seu gabinete para "dialogar" com militares. Surfou a onda da Lava Jato, depois a onda contrária. Surfa qualquer onda que não lhe force romper o pacto da pusilanimidade cordial. Acumula taças do JusPorn Awards.

O STF não precisa de um novo *hostess* de interesses privados, empresariais e do centrão. De um ministro que negocia a Constituição pelo melhor preço. Já deu para aprender que advocacia lobista com magistocracia não fazem primavera democrática.

Escolher alguém que combine inteligência jurídica, independência e dignidade para não se deixar deslumbrar por mimos de corporações de ofício e do lobby amigo, é o melhor que Lula pode fazer, o melhor seguro que pode contratar. Um tribunal diverso e representativo está mais preparado para resistir às tentações do patrimonialismo e do messianismo. E para construir boa jurisprudência constitucional.

Lula fez campanha a partir de um compromisso com igualdade, defesa da Constituição e proteção da democracia. O poder de indicar ministro do STF tem tudo a ver com igualdade, defesa da Constituição e proteção da democracia.

Confirmado o prognóstico jornalístico de nomeação de operador do direito cuja grande credencial pública foi ser remunerado para defender Lula em processo criminal, seu compromisso será com o erro crasso. Gratidão privada não casa com interesse público.

Um jurista cujo pensamento é indiscernível dos interesses de seus clientes, entre eles o próprio presidente, trará para a corte não mais que desconfiança. Também defendeu a Varig contra seus trabalhadores. Defende a Americanas contra seus credores. Oferecerá o melhor argumento antilulista ao Congresso e ao extremismo político. Ajudará a rifar, outra vez, a capacidade de o STF se mostrar imparcial e respeitável.

O fantasma da fúria lavajatista se combate com mais clarividência, não pela reedição de equívocos passados. A confiabilidade de um ministro se mede por sua integridade, consistência e trajetória, por valores que professa e pratica, não por serviços prestados a presidente que o nomeia.

23 de março de 2023

85.
Jornalista a gente usa e abusa, "dizem ministros"

A instituição dos "cotados ao STF" foi inventada a partir de fofocas e intrigas dos pretendentes a cadeira no tribunal. Palpites impressionistas de jornalistas forjam campeonato imaginário, estimulado pela rica temporada de coquetéis, cerimônias de posse e lançamentos de livros em Brasília.

Nesse processo, o jornalismo não tem nos contado quais as posições jurídicas dos candidatos autopromovidos. Exclui da cena juristas que trariam ao STF mais respeito, competência e diversidade. Não pergunta o essencial. Relata o supérfluo. Torna naturais indicações questionáveis e corre atrás de declarações de personalidades do mundo do direito que as legitimem.

Tenta criar profecia que se autorrealize. Ou não. Importa mais narrar o teatro. Vira coadjuvante da farsa.

Outro artefato exemplar fabricado pelo jornalismo judicial voltou à tona dias atrás: a instituição anônima do "dizem ministros". Essa instituição declarou que Bolsonaro ficará inelegível, mas não deve ser preso.

Disse só isso mesmo. Não há descrição do contexto e do perfil dos ministros em off. Não há análise ou interpretação crítica. Não se sabe sequer se são dois, 10 ou 44 ministros (STF e STJ somados). Temos boa razão para desconfiar que foram três ou quatro os que falaram com máscara. Talvez um pouco mais. Sabemos, com mais certeza, quem não falou.

Ministros que integram essa instituição violam a lei. Necessário conhecer a densidade normativa e ética desse terreno em que estamos pisando.

Juiz deve prestar contas pelo que decide e pelo modo como se comporta, ônus especial da profissão que escolheu. Não por quaisquer regras de etiqueta, mas por leis e princípios de ética judicial.

Juiz não anuncia decisão antes de o processo judicial terminar. Antes das provas, argumentos e deliberações. A instituição do "dizem ministros" aponta decisão em processo que mal começou. Talvez para testar o humor coletivo, sinalizar preferência na negociação da sanção. Para divulgar o seu preço.

Seria grave se a declaração fosse em *on*, se pudéssemos saber os mascarados quem são. A gravidade ganha outra natureza quando nomes são preservados em off. Ao deixá-los despersonificados, o jornal dá a juízes licença para delinquir impunemente. Quando oferecem a agentes da justiça um espaço anônimo e gratuito para a quebra de decoro, jornalistas causam danos diversos.

Primeiro, sonegam do leitor e da esfera pública uma informação jornalística. Entregam um recado de conversa privada feita em público. Prestam-se a joguete de ministro na expectativa de que ele dê contrapartida futura. Algum grão de informação para um furo. O leitor, em vez de fim, vira meio. Uma peça a ser manipulada no jogo político. E no negócio jornalístico.

Segundo, se o compromisso do jornalismo for com instituições e práticas democráticas, não com o seu contrário, se for com transparência, e não com o éthos magistocrático e outras formas de corrupção institucional, liberar o juiz para violar a lei sem *accountability* trai o compromisso. Não está claro o prejuízo ao estado de direito?

Terceiro, conceder aspas gratuitas a sujeitos ocultos respinga, obviamente, na ética jornalística. Ninguém sai eticamente ileso.

O jornalismo declaratório de fonte em off é uma aberração que manuais de jornais do país e do mundo desencorajam, salvo em situações excepcionalíssimas (como uma testemunha sob ameaça de morte, por exemplo).

O colapso ético das profissões jurídicas não precisa ser facilitado por incúria jornalística. Fonte em off pode ajudar a iluminar caminhos de investigação. E o sigilo de fonte é direito constitucional para proteger tanto a fonte quanto o jornalista na apuração. Mas não serve para regatear a integridade jornalística. Que contrapartida uma fonte pode oferecer para que se coloque reputação jornalística em jogo?

Não se responde a uma ponderação ética com frases do tipo "todos fazem isso", "se eu não fizer, outros vão fazer". Parecem frases de realismo pragmático diante de idealismo ingênuo. Mas são só resignação. Pode-se combater a corrupção judicial, em vez de vitaminá-la, disseminá-la, normalizá-la.

O que fazer? Evitando infração ética, para começar. Jornalismo não precisa ser conduíte da intriga entre magistocratas escondidos em prejuízo da informação. Mesmo para os não puristas, a prática do off a qualquer preço não negocia bem o contrato.

Margaret Sullivan, ex-editora do *New York Times*, dá sugestões: "Outra parte da solução é que repórteres se oponham com mais força às fontes que pedem anonimato." Se não, citações gratuitas podem "mascarar meias-verdades e mentiras isentas de controle".

Se de fato há uma grande operação para liberar Bolsonaro de qualquer responsabilidade civil e criminal, a história deve ser investigada e contada. A instituição "dizem ministros" só tem a atrapalhar.

A fonte não está acima de tudo. A declaração em off não está acima de todos.

30 de março de 2023

86.
Do STF para a Suprema Corte americana

Dear Clarence,

Nunca te vimos, sempre te amamos. Sabemos de seu momento delicado na Suprema Corte americana, após carreira em defesa da família patriarcal e da corrosão constitucional. Lemos a carta da organização Citizens for Responsibility and Ethics in Washington pedindo sua renúncia.

Tudo porque você aceitou férias luxuosas e voos privados pagos pelo bilionário Harlan Crow. Que também pagou escola de sua sobrinha-neta. E comprou três propriedades suas. E ofereceu moradia à sua mãe, livre de aluguel. Os negócios de Crow têm interesses na corte. Antes de tudo, porém, ele é seu amigo. Nós temos muitos amigos.

A carta afirma que sua conduta "criou impressão de que acesso e influência sobre a Corte estão à venda"; que você "não se declarou suspeito"; que "fica cada vez mais difícil pessoas acreditarem que a corte toma decisões baseadas no direito e na justiça"; que o juiz Abe Fortas, em 1969, renunciou por receber 15 mil dólares por lecionar numa *summer school.*

E finaliza: "Não conhecemos outro juiz moderno que tenha se envolvido em má conduta tão extrema. Pelo bem de nosso Judiciário e pela fé das pessoas em sua legitimidade, você deve renunciar". Que exagerados. Você precisa nos conhecer.

Lamentamos o ataque às suas prerrogativas e independência. A desconfiança de sua integridade nos atordoa. Aqui, quando isso acontece, ameaçamos. Ou processamos criminalmente. E ainda pedimos indenização que leve o crítico à insolvência. E cale os outros. A falta de noção e argumento compensamos com nosso poder de influência e intimidação. Nossa vida como ministros do STF oferece o que você não tem. Aceitamos honrarias militares assim que chegamos. Nem todos fazem, mas podemos palestrar em bancos sem dar satisfação. Podemos frequentar a Fiesp, trocar WhatsApp com empresários. Podemos ter empresa de educação, negociar patrocínios de bancos, empregar a elite jurídica. Mesmo que a Constituição proíba. Viajamos de graça para frequentar eventos de lobby financeiro pelo mundo.

Advogados podem nos emprestar jatinho para assistir a Roland Garros. Podemos descansar em casa de veraneio de ministro de governo cujo pai tem caso criminal sob nossa relatoria. Participamos de festas com a advocacia nos jardins da babilônia brasiliense. Quase toda semana. Recebemos homenagens desses amigos.

Podemos obstruir casos monocraticamente. Podemos pressionar por nomeação de nossos filhos para vagas no sistema de justiça. Nossos familiares podem advogar na corte. A advocacia remunera bem por sobrenome que abre portas. Não precisamos reconhecer suspeição quando julgamos amigos. Não somos moralistas.

No geral, o jornalismo nos corteja. Em vez das perguntas difíceis, oferece microfone livre e publica nossos recados em off. Se não obedecem, retaliamos. Podemos ser boquirrotos, negociar constitucionalidade, disfarçar aumento remuneratório pela via do auxílio-moradia. É nosso *lawfare* salarial. Todo ano recebemos prêmios do JusPorn Awards, a festa da pornografia judicial e do nudismo institucional. Lembre-se: não somos moralistas.

Nosso código de ética só se aplica a juízes inferiores. E olhe lá. Enquanto eles precisam produzir a "fumaça do bom juiz" e praticar o decoro, podemos incendiar o parquinho.

Lula está prestes a nomear para a cadeira vaga de ministro um habitué das folias magistocráticas. Para fomentar uma corte de amigos. Amizade é um valor para nós também. Mas tem um pessoal que insiste numa corte diversa, formada por gente independente dos circuitos de favores, jantares e sobremesas. Gente dotada de ideias constitucionais claras e coerentes, ciente das urgências constitucionais do país.

Ainda pedem que abandonemos a bonita tradição de homens brancos e ricos o suficiente para não depender de nosso magro salário. Assim ajudamos no combate à desigualdade. Sei que você se orgulha de uma corte que teve Wendell Holmes e Warren. Mas aqui tivemos Pedro Lessa e Victor Nunes.

Quem sabe você não vem para cá. Somos livres para fazer lobby pela nomeação de nossos sucessores. Os seus problemas estarão resolvidos.

Estamos *looking forward.*

Yours truly.

10 de maio de 2023

87.
Zanin, só não vá cair no canto do sereio

Como o novo ministro do STF poderia
surpreender o país, se quisesse

Lula definiu a escolha de ministro do STF como "coisa tão minha que não quero repartir". Não houve índice melhor da degeneração do processo. Nomeação degenerada produz corte degenerada. E isso pode não acabar bem.

O STF caminha para menos institucionalidade, mais pessoalidade; menos legalidade, mais arbitrariedade; menos argumento, mais ilusionismo verbal; menos imparcialidade, mais promiscuidade; menos procedimento, mais chicana; menos jurisprudência, mais populisprudência; menos público, mais privado; menos Constituição, mais baixa política. Habitat do centrão.

Indicado Cristiano Zanin, já se pode fazer um balanço do processo. Listo algumas patologias.

A especulação sobre os "cotados" passou a fazer fumaça permanente; o jornalismo aceitou a vassalagem ao lobby de autocandidatos, repercute declarações em off, cria "corrida" fictícia, e vê "guerra de bastidores"; e se esforçou na legitimação antecipada de Zanin, coletando declarações de personalidades em apoio a ele.

Passou a ser aceitável ministro que se aposenta lutar pela indicação de ex-assessor para sucedê-lo; e dar salto imediato, no dia seguinte à despedida, à advocacia privada, sem qualquer quarentena.

O processo está fechado para nomes de fora dos saraus magistocráticos, com trajetória na defesa de causas públicas relevantes. O argumento por mulheres e negros de fora do eixo Rio-São Paulo, diante da história de quase 100% de homens brancos sudestinos, está rejeitado.

A diversidade foi reduzida a fetiche estético, a mania moral, a frivolidade caprichosa. Ignora-se que ela produz mais legitimidade e inteligência; menos mediocridade e pensamento único. E que essas virtudes contam.

Ignora-se que a demanda por diversidade nunca abriu mão da indicação de alguém com trajetória independente, com disposição para comprar brigas constitucionais e assumir lados. Com traços de caráter e biografia, portanto.

O mundo jurídico foi reduzido a uma divisão infantilizante entre lavajatistas e antilavajatistas. E não se percebeu que, nessa briga sem lei, a hegemonia conquistada pelo antilavajatismo tem muita afinidade com o que corretamente se criticava no lavajatismo.

Zanin ainda não foi não confirmado pelo Senado, mas o barulho pela vaga de Rosa Weber começou. O lobby advocatício magistocrático mandou avisar, e o jornalismo repercutiu, que a escolha é "complexa". Por isso uma mulher "dificilmente será nomeada".

Há alguns prejuízos irreversíveis com essa indicação. Mas ainda se pode pedir que, apesar de tudo, Zanin surpreenda o país. Vamos imaginar quatro Zanins hipotéticos.

O pior Zanin que o STF pode ter é o ministro-bibelô do ministro decano, seduzido pelo centrão magistocrático, frequentador dos eventos de Lisboa, forçado a se unir às posições constitucionais dos outros. Por insegurança e solidão.

Quando Ulisses, na Odisseia de Homero, navegava de volta para casa, uma feiticeira sugeriu amarrar-se ao mastro para não cair no canto das sereias e morrer. Zanin precisará resistir ao canto do sereio. Outros ministros do STF não resistiram.

Talvez Zanin venha a ser um ministro coroinha, defensor da moral e dos bons costumes na acepção colonial, não na constitucional. Se aceitar Magno Malta como interlocutor, estará em jogo não a defesa, mas a repressão da liberdade religiosa.

Zanin poderia ser um juiz lorde inglês, de pendor elitista, em sintonia com seus ex-clientes da advocacia, mas favorável a causas emancipatórias básicas, como a liberação do porte de maconha ou os direitos reprodutivos das mulheres.

Por que não sonhar com o melhor Zanin possível? Juiz-coragem, liberal clássico, que enxerga na corte anteparo contra a violência majoritária, um John Locke do século XXI, cosmopolita, atento ao meio ambiente e à humanidade dos povos indígenas. Que entende direitos constitucionais como condição para que seja de fato livre, não fake, a concorrência de mercado, e para que seja de fato democrática, não fake, a competição política.

8 de junho de 2023

88.
Se o ministro é pai, contrate o filho

Quando a Constituição definiu a família como "base da sociedade", dotada de "especial proteção do Estado", com dever de dar à criança "absoluta prioridade", não esperava que a magistocracia levasse esses valores tão a sério. "Família acima de tudo", até mesmo da lei e da ética pública, não era bem o que a Constituição queria incentivar.

O estado de direito pede um Judiciário que ofereça segurança jurídica. Cidadãos precisam ter alguma capacidade de prever, a partir do que dizem as leis e decisões judiciais do passado, o que um tribunal vai decidir. Assim podem planejar sua vida, saber onde amarrar seu boi, se na Amazônia, na terra indígena ou se apenas onde a lei até ontem permitia. Previsibilidade não garante justiça, mas tem seu valor.

Bons juízes promovem segurança jurídica por meio de coerência argumentativa e da integridade procedimental. O juiz magistocrático produz segurança ou insegurança conforme o freguês. Essa volatilidade tem menos a ver com a lei. Melhor perguntar se as partes são pobres ou ricas, pretas ou brancas, afinadas ou dissonantes, com ou sem conexões de coração.

No STF, temos escassa segurança do que a corte vai decidir. Não temos ideia nem de quando o tribunal vai decidir. Uma insegurança de segunda ordem.

Mas há um meio mais eficaz de se produzir a "segurança" que a cordialidade gosta. Um meio que prioriza a família. A beleza da tradição do nepotismo é favorecer parentes. Beneficiar quem amamos e para quem desejamos o melhor que a vida magistocrática tem a oferecer.

Há muitas formas de nepotismo magistocrático que conseguem escapar das normas jurídicas definidoras da prática. Uma pouco conhecida é aquela que beneficia advogados da família de ministro. Se você litiga em tribunais superiores e quer rapidez e portas abertas, costuma ser muito eficiente contratar família de ministro, a nobiliarquia do processo judicial.

Para combater a prática, o recente Código de Processo Civil previu que o juiz estará impedido quando parte do processo for cliente de escritório de advocacia do "cônjuge, companheiro ou parente, consanguíneo ou afim" (art. 144, VIII). Uma regra básica de ética judicial em nome da imagem de imparcialidade e tudo o mais.

A Associação dos Magistrados Brasileiros (AMB) considerou essa regra impossível de ser cumprida, muito complexa, desproporcional e irrazoável. Por isso propôs uma ação direta de inconstitucionalidade para derrubá-la (ADI 593). Para que os parentes possam operar o direito livremente entre si.

Ainda que o nepotismo seja fenômeno escorregadio e se esconda de muitas maneiras, e por isso regras que tentam combatê-lo sejam falíveis, essa regra é fundamental. Fachin, ministro relator, votou pela sua manutenção. Explicou: "Ainda que em alguns casos possa ser difícil identificar a lista de clientes do escritório de advocacia, a regra está longe de ser de impossível cumprimento" por um "magistrado de boa-fé".

Gilmar Mendes preferiu o argumento da AMB. Disse mais ou menos o seguinte: esse mundo é complexo, logo não dá para aplicar a regra. E que a regra desconfia de juízes por meio de uma "presunção absoluta de parcialidade". Sim, a desconfiança da intuição humana é uma das razões de regras jurídicas.

Gilmar também disse que a regra dá margem para a manipulação do resultado, pois bastaria contratar parentes advogados para gerar suspeição em ministros. O argumento estaria certo se também não se aplicasse à hipótese contrária: se não houver suspeição que afaste o ministro da família, as partes vão contratar parentes para ter influência. Já contratam.

O STF vai decidir se prefere cultivar a nobiliarquia, na bonita tradição da magistocracia dinástica, ou conquistar algum respeito.

Se o STF anular a regra, mandará uma mensagem para empresários, partidos, minorias, ou pobres pretos presos: se o ministro é marido, contrate a esposa; se o ministro é irmão, contrate a irmã; se o ministro é pai, contrate o filho. Se não tiverem dinheiro para essa ajuda decisiva nos tribunais superiores, rezem para "Deus acima de todos". E parem com esse moralismo republicano.

22 de junho de 2023

Índice remissivo

A

Abella, Rosalie, 234
aborto, 83-4, 155, 276
abuso de autoridade, projeto de lei contra o, 40
abuso de poder, 22, 134, 197, 288
Ação Penal 470, 26; *ver também* Mensalão, escândalo do (2005)
Ação Penal 937, 108; *ver também* foro privilegiado
accountability, 220, 297
ADCs (ações declaratórias de constitucionalidade), 65-7
Administração Pública Federal, conselhos de participação na, 155
ADPF (Arguição de Descumprimento de Preceito Fundamental), 83, 228-9, 237, 249, 269
Advocacia-Geral da União, 213
advogados públicos, 11, 174
África do Sul, 112-3, 234
AI-5 (Ato Institucional nº 5), 50, 95, 113, 188
Alagoas, 9, 222
Alckmin, Geraldo, 207
Alemanha, 34, 60, 85

Alencastro, Luiz Felipe de, 191
Alves, Damares, 259, 279
Amaral, Delcídio do, 49
Amaury Jr., 282
"amicusprudência", 225
Apagão Aéreo (2007), 228
apartheid, 113
aposentadoria de magistrados, 175, 183, 195, 246, 280
Aras, Augusto, 174, 188, 212-3, 222, 228-9, 231, 244, 246, 251, 260, 264-5, 273, 275
Araújo, Lindôra, 289
Araxá (MG), 245
Arendt, Hannah, 276
Argentina, 85, 276-7
armas, controle de, 171, 202, 228, 244, 249, 256, 269
"arrivismo judicial", 182
Arruda, José Roberto, 35
artigo 5º da Constituição brasileira ("Todos são iguais perante a lei"), 204-5; *ver também* Constituição brasileira (1988)
Associação dos Juízes Federais, 198
Associação dos Magistrados Brasileiros, 174, 306
Associação Nacional de Desembargadores, 246

"atividade político-partidária"
vedada a magistrados, 87
ativismo judicial, 63, 84-5, 182, 189,
224; *ver também* judicialização
ativismo social, 83-5
"Atravessando a tempestade
em direção à nova ordem"
(Barroso), 116
atributos da magistocracia (cinco),
11, 63, 290, 291
autárquica, magistocracia, 11, 63,
175, 291
autocratas, 194, 231, 238
autocrática, magistocracia, 11, 63,
130, 175, 291
autolegalidade, 141, 198
autoritária, magistocracia, 11, 36,
63, 175, 216, 222, 247, 249, 255,
288, 290
autoritarismo, 137, 210, 212, 220,
226, 247, 260-1
auxílio-moradia para magistrados,
50, 59, 63, 75, 93, 103, 109-
10, 122, 135, 138, 159, 168, 171,
175, 178, 180, 201-2, 204, 256,
300; *ver também* salários de
magistrados

B

bacharelismo, 13
Barak, Aharon, 234
Barata, Jacob, 47, 162, 281
Barbosa, Ana Laura, 206
Barbosa, Joaquim, 69
Barbosa, Rui, 113, 120, 293
Barbosa, Silval, 41
Barroso, Luís Roberto, 27, 50-1, 71,
89-90, 109, 114-6, 157-8, 196, 218-
20, 228-9, 234-6, 259, 261, 266
Batista, Eike, 41, 162

Batista, Joesley, 40, 72, 86, 127, 162
Battisti, Cesare, 261
beijo homoafetivo, censura a, 165-6
bem comum, 0, 100, 177
Benedito, Ailton, 213
Bergamo, Mônica, 73
Bermudes, Sergio, 40-1
Bíblia, 83, 122, 138, 140
bolivarianismo, 35, 44, 71-2, 125
Bolívia, 35
bolsonarismo, 117, 123, 154-7, 159-60,
212, 223, 243-4, 246-7, 252, 257,
259, 261-2, 270-2, 274, 293-4
Bolsonaro, Eduardo, 102, 137
Bolsonaro, Flávio, 108-9, 194-5
Bolsonaro, Jair, 102-4, 106-8, 110-1,
119, 122-3, 126, 134, 137-9, 146-7,
154-6, 159, 171, 182-3, 186, 188,
190-1, 194-6, 204, 207, 212-3,
218-9, 222-3, 226-8, 232, 235-
6, 242-3, 245-6, 252, 255, 258-61,
267-9, 271-7, 296, 298
"bom juiz", deveres éticos do, 10
boquirrotos, magistrados, 34, 86,
205, 262, 300
Boulos, Guilherme, 166
Brasil, Cristiane, 119
Brasília, 118, 210, 245, 271, 282, 290,
294, 296
Bretas, Marcelo, 47, 59, 122, 138-9,
182-3, 212
Britto, Carlos Ayres, 24-5, 173, 201,
266
Buarque, Chico, 215
Buhatem, Marcelo, 246
Buñuel, Luis, 12

C

Cacciola, Salvatore, 281
caixa dois, 123

Calças, Manoel Pereira, 59, 204
Calheiros, Renan, 49, 103, 128
Câmara de Comércio Brasil-
Estados Unidos, 77-8
Câmara de Conciliação, 64
Câmara dos Deputados, 41, 214,
222, 258, 278
Camargo, Sérgio, 279
Canadá, 85, 234
Cantanhêde, Eliane, 16
Carandiru, massacre do (São Paulo,
1992), 192, 204
Cardoso, Fernando Henrique, 278
Cármen Lúcia, 48, 66, 74-6, 99, 118,
138, 234, 264, 266
Carvalho, Olavo de, 195-6
Castello Branco, Humberto de
Alencar, 101, 113, 234
Castro, Marcílio Moreira de, 253
Causos da comarca de São Barnabé
(Barreto), 275
Cazuza, 172
Ceará, 97
Centrão, 222, 267, 275, 292, 294, 302
centrão magistocrático, 221-3, 273,
278, 282-3, 292, 303
centro político, 292
Chaskalson, Arthur, 234
Chávez, Hugo, 103, 137, 294
Chile, 56, 113
CIA (agência de inteligência
americana), 93
cinco atributos da magistocracia, 11,
63, 290-1
cinco fugas da lei e da
jurisprudência, 224, 226
Citizens for Responsibility
and Ethics in Washington
(organização), 299
"cleptusprudência", 225
CNJ (Conselho Nacional de
Justiça), 18, 87, 136, 144, 151,

182-3, 193, 197, 214, 222, 270,
279, 283, 292
Coaf (do Conselho de Controle de
Atividades Financeiras), 146
Código de Ética da Magistratura,
87, 143, 183, 277
Código de Processo Civil, 277, 306
Código de Processo Penal, 47, 289
Código Florestal, 156
Código Penal, 83, 251
colegialidade, 45, 53, 65-7, 118,
120-1, 262
"colegisladores", 22-5, 84
Collor de Mello, Fernando, 107,
219, 278
Colômbia, 85, 234
Comitê de Direitos Humanos da
ONU, 86
Comparato, Fábio Konder, 48, 210
"Conflitos no Campo Brasil — 2020"
(Comissão Pastoral da Terra), 240
Congresso Nacional, 17, 22-4, 49,
81, 110, 117, 128, 139, 162, 168,
179, 188, 194, 210, 219-20, 228,
240, 256, 259, 295
Conselho Federal de Psicologia, 116
"consequenciachismo", 90-1
consequencialismo, 90
constitucionalidade, 18, 22-3, 32, 75,
109, 120, 135, 147, 159, 170-1, 176,
180, 189, 196, 200, 222, 228, 258,
262, 275, 289, 300
Constituição brasileira (1988), 19,
22, 24, 36, 39, 48, 50, 57, 62,
83-4, 87, 97, 110, 112-3, 116-7,
119, 149-50, 152, 200, 205, 209-
10, 225, 239, 242, 251, 255, 257,
261, 288, 302, 305; *ver também*
direito constitucional
Copa do Mundo (2018), 66
Copolla, Caio, 214
Coronelismo, enxada e voto (Leal), 73

corrupção, 12, 40, 42-3, 60-1, 77-8, 93, 98, 107-9, 117, 123, 131-2, 134, 136, 143, 145, 151, 154, 157-8, 161-2, 173, 175-7, 179, 188, 199, 201, 212, 221-2, 224-5, 269, 273, 276, 282, 285, 290, 297-8

Corte Constitucional da África do Sul, 234

Corte Constitucional da Colômbia, 234

Costa, Ribeiro da, 101, 113, 234

Cover, Robert, 248

covid-19, pandemia de, 185, 188, 191, 213-5, 220-3, 227-9, 233, 237, 243-7, 255, 270

crise política brasileira, 38, 51, 152

Crivella, Marcelo, 164, 165, 212

Crow, Harlan, 299

Crusoé (revista), 204

Cuba, 89

Cubas, Eduardo, 97

"cultura jurídica brasileira", 80, 140

Cunha, Eduardo, 40-1, 48-9, 54, 71, 96, 103, 128, 162

"cura gay", 116

Curral, serra do (MG), 275

D

Dallagnol, Deltan, 50, 132, 144, 163, 293

Dantas, Bruno, 266

Dantas, Daniel, 281

Dantas, Paulo (governador de Alagoas), 9

Darín, Ricardo, 276

decoro judicial, 39, 114, 168, 200, 273

decreto das armas (2019), 171, 202

Defensoria Pública, 282, 288

demarcação de terras indígenas, 13, 116-7, 156, 209, 239

democracia, 11-2, 19, 22-3, 35, 44-6, 48-51, 56, 62-3, 68, 71, 82-3, 85, 90, 93, 95, 99, 102, 112, 117, 123, 125-6, 130, 138, 142, 149, 152, 159, 161, 177, 179, 185, 187, 189, 194, 196, 201, 203, 210, 218-20, 236, 238-9, 244, 254-5, 259-60, 262, 266, 272, 274, 277, 294-5; brasileira, 11, 45, 48, 62, 71, 90, 99, 102, 125, 161, 185, 220, 236, 239, 260; em desencanto, 49; "governo do povo", 19, 22; instituições democráticas, 57, 128

desembargadores, 64, 93, 105, 122, 131, 135, 144, 165-6, 176, 191-3, 201, 213-5, 246, 251-3, 273, 275, 278-9, 291-2

desigualdade do direito de defesa, 252, 281, 283, 287-90

"diálogo institucional", 171, 220, 229, 232, 237-8

Dias, José Carlos, 282

dignidade judicial, 121, 128

dinástica, magistocracia, 11, 63, 175, 201, 273, 291, 307

Dirceu, José, 82, 121

direita política, 85, 105, 117, 179

direito constitucional, 37-8, 50, 109, 162, 294, 298; *ver também* Constituição brasileira (1988)

direitos dos trabalhadores, 205

direitos sociais, 205

Discreto charme da burguesia, O (filme), 12

"discreto charme" da magistocracia, 12, 59, 61

"ditadura do STF", 261

"ditadura gay", 261

ditadura militar argentina (1966-73 e 1976-83), 277

ditadura militar brasileira (1964-85), 95, 101, 113, 137, 152, 156, 203, 218, 234, 236, 261, 277

ditadura militar chilena (1973-90), 113

Dodge, Raquel, 161, 163

Doria, João, 48, 77, 207, 246, 266, 270, 272, 277, 282

drogas *ver* porte de drogas, descriminalização do; tráfico de drogas

Drummond de Andrade, Carlos, 161

Dubai, 246

E

educação domiciliar (*homeschooling*), 90

embargos infringentes, 26, 27

emendas constitucionais, 153

empresários, 9, 47, 127, 142, 186, 189, 200, 276-7, 282, 300, 307

Entre o passado e o futuro (Arendt), 276

Época (revista), 12, 102, 125

Erdoğan, Recep Tayyip, 103, 137, 294

Escola de Comando e Estado-Maior do Exército, 102

Espanha, 35

esquerda política, 85, 105, 117, 122, 179, 242

estado de direito, 15-6, 28, 31, 53, 57, 70, 87, 98, 103, 133, 169, 185, 191, 213, 221, 224, 250, 252, 265, 281-3, 287, 290, 297, 305

Estado de S. Paulo, O (jornal), 14, 22, 26, 108-9, 292

Estados Unidos, 60, 85, 112, 156, 159

Estatuto da Criança e do Adolescente (ECA), 164-5

Esteves, Luiz Gomes, 157

ética judicial, 142, 183, 186, 189, 205-6, 208, 212, 238, 260, 267-8, 297, 306

evangélicos, 84, 137-9, 155

"Excelentíssima Fux" (Gaspar), 201

Executivo, Poder, 19, 159, 209, 240

Exército brasileiro, 97, 102, 232, 237, 242

Expo Dubai (2021-2), 246

extremismo político, 10, 295

F

FAB (Força Aérea Brasileira), 123, 183

Fachin, Edson, 65, 249, 260, 268-9, 306

"factionisprudência", 225

Faculdade de Direito da Universidade de São Paulo (USP), 99, 118

fake news, 214, 223, 243

"falácia naturalista", 141

Falcão, Joaquim, 16

Faoro, Raymundo, 170

Faria, Fábio, 276

Faria, Robinson, 276

fascismo, 147, 213, 252

"fatos funcionais" ("penduricalhos"), 98, 166, 173, 178, 180, 201, 256, 270

favelas, 167, 243, 249, 256, 269, 288

favoritismo, 11, 134, 271, 277; *ver também* nepotismo; parentismo

Febeapá: Festival de besteira que assola o país (Stanislaw Ponte Preta), 95-6, 203

Febejapá — Festival de Barbaridades Judiciais que Assolam o País, 95-9, 106, 122-4, 203-4

Feliciano, Marco, 84

férias de magistrados, 106, 174-6, 197-9, 204, 214-5, 221-2, 246, 299

Fernandes, Millôr, 101

Fernandes, Og, 87

Ferraro, Luíza, 206

Ferreira, Edemar Cid, 281

Festschrift, 246

Fiesp (Federação das Indústrias do Estado de São Paulo), 186, 300

financiamento empresarial de campanhas políticas, 90

Fiocruz (Fundação Oswaldo Cruz), 215

Fischer, Ana, 204

Folha de S.Paulo (jornal), 12, 16, 52, 71, 118, 197

"Fora dos holofotes: Estudo empírico sobre o controle da imparcialidade dos ministros do STF" (Glezer et al.), 206

Forças Armadas, 92, 120, 219, 236, 259

foro privilegiado, 27, 49, 108, 110, 123

Fortas, Abe, 299

Fórum Jurídico de Lisboa, 272

Fraga, Armínio, 42

Franco, Marielle, 122, 166

Franco, Moreira, 49, 119

Franco, Pinheiro, 204

Frank, Jerome, 254

Frota, Alexandre, 48

fugas da lei e da jurisprudência, 224, 226

"fumaça do bom juiz", 77-9, 268, 301

Funai (Fundação Nacional dos Povos Indígenas), 188

Funrural, 40

Fux, Luiz, 50, 59, 64, 75, 86-9, 92, 97, 99, 108-11, 118-9, 121, 135, 138, 142, 159, 168, 171, 173-4, 179-81, 200-2, 204, 206-7, 209, 211-2, 215-6, 232, 235, 246, 253-6, 262, 269-71, 273, 277-8

G

Gama, Luiz, 245

Gandra, Ives, 102, 184, 195-6, 219

Garcia, Alexandre, 214

Gaspar, Malu, 201

Gaspari, Elio, 93, 150

Gaviria, Carlos, 234

Genésio (personagem), 95

Gênesis, Livro do, 140

Gil, Renata, 174

Glezer, Rubens, 206

Globo, Rede, 274

Goiás, 97, 251-2

golpe militar (1964), 99, 101, 119, 277

"governo de juízes", 62-3

Greenwald, Glenn, 132, 144-5

Guarujá (SP), 272

Guedes, Paulo, 120, 171, 191

Guerra Civil Americana (1861-5), 112

Guimarães, Lívia, 206

Guimarães, Ulisses, 152

H

habeas corpus (HC), 40-1, 49, 52-3, 65-7, 72, 75, 81, 99, 103, 113, 116, 162, 193, 215, 228, 253, 267, 276, 281, 283

Harvard Club, 266, 268

Hitler, Adolf, 34

Homero, 303

homeschooling (educação domiciliar), 90

homofobia, criminalização da, 135, 137, 155, 166

homossexuais, 17, 116, 155, 253, 274

Hume, David, 141

Hungria, 103, 137

I

Ibama (Instituto Brasileiro do Meio Ambiente e dos Recursos Naturais Renováveis), 188

identidade de gênero, 155, 164

"ideologia de gênero", 164, 259

IDP (Instituto Brasiliense de Direito Público), 40-2, 272

ilusionismo, 49-58, 114, 129, 250, 254, 302

imparcialidade, 12, 34, 43-5, 47, 51, 53, 69, 77-9, 87, 103, 106, 112, 121, 127, 129, 133-4, 141, 149, 161-2, 179, 186, 206-8, 267-8, 270, 282, 285, 302, 306

impeachment de Dilma Rousseff (2016), 41-2, 114, 127, 161-2

impeachment de ministros do STF, pedidos de, 41, 48, 72, 102, 128, 235

imprensa, 34, 41, 68, 103, 126, 135, 147; *ver também* jornalismo

impunidade, 89, 115, 249

indígenas, 115, 209, 220, 223, 229, 236-7, 240-2, 244, 262, 304-5; *ver também* terras indígenas

Inglaterra, 60, 139

ingovernabilidade, 30, 38, 45, 113, 158

Instituto Brasileiro de Ciências Criminais, 135

Intercept (site), 132, 141

intervenção militar, 87, 128, 196, 242, 261, 270

"intervenção militar constitucional", 87, 242, 261

Irlanda, 85

Isaías, profeta, 138

Israel, 234

Itália, 34

J

Janot, Rodrigo, 48, 50

JBS (empresa de alimentos), 40

jornalismo, 17, 36, 40, 57, 78, 80, 86, 127, 144, 188, 194, 260, 263-5, 284, 286, 290, 292, 296-8, 300, 302-3; *ver também* imprensa

Jucá, Romero, 48, 152

judicialização, 185, 224; ver *também* ativismo judicial

Judiciário, Poder, 18, 22, 26, 47, 54, 56, 60-3, 69, 77-9, 86, 92-3, 96, 98, 103, 105-6, 117, 120-1, 124, 132, 134-6, 143, 150-1, 164-6, 170, 172-3, 175-6, 178, 182, 185, 192, 199-201, 211, 213, 221-2, 224-5, 236, 251, 254, 260, 269-70, 279-81

"juiz de garantias", 179-8, 202, 256, 269-70

"juiz-empresário", 71-2, 127-8, 149-51

juízes estaduais, 173-4, 198, 213, 256, 275-6

juízes federais, 174, 198, 273

jurisdição, graus de, 27, 32, 106, 141, 254

jurisprudência, 14, 17, 24-5, 35, 38, 51-2, 55, 67, 70, 72, 81, 91, 114-5, 129, 169, 192, 195, 205, 209, 214, 224-5, 234, 240-1, 258, 264, 272, 275, 280, 295, 302

315

JusPorn Awards, 173, 212, 215-7, 245, 247, 251-2, 271-2, 274-6, 294, 300

K

Kaczynski, irmãos (Jaroslaw e Lech), 103, 137
Kajuru, Jorge, 235
Kicis, Bia, 242
Kiss (boate), 253

L

Lava Jato, Operação, 41-2, 78, 81, 86, 106, 114, 126-7, 132, 139, 141, 143-5, 152, 154-5, 158, 163, 179-80, 207, 225-6, 249-50, 260, 264, 284, 293-4, 303
Leal, Victor Nunes, 73, 113, 234, 301
Legislativo, Poder, 19, 22
legítima defesa, 123, 248, 288
Lei da Ficha Limpa, 16, 35
Lei das Estatais, 157
Lei de Acesso à Informação, 185, 227
Lei de Drogas, 168
Lei de Imprensa, 13, 264
Lei de Segurança Nacional, 228, 231-2
Lei Maria da Penha, 215
Lei Orgânica da Magistratura, 34, 50, 60, 87, 140, 150, 183
Lessa, Pedro, 113, 234, 301
"letra da lei", 16-7, 149
Levitsky, Steven, 220
Lewandowski, Ricardo, 22, 24, 48, 50, 54, 90, 99, 118-9, 138, 162, 266, 280
LGBTs, direitos de, 115, 155, 253
liberdade de expressão, 87-8, 103, 121-2, 128-9, 242, 247, 263, 285, 293

liberdade de imprensa, 119, 265
liberdade religiosa, 304
LIDE (Grupo de Líderes Empresariais), 77, 266
Lima, Hermes, 113
liminares, 34, 42, 49, 52, 54, 59, 97, 99, 119, 126, 146, 165-6, 168, 171, 178, 180, 201, 207, 232, 246, 256, 261, 269; *ver também* monocráticas, decisões/ liminares
Lins e Silva, Evandro, 113
Lira, Arthur, 222, 246, 269
Lisboa (Portugal), 9, 245-6, 261, 272, 303
lobby, 64, 121, 128, 135, 143, 151, 200, 266, 282, 295, 300-3
Locke, John, 304
Lorenzoni, Onyx, 171
Loureiro Júnior, Klever, 222
Loureiro, Klever, 222
Lula da Silva, Luiz Inácio, 42, 49, 65, 67, 75, 82, 86, 97, 118-9, 155, 226, 261, 273, 276, 278-80, 283, 293-5, 301-2
Lynch, Christian, 114

M

Macedo, Edir, 167
maconha, 264, 291; *ver também* porte de drogas, descriminalização do
Magazine Luiza, 204
Maggi, Blairo, 40, 42, 162
"magisteriocracia", 215
MagistoCard, 197, 274
magistocracia: "amicusprudência" e, 225; atributos (cinco) da, 11, 63, 290-1; autárquica, 11, 63, 175, 291; autocrática, 11, 63,

130, 175, 291; autoritária, 11, 36, 63, 175, 216, 222, 247, 249, 255, 288, 290; bolsonarista, 212, 247; branquitude masculina da, 279-80, 303; caráter antirrepublicano da, 92, 124, 136, 178, 212, 225, 267; centrão magistocrático, 221, 222, 223, 273, 278, 282-3, 292, 303; "cleptusprudência" e, 225; como aristocracia de toga, 10; como linhagem do estamento burocrático brasileiro, 290; comorbidades da democracia brasileira e, 11; "consequenciachismo" e, 90-1; corrupção institucional e, 136; corrupção magistocrática, 191-3; desfaçatez magistocrática, 64, 123, 151, 173, 217, 231, 253, 277; dinástica, 11, 63, 175, 201, 273, 291, 307; "discreto charme" da, 12, 59, 61; erros da, 11; exposição midiática e, 86, 122, 182-3, 252, 260; "factionisprudência" e, 225; férias de magistrados e, 106, 174-6, 197-9, 204, 214-5, 221-2, 246, 299; fugas da lei e da jurisprudência e, 224, 226; "fumaça do bom juiz" e, 77-9, 268, 301; "governo de juízes" e, 62-3; *gran famiglia* judicial brasileira, 62, 98, 140; "heroísmo" de juízes, 57, 69, 78, 105, 131-3, 142, 161, 237, 260; linguagem pomposa e, 226; magistocratas, 11, 62, 197, 265, 277, 292, 298; "milicusprudência" e, 225; "nova era" da, 108-9, 140, 154-5, 161, 164, 183; pirâmide social brasileira, magistrados no topo da, 60, 98, 107, 124, 136, 175, 197; privilégios da, 62-3, 92, 121, 136, 143, 149, 177, 198, 216, 300; promiscuidade pública e, 39, 101, 128, 140, 186, 189, 238, 266-8, 285, 292, 294, 302; rentista, 11, 63, 92, 175-6, 195, 201, 221-2, 273, 291; sentido do termo, 10; "sonambulismo judicial", 254; subcategorias da, 10-1, 174; tradições e poderes da, 290; vedetismo judicial, 36

Maia, Napoleão, 214

Maia, Rodrigo, 211

Maklouf, Luiz, 40

Malafaia, Silas, 167

Malta, Magno, 84, 304

Manaus (AM), 222

mandados de segurança, 228

Manguinhos, favela de (Rio de Janeiro), 123

Maquiavel, Nicolau, 57

Marco Aurélio (ministro do STF), 50, 66, 89-90, 119, 121, 135, 171, 180, 263, 278

"marco temporal", 116, 209, 239-40, 244, 262; *ver também* demarcação de terras indígenas

Marshall, John, 234

Martins, Humberto, 246

Mato Grosso, 40-1, 59, 162, 213

MC Alysson, 252

Mello, Celso de, 101-2

Mendes, Gilmar, 9, 34-7, 39-48, 52, 65-6, 69, 71-3, 79, 81, 86, 121, 125-7, 135, 138, 161, 163, 180, 196, 206-7, 214, 222, 228, 231-2, 234-5, 260, 264-6, 273, 278, 292, 306

Mendonça, André, 155, 196, 212-3, 231, 251

Menem, Carlos, 294

Mensalão, escândalo do (2005), 24, 26, 114, 224-5
milicianos, 123, 183
"milicusprudência", 225
Minas Gerais, 173, 213, 245
Ministério da Justiça, 132, 228
Ministério do Trabalho, 156
Ministério do Turismo, 246
Ministério Público, 69, 147, 151, 198, 207, 213, 224, 244-5, 288
"ministrocracia" do STF, 114
ministros do STF, 9, 14, 35, 39, 49, 54, 56, 73, 80, 93, 98-100, 111, 113-4, 119-20, 137, 139, 151-2, 155, 160, 184, 186, 188-9, 200, 206, 211, 213, 234-5, 238, 245-6, 255, 260, 263, 266-7, 272-3, 280, 293, 295, 300, 302, 304; *ver também* STF (Supremo Tribunal Federal)
Molhano, Leandro, 114
"monocracia", 116
monocráticas, decisões/liminares, 42, 54, 65-6, 81, 109, 113-4, 116, 119, 126, 138, 168, 178, 180, 185-6, 189, 195, 201, 206-7, 209, 230, 235, 258, 261, 269; *ver também* liminares
Montesquieu, barão de, 120, 138-9
Moraes, Alexandre de, 86, 129, 138, 249, 259, 266
Moro, Rosangela, 212
Moro, Sergio, 59, 69, 77-8, 99, 105-6, 120, 123, 126, 131-2, 139-42, 144-5, 155, 161, 163, 186, 207, 212, 265, 293
Mourão, Hamilton, 94, 102
mulheres, direitos das, 115-6, 252
Musk, Elon, 276

N

Nalini, José, 59, 204
Navarro, Paula Fernanda, 164
nazismo, 35, 112, 125
"negociação de constitucionalidade", 109, 120, 159, 171, 262, 275
negros e desigualdade do direito de defesa, 288-9; *ver também* racismo
nepotismo, 64, 92-3, 121, 134, 143, 201, 214, 225, 273, 278, 283, 305-7; *ver também* favoritismo; parentismo
Neves, Aécio, 39-43, 48-9, 71, 77, 82, 127, 162, 207
Neves, Marília Castro, 122, 166
New York Times, The (jornal), 298
Nixon, Richard, 144
Nogueira, Ciro, 246, 273
"Nomos e narração" (Cover), 248
Noronha, João Otávio, 204, 212
"Nós, o Supremo" (Barroso), 115
"nova era" da magistocracia, 108-9, 140, 154-5, 161, 164, 183
Nova York (NY), 77-8, 128, 218, 266-7, 269-72, 276
Nunes, Kassio, 207-8, 213-4, 229-32, 242, 246, 249, 251, 273-4

O

O'Donnell, Guillermo, 220
OAB (Ordem dos Advogados do Brasil), 156, 201
Odisseia (Homero), 303
OEA (Organização dos Estados Americanos), 273
ONU (Organização das Nações Unidas), 86

opinião pública, 18-21, 68, 77, 144, 250, 253-4

Orbán, Viktor, 103, 137, 294

orçamento secreto, 242-3, 256, 259, 269, 275, 292

orientação sexual, 164-5

Orwell, George, 281

P

Pacheco, Rodrigo, 228, 235

"pacto republicano", 124, 130, 134-5, 143, 170, 200

Palácio do Jaburu, 42, 127, 162

pandemia *ver* covid-19, pandemia de

Paraná, 213, 253

parentismo, 11; *ver também* favoritismo; nepotismo

parlamentarismo, 75, 138

parlamento, 22-3, 50, 76, 84, 180; *ver também* Congresso Nacional

Partido Novo, 97

Paschoal, Janaina, 94, 151

Pastoral da Terra, 240

patrimonialismo, 121, 134, 149-50, 171, 267, 271, 295

"pauta bolsonarista", 154-7, 160

Pazuello, Eduardo, 222

"PEC da bengala", 128, 242

Peluso, Cezar, 14

"penduricalhos" ("fatos funcionais"), 98, 166, 173, 178, 180, 201, 256, 270

Pereira, Augusto Heleno Ribeiro (general), 203, 246

Pereira, Merval, 266

"Perfil sociodemográfico dos magistrados brasileiros" (CNJ, 2018), 279

Pernambuco, 173, 213

Pesquisa sobre Negros e negras no Poder Judiciário (CNJ, 2021), 279

Petrobras, 184

petróleo, royalties do, 256

piauí (revista), 40, 64, 194, 201, 221

Pinheiro, Daniela, 260

Pinochet, Augusto, 113

Pinto, Sobral, 282

pirâmide social brasileira, magistrados no topo da, 60, 98, 107, 124, 136, 175, 197; *ver também* auxílio-moradia para magistrados; salários de magistrados

Pires, Breno, 259

Piscitelli, Tathiane, 125

Pizzolatti, Rômulo, 131

pluripartidarismo, 90

"poder moderador", 51, 74, 114

Polícia Federal, 40, 105, 188, 223, 228, 237

Polícia Militar, 123, 167, 249

politicamente correto, 122

Polônia, 103, 137

populismo, 68-9, 129, 144, 224, 253

populisprudência, 68, 70, 129, 224, 302

"pornografia" da magistocracia *ver* JusPorn Awards

porte de drogas, descriminalização do, 50, 116, 155, 157, 171, 202, 244, 249, 256, 269, 281, 304

Portugal, 35, 41, 85, 289

Posner, Richard, 252

presidência da República, 293-4

presídios femininos, mulheres transexuais e travestis em, 155

presunção de inocência, 65-7

Preto Pobre Preso (PPP), política do, 288-9; *ver também* racismo

Previdência, 40, 124, 156

previsibilidade, 55, 72, 74, 81, 129, 254, 264
primeira instância, tribunais de, 62, 69, 108, 116, 135
Príncipe, O (Maquiavel), 57
princípios elementares de ética judicial, 120-1
prisão após condenação em segunda instância, 49, 65, 72, 75, 81, 157, 172
prisão de Lula (2018), 65, 67
privilégios de magistrados, 62-3, 92, 121, 136, 143, 149, 177, 198, 216, 300
Proclamação da República (1889), 266-7
procuradores, 11, 128, 140, 174, 213
Procuradoria-Geral da República, 188, 247, 289
promotores de justiça, 11, 88, 93, 140, 149-50, 174, 213, 221, 224, 273
PSDB (Partido da Social Democracia Brasileira), 40, 78, 126
PT (Partido dos Trabalhadores), 126, 267, 279
público versus privado no sistema político e judicial brasileiro, 41, 47-8, 150, 176, 245, 267, 280, 302
Putin, Vladimir, 294

Q

"Quadrilha" (Drummond), 161
Quadros, Jânio, 107

R

Rabaldo, Rafael, 275
racismo, 122, 193, 204, 213, 253, 288-9

Raposa Serra do Sol (terra indígena em Roraima), 239, 241
Realpolitik, 20, 244, 258
recadastramento biométrico de eleitores, 96
Receita Federal, 125-6
recesso judicial, 81, 109, 147, 174, 180, 214
Recondo, Felipe, 30-1, 80, 127, 157, 230
redes sociais, 86, 122, 182, 247, 252
rentista, magistocracia, 11, 63, 92, 175-6, 195, 201, 221-2, 273, 291
republicanismo, 124
Revolução dos bichos, A (Orwell), 281
Ribeiro, Flexa, 40, 162
Ribeiro, Heleno (desembargador), 165
Rio de Janeiro (RJ), 47, 64, 93, 96-7, 122, 126, 173-4, 227, 256, 303
Rio de Janeiro, estado do, 166, 201, 256
Rio Grande do Sul, 213
Rosanvallon, Pierre, 159
Rousseff, Dilma, 35, 41-2, 49, 127, 162, 225, 242, 278

S

Sachs, Albie, 234
Salão Nobre da Faculdade de Direito da Universidade de São Paulo (USP), 99, 118
salários de magistrados, 59-60, 173-4, 176, 252, 273, 300; *ver também* auxílio-moradia para magistrados
Salles, Ricardo, 213
Sandel, Michael, 177
Santa Catarina, 274-5
Santa Cruz do Sul (RS), 59
São Paulo (SP), 42, 99, 118, 303

São Paulo, estado de, 59, 135, 191, 203
Sarney, José, 54, 120, 219
Sarney, Roseana, 273
Sartori, Ivan, 204
Schedler, Andreas, 220
Scholars at Risk, 251
segunda instância, tribunais de, 26, 49, 65, 72, 75, 81, 157, 164, 172
segurança alimentar, 249
segurança jurídica, 55, 72, 80, 147, 189, 206, 211, 231, 239, 254-5, 305
Seminário Luso-Brasileiro de Direito Constitucional (Lisboa, 2016), 41
Senado, 48, 119, 208, 228, 230, 235, 258, 278, 303
"sentar no processo", 137
separação de poderes, 22-3, 50, 63, 69, 83-4, 117, 120, 130, 134, 138, 156, 170-1, 188, 200, 210, 224
Sepúlveda Pertence, 234
Serra, José, 39, 42, 48, 162, 207
Sikêra Júnior, 253
Silva, Marina, 280
Silva, Virgílio Afonso da, 120
Silveira, Daniel, 261-4
síndrome de Estocolmo, 48
Siqueira, Eduardo (desembargador), 191
sistema de justiça, 10-1, 177, 191, 221, 288, 290, 300
Sófocles, 95
"sonambulismo judicial", 254
Stanislaw Ponte Preta, 95-6, 98, 203
STF (Supremo Tribunal Federal): "agenda ativa" do, 31; aposentadoria de ministros do, 99, 280; ataques ao, 117, 128, 157-60, 242, 259; autocomplacência do, 117,

158, 249; autoimagem do, 50-1; autorregulação do, 45, 51; auxílio-moradia a juízes e, 59; casos pendentes no, 30-1, 75-6, 87, 116, 137-8, 173-4, 209-11, 227, 230-1, 239-40, 249, 269; choque de realidade, 50-1; "colegisladores" e, 22-5, 84; como "poder moderador", 51, 74, 114; como agregado de ações ou omissões individuais, 233-4; competências acumuladas pelo, 153; conselhos de participação na Administração Pública Federal e, 155; controle judicial de constitucionalidade, 22-3; "cotados ao STF", 284, 286, 296, 302; crise política brasileira e, 38, 51, 152; decanos do, 9, 101, 263, 303; decisões do, 53, 90, 148, 167-8, 219, 258; defesa do, 188-90; desobediências ao, 257-9; "ditadura do STF", 261; ditadura militar e, 101, 113, 152, 234; Eduardo Bolsonaro sobre "fechar o STF" com um "soldado e um cabo", 102, 128-9, 137, 242, 261; embargos infringentes e, 26-7; "fechar o STF", 102, 128-9, 137, 188, 194-6, 242, 255, 261-2; Funrural e, 40; gigantismo voluntário do, 32; ilusionismo do, 52-3, 57, 114, 129, 250, 254, 302; impeachment de ministros, pedidos de, 41, 48, 72, 102, 128, 235; ingovernabilidade do, 30, 45; irresponsabilidade judicial e, 167; "ministrocracia" do, 114; ministros do, 9, 14, 35, 39, 49, 54, 56, 73, 80, 93, 98-100, 111, 113-4, 119-20, 137, 139, 151-2, 155, 160, 184, 186, 188-9,

321

200, 206, 211, 213, 234-5, 238, 245-6, 255, 260, 263, 266-7, 272-3, 280, 293, 295, 300, 302, 304; mulheres no, 279-80; neutralização bolsonarista do, 137; opinião pública e, 18, 19, 21; pacificação e, 74-6; "pão que o STF amassou", 137-9, 230-2; "pauta bolsonarista" e, 154-7, 160; perda da reverência e perda do respeito ao, 56-7, 80; plenário do, 34, 65, 126, 147, 162, 178, 269; "poder tensionador" do, 51-2, 114; presidência do, 24, 72, 74, 92, 101, 113, 119, 143, 146-8, 156, 166, 197, 204, 210, 269; "princípio da colegialidade" do, 65-7; princípios elementares de ética judicial e, 120-1; relação entre Jair Bolsonaro e, 242; sobrevivência do, 45, 57, 101, 168, 189, 233-4; "STF-legislador" e "STF-juiz", 24-5; técnicas para atrasar ou acelerar decisões conforme sua conveniência, 31, 137-8, 173-4, 209-11, 227, 230-1, 239-40, 249, 269; tempo do, 54, 249-50, 255; tentação colaboracionista e, 112; tribunal "descolegiado", 15; "vanguarda ilusionista" do, 49-58, 114; virtudes institucionais e, 239; votos individuais nas decisões colegiadas, 80; "voz das ruas" e, 26-7, 29, 129

STJ (Superior Tribunal de Justiça), 9, 26, 87, 204, 214-5, 222, 246, 252, 273, 278-9, 291, 296

Suíça, 85

Sullivan, Margaret, 298

Suprema Corte de Israel, 234

Suprema Corte do Canadá, 234

Suprema Corte dos Estados Unidos, 56, 159-60, 234, 299

"supremocracia", 114

SUS (Sistema Único de Saúde), 89, 94

suspeição, 12, 40, 43, 45, 47, 53, 79, 81, 147, 155, 206-8, 225, 300, 307

T

Tavares, Cláudio de Mello, 165

TCU (Tribunal de Contas da União), 266

Tebet, Simone, 280

Telegram, 161, 259

Temer, Michel, 39, 41-2, 48-9, 71, 76-7, 82, 93, 96, 109, 127, 162, 207, 219, 225, 266

"tempo judicial", 54, 249-50, 255

terras indígenas, 13, 116-7, 156, 209, 237, 239-41, 259, 262

Thomas, Clarence, 299

TJ-RJ (Tribunal de Justiça do Rio de Janeiro), 201, 222, 238, 278

TJ-SP (Tribunal de Justiça de São Paulo), 59, 135, 191, 203-4, 213, 215, 222, 252-3, 273, 291

Toffoli, Dias, 41, 92, 99-100, 104, 116, 118-21, 124, 129, 134-5, 138, 146-8, 156, 159, 161, 166, 170-4, 180, 186, 188, 195, 197, 200-1, 214, 232, 235, 246, 249, 253, 258-9, 262-3, 266, 270, 276-8, 292, 294

tráfico de drogas, 116, 135, 138, 192, 223, 288-9, 291

tráfico de influência, 108, 225

transexuais/transgêneros, direitos de, 90, 116, 155, 252-3

"trânsito em julgado", 65

TRF-4 (Tribunal Regional Federal da 4ª Região), 131, 144

tribunais superiores, 12, 26, 273, 282-3, 291, 306-7
Tribunal do Trabalho da 2ª Região, 251-2
Trump, Donald, 294
TSE (Tribunal Superior Eleitoral), 42, 96-7, 127, 162, 204, 214, 225, 258, 261
TST (Tribunal Superior do Trabalho), 184, 198, 273
Turquia, 103, 137
Twitter, 87, 93, 101, 120, 138, 186, 204

U

Ulisses (personagem mitológica), 181, 303-4
união estável para casais homossexuais, 17
União Soviética, 125
Universidade de São Paulo (USP), 99, 118
Uruguai, 85
Ustra, Carlos Alberto Brilhante, 277

V

Valente, Rubens, 263-4
"vanguarda ilusionista" do STF, 49-58, 114
Vargas, Getúlio, 125, 137
Vassallo, Luiz, 292
Vaza Jato, 132, 141, 144-5, 158, 293
Veloso, Caetano, 245, 251
Venezuela, 35, 103, 137
Videla, Jorge Rafael, 277
Vilhena, Oscar, 114, 210
"Violência e a palavra" (Cover), 248
violência policial, 11, 193, 282, 288-9

Viotti, Emilia, 170
virtudes encontradas no sistema de justiça, 11-2
voluntarismo, 53, 82, 264
"vontade do povo", 68, 85
"voz das ruas", 26-7, 29, 129

W

Warren, Earl, 234, 301
Washington, D.C., 273
Watergate, escândalo do (EUA, 1972), 144
Way, Lucan, 220
Weber, Rosa, 65-6, 83-4, 118, 229, 234, 246, 249, 260, 263, 268-9, 280, 303
Wendell Holmes Jr., Oliver, 301
Werneck, Diego, 114
wishful thinking, 91
Witzel, Wilson, 122, 123
Woodward, Bob, 144
Wyllys, Jean, 122, 166

Z

Zaffalon, Luciana, 135
Zanin, Cristiano, 9, 280, 302-4
Zavascki, Teori, 27, 138
Zumbi dos Palmares, 122

© Conrado Hübner Mendes, 2023

Todos os direitos desta edição reservados à Todavia.

Grafia atualizada segundo o Acordo Ortográfico da Língua Portuguesa de 1990, que entrou em vigor no Brasil em 2009.

capa
Ana Heloisa Santiago
ilustração de capa
João Montanaro
preparação
Cacilda Guerra
índice remissivo
Luciano Marchiori
revisão
Paula Queiroz
Karina Okamoto

Dados Internacionais de Catalogação na Publicação (CIP)

Mendes, Conrado Hübner (1963-)
O discreto charme da magistocracia : vícios e disfarces do Judiciário brasileiro / Conrado Hübner Mendes. — 1. ed. — São Paulo : Todavia, 2023.

ISBN 978-65-5692-540-0

1. Brasil – Política. 2. Ciência política. 3. Crônicas – Jornal. 4. Lava-jato (Brasil – Política). I. Título.

CDD 320.9

Índice para catálogo sistemático:
1. Situação política : Brasil 320.9

Bruna Heller — Bibliotecária — CRB 10/2348

todavia
Rua Luís Anhaia, 44
05433.020 São Paulo SP
T. 55 11 3094 0500
www.todavialivros.com.br

fonte
Register*
papel
Pólen natural 80 g/m²
impressão
Ipsis